职涯导航——职业生涯规划与就创业指导

主　　编　徐　伟
副 主 编　王兴亚
编写成员　王志平　马璀莹　张庆华
　　　　　刘银景　汪　丽　陈　润

北京理工大学出版社
BEIJING INSTITUTE OF TECHNOLOGY PRESS

内容简介

本书是配合"大学生职业生涯与就创业指导"课程开设而编写的教材,力求贴近大学生实际,突出系统性、实用性和有效性,强调大学生职业生涯规划理念和技能的培养。

在编写上,第一章绪论着重阐述职业教育的基本概念、基本知识,职业生涯规划的内涵与意义、基本理论以及高职大学生的职业生涯规划,对基本概念进行说明;第二章至第五章是职业生涯规划的自我评估、目标确立、职业素养以及职业生涯规划的实现,其宗旨是帮助大学生在自我认识的基础上形成职业生涯规划能力,做出初步的职业定向;第六章至第八章是大学生就业创业指导、大学生创新创意,具有很强的实用性,能够对大学生就创业起到很好的指导和参考作用。

版权专有　侵权必究

图书在版编目(CIP)数据

职涯导航:职业生涯规划与就创业指导 / 徐伟主编. —北京:北京理工大学出版社,2018.9
ISBN 978-7-5682-6139-5

Ⅰ. ①职… Ⅱ. ①徐… Ⅲ. ①大学生-职业选择 Ⅳ. ①G647.38

中国版本图书馆 CIP 数据核字(2018)第 190754 号

出版发行 /	北京理工大学出版社有限责任公司
社　　址 /	北京市海淀区中关村南大街 5 号
邮　　编 /	100081
电　　话 /	(010)68914775(总编室)
	(010)82562903(教材售后服务热线)
	(010)68948351(其他图书服务热线)
网　　址 /	http://www.bitpress.com.cn
经　　销 /	全国各地新华书店
印　　刷 /	三河市天利华印刷装订有限公司
开　　本 /	787 毫米 × 1092 毫米　1/16
印　　张 /	15.25
字　　数 /	360 千字
版　　次 /	2018 年 9 月第 1 版　2018 年 9 月第 1 次印刷
定　　价 /	45.00 元

责任编辑 / 李志敏
文案编辑 / 李志敏
责任校对 / 周瑞红
责任印制 / 施胜娟

图书出现印装质量问题,请拨打售后服务热线,本社负责调换

前 言

2014年,教育部等六部门印发的《现代职业教育体系建设规划(2014—2020年)》指出,"坚持以立德树人为根本,以服务发展为宗旨,以促进就业为导向,深化体制机制改革,统筹发挥好政府和市场的作用,系统设计现代职业教育的体系框架、结构布局和运行机制,推动教育制度创新和结构调整,培养数以亿计的工程师、高级技工和高素质职业人才,传承技术技能,促进就业创业,为建设人力资源强国和创新型国家提供人才支撑",这也为职业教育就业创业工作指明了方向。党的十九大报告指出:完善职业教育和培训体系,深化产教融合、校企合作。建设知识型、技能型、创新型劳动者大军,弘扬劳模精神和工匠精神,共造劳动光荣的社会风尚和精益求精的敬业风气。为职业教育指明方向,规划了前景。

大学阶段正是大学生由一名在校生转变为合格职业人的过程,学生在就业时是否能够找到心目中理想的工作,关键就在于在校期间能否成长为有足够竞争力的职业人。学生要深入探索自己的职业兴趣和价值观(自我评估),培养良好的个人素养(职业素养培养),结合对自己和行业、企业的了解,确立职业目标,制订完整的计划并持续行动(职业生涯规划),为毕业后最重要的考试——求职做好充分的准备(求职准备)。同时,有志于创业的学生,要深入了解创业的过程,培养创新创意意识,利用国家"大众创业,万众创新"的机遇和政策,向着自己的理想迈进(大学生创新创意创业)。

有鉴于此,我院特别在董事会、院领导的带领支持下,开启了本书的编写及出版工作,现呈现在各位同学的面前。为了方便学生学习,本书采用了一些新的思路与大家交流:

一是尽量减少艰涩难懂的理论与字句,希望大家看得清楚、想得明白。

二是在书中有很多可以与同学们互相交流、讨论的内容,请大家积极思考、认真回答。

三是本书中有一位特别设计的主角,来陪大家一起学习、一起成长。

最后,祝大家都能顺顺利利、满载而归!同时也祝大家能够快乐地度过大学这段人生中最宝贵的时光!

就业创业课程指导小组　谨致
2018年6月

目 录

第一章 绪 论 （1）

第一节 职业教育概述 （3）
一、职业教育的意义 （3）
二、职业教育的内涵 （5）
三、职业教育的特性 （6）

第二节 职业的基本知识 （7）
一、职业的定义 （7）
二、职业的要素 （9）
三、职业的特性 （10）
四、职业的分类 （11）

第三节 职业生涯规划概述 （12）
一、职业生涯规划的内涵 （13）
二、职业生涯规划的意义 （16）
三、职业生涯规划的特点 （19）

第四节 职业生涯规划的基本理论 （20）
一、帕森斯的职业－人匹配论 （21）
二、萨帕的生涯发展阶段理论 （22）
三、廖文泉的职业生涯发展"三三三"理论 （24）

第五节 高职院校学生的职业生涯规划 （26）
一、学涯发展规划 （28）
二、职业生涯规划 （31）

第二章 自我评估 （35）

第一节 兴趣分析 （38）
一、兴趣与职业兴趣 （38）
二、兴趣类型理论 （40）

第二节 性格分析 （44）
一、性格的含义 （45）
二、性格的结构 （45）
三、性格类型理论 （47）

第三节 价值观分析 （51）
一、价值观的含义与特性 （52）

二、价值观对人的影响作用 …………………………………………（ 52 ）
三、职业价值观 ……………………………………………………（ 53 ）
四、职业价值观探索 ………………………………………………（ 54 ）
第四节 职业胜任能力分析 ……………………………………………（ 55 ）
一、职业胜任能力的含义 …………………………………………（ 56 ）
二、职业胜任能力的提升 …………………………………………（ 57 ）

第三章 职业生涯规划的目标确立 …………………………………（ 61 ）

第一节 职业生涯规划的目标概述 ……………………………………（ 65 ）
一、目标的概念 ……………………………………………………（ 65 ）
二、职业生涯规划的目标 …………………………………………（ 74 ）
第二节 职业生涯规划目标的构成要素 ………………………………（ 78 ）
一、职业生涯规划目标的甄选 ……………………………………（ 78 ）
二、职业生涯规划目标的分解与组合 ……………………………（ 81 ）
第三节 确立职业生涯规划目标的方法与原则 ………………………（ 82 ）
一、确立职业生涯规划目标的方法 ………………………………（ 82 ）
二、确立职业生涯规划目标的原则 ………………………………（ 87 ）

第四章 职业素养 ………………………………………………………（ 89 ）

第一节 职业素养概述 …………………………………………………（ 91 ）
一、职业素养的内涵及其构成 ……………………………………（ 91 ）
二、职业素养的特性 ………………………………………………（ 95 ）
第二节 大学生职业素养 ………………………………………………（ 95 ）
一、大学生职业素养的内涵及其构成 ……………………………（ 95 ）
二、加强大学生职业素养教育的意义 ……………………………（ 96 ）
三、大学生职业素养现状及其缺失的主要原因 …………………（ 99 ）
四、新形势下大学生职业素养 ……………………………………（101）
第三节 大学生职业素养提升路径和方法 ……………………………（106）
一、大学生职业素养提升路径 ……………………………………（106）
二、职业素养培养方法 ……………………………………………（110）

第五章 职业生涯规划的实现 …………………………………………（115）

第一节 职业生涯规划的计划实施 ……………………………………（119）
一、行动计划的制订 ………………………………………………（120）
二、职业生涯规划的实施 …………………………………………（121）
三、职业生涯规划实施成功的标准 ………………………………（124）
四、职业生涯规划实施中的注意事项 ……………………………（125）
第二节 职业生涯规划的评估与调整 …………………………………（126）
一、评估与调整的概念 ……………………………………………（126）
二、评估与调整的方法 ……………………………………………（126）
三、评估与调整的内容 ……………………………………………（128）

第三节　职业生涯规划书的设计与写作 (131)
　　一、职业生涯规划书的基本内容 (132)
　　二、职业生涯规划书的设计 (133)

第六章　求职准备 (139)
第一节　知识建构 (141)
　　一、大学生知识结构的概念 (141)
　　二、大学生知识结构的内容 (142)
第二节　就业前的心理准备 (143)
　　一、大学生毕业前的心理准备 (143)
　　二、当代大学生就业常见的不良心理 (144)
　　三、求职心理调适 (148)
第三节　求职信息准备 (150)
　　一、有效求职信息的特征 (151)
　　二、求职信息的内容 (151)
　　三、就业信息的类别 (153)
　　四、求职信息的收集 (153)
　　五、求职信息的处理过程 (155)
　　六、求职信息应避免的问题 (156)
第四节　撰写就业材料 (157)
　　一、毕业生推荐表 (157)
　　二、自荐材料 (158)

第七章　大学生创新创意 (169)
第一节　大学生创新创意的内涵 (171)
第二节　大学生创意思维训练 (172)
　　一、思维导图法 (174)
　　二、六项思考帽法 (178)
第三节　创意与市场 (186)
　　一、有市场潜力的创意 (186)
　　二、好创意的三大特点 (187)
　　三、评估创意的市场价值 (190)
第四节　创新设计 (191)
　　一、产品功能创新 (191)
　　二、产品外观创新 (193)
　　三、用户体验创新 (195)
　　四、商业模式创新 (197)
第五节　企业案例分析 (199)
　　一、新能源汽车——比亚迪（BYD） (199)
　　二、智能家居——海尔 U+智慧家庭 (201)

第八章　创业准备 (203)

第一节　创业概述 (205)
一、大学生创业者的内涵与意义 (205)
二、大学生创业的特点与基本类型 (210)

第二节　创业实践 (215)
一、大学生创业项目选择的原则 (215)
二、大学生创业项目选择的依据 (215)
三、创业项目选择步骤 (216)
四、产品与技术评价 (218)
五、财务评价 (219)
六、风险评估及退出方式 (220)

第三节　创办公司的流程 (224)
一、个体工商户 (224)
二、个人独资企业 (226)
三、合伙企业 (226)
四、有限责任公司 (227)

第四节　大学生创业的扶持政策 (229)

参考文献 (233)

第一章

绪 论

第一节　职业教育概述

【快乐猪来导读】

从北京大学走进北京工业技师学院的周浩

2011年，周浩做出了一个惊人的决定：从北京大学退学，转学到北京工业技师学院。2014年11月，周浩夺得第六届全国数控技能大赛冠军，迎来了自己人生最出彩的一天。

解开心灵的枷锁

从小就喜欢拆卸机械的周浩，梦想是上北京航空航天大学。"那一年，我高考总分660多，名列青海省理科第5名。"周浩说，老师和父母都劝说他报考北京大学。因为当时年纪小，缺乏判断能力，他听从了长辈的安排，填报了北京大学的生命科学专业。来到北京大学，周浩努力地读书，认真地听课。然而，他还是感觉自己的人生好像被人按下了暂停键，学过的每一门专业课，都像书中的留白一样，脑海中空空如也。随着时间的推移，周浩愈发感觉到生命科学这门专业并不适合自己。他认为纵使漂泊，也要勇敢地实现一次自我救赎。大二那年，周浩说服了父母，选择了休学，到深圳打工。

勇敢走我路　执着一颗心

在工厂车间，周浩发现，人们并不会因为他是名牌大学的学生，就会尊敬他。而唯一能征服大家的，就是在某一技术环节或者操作环节攻得下难关，干得漂亮。周浩说："当别人都搞不定，而唯独我能搞定的时候，我就很享受工友们拍着我的肩膀说，你真行。"在制造业的流水线上，他也亲眼看到了在制造方面中国同世界先进国家的差距，他觉得自己应该为此做些什么。

回到北京大学，周浩找到了系领导，提出了退学的想法。2011年冬天，周浩来到北京工业技师学院，选择了数控专业。有理想、有抱负的周浩，终于在北京工业技师学院找到了用武之地。在实训车间，周浩如鱼得水，每天痴迷地趴在机床前，设计各种编程，加工各种零部件。他不仅得到了很多技艺高超的名师指点，还得到校企合作单位中国航天一院、中国航天二院、中国工程物理研究院、上海航天精密机械研究所等单位技能大师的指导。

在北京工业技师学院，周浩找到了本真的自我，绽放出了久违的笑容。周浩说："如果一辈子都让我做自己不喜欢的事，我的一生就毁了。"他知道，自己的选择是对的。

一、职业教育的意义

在社会竞争如此激烈的今天，越来越多的人开始发现并非只有普通

笔记区

教育才能造就社会人才,选择职业教育同样能成为社会的"顶梁柱"。现在大学毕业生的就业形势日益严峻,而职业教育院校毕业的学生反而更受社会青睐,成为各企业争相选用的技术技能人才。

要探索职业教育的意义,必须从了解国家对职业教育的相关政策开始,这样才能有全面、深刻的体会与认识。2005年出台的《国务院关于大力发展职业教育的决定》中指出:"落实科学发展观,把发展职业教育作为经济社会发展的重要基础和教育工作的战略重点。"在此基础之上,2014年6月,印发了《国务院关于加快发展现代职业教育的决定》(以下简称《决定》),全面部署加快发展现代职业教育。

《决定》明确了今后一段时期加快发展现代职业教育的指导思想、基本原则、目标任务和政策措施,提出"到2020年,形成适应发展需求、产教深度融合、中职高职衔接、职业教育与普通教育相互沟通,体现终身教育理念,具有中国特色、世界水平的现代职业教育体系。"

《决定》指出:"加快发展现代职业教育,是党中央、国务院做出的重大战略部署,对于深入实施创新驱动发展战略,创造更大人才红利,加快转方式、调结构、促升级具有十分重要的意义。"当前,我国发展仍处在大有可为的重要战略机遇期。促进经济提质增效升级,满足人民群众生产生活多样化的需求,必须要把加快发展现代职业教育摆在更加突出的战略位置。

《决定》提出,要牢固确立职业教育在国家人才培养体系中的重要位置,以立德树人为根本,以服务发展为宗旨,以促进就业为导向,适应技术进步和生产方式变革以及社会公共服务的需要,培养数以亿计的高素质劳动者和技术技能人才。在全国职业教育工作会议上,习近平总书记就加快职业教育发展做出重要指示。他强调,职业教育是国民教育体系和人力资源开发的重要组成部分,是广大青年打开通往成功成才大门的重要途径,肩负着培养多样化人才、传承技术技能、促进就业创业的重要职责,必须高度重视、加快发展。习近平总书记要求各级党委和政府要把加快发展现代职业教育摆在更加突出的位置,更好地支持和帮助职业教育发展,为实现"两个一百年"奋斗目标和中华民族伟大复兴的中国梦提供坚实的人才保障。

李克强总理指出,要用改革的办法把职业教育办好做大。统筹发挥好政府和市场作用,既要加大政府支持,又要通过政府购买服务等方式,更多地促进社会力量参与,形成多元化的职业教育发展格局。要走校企结合、产教融合、突出实战和应用的办学路子,依托企业、贴近需求,建设和加强教学实训基地,打造具有鲜明职教特点、教练型的师资队伍。各级党委和政府要采取各种措施,关心和帮助职业教育工作者,推动社会各方形成合力,让现代职业教育推动经济社会取得更大更好的发展。

总结上述文件精神,职业教育至少具有三大意义。

(1) 职业教育是国家"科技兴国"和"人才强国"的重要战略。

（2）对"全面建成小康社会，实现中华民族伟大复兴中国梦"具有重要作用。

（3）把中国巨大的人口压力转化为人力资源优势，提升我国的综合国力。

【快乐猪有话说】

职业教育对未来中国的发展将起到更加重要的作用，职业教育院校学生应该以身为职教体系的一分子为荣，在校期间秉持积极向上、认真学习的心态钻研所学专业领域的理论知识和技术技能，以"但凭实学闯未来、不唯学历凭能力"的自信与胆识，勇敢走出一条属于自己人生的光明道路。

∽思考1∽　你认为职业教育的意义是什么？

二、职业教育的内涵

国内外关于"职业教育"的内涵主要有以下几种解释。

（1）《国际教育标准分类法》（1997年）——职业前或技术前教育：为引导学生掌握在某一特定的职业或行业或某类职业中从业所需的实际技能、专门知识和认识而设计的教育。

（2）联合国教科文组织（2001年）——技术与职业教育：职业教育所指的教育过程除涉及普通教育之外，还涉及学习与经济和社会生活各部门的职业有关的技术及各门科学，以及获得相关的实际技能、态度、理解能力和知识。

（3）国内对职业教育内涵的界定主要包括以下几种。

①职业教育是指给予学生或者在职人员从事某种生产、工作所需的知识、技能和态度的教育，主要分为就业前和就业后两类。

②职业教育是指使受教育者达到职业资格的获得、保持或转变职业生涯质量的获得与改进的教育。

③职业技术教育是指在一定普通教育基础上，为适应某种职业需要而进行的专门知识、技能和职业道德教育，使受教育者成为社会职业所需要的应用人才的教育。

因此，职业教育是指适应个体发展以及经济和社会发展要求，培养人们获得一定职业资格，以及继续深造、获取职业发展所需要的知识和技能的综合职业素质教育。

【快乐猪有话说】

端正人生观与价值观

经过本小节的学习，希望大家能够理解高等职业教育院校学生和本科生的人才培养目标与方案是不同的。同学们不要有矮人一截的心态与想法，而是要端正自我的人生观与价值观，把握每一分、每一秒来充实自己，在毕业后走上心目中最理想的就业岗位。

> ∽思考2∽ 静下心来想想，你就读"高职院校"的目的是什么？
>
>

三、职业教育的特性

对于职业教育的特性，我们将从世界职业教育的六个"不断"，以及中国职业教育的四个"具体反映"进行说明。

（一）世界职业教育的六个"不断"

（1）不断强调职业教育的国家战略地位。

（2）不断健全职业教育的保障体系。

（3）不断完善相互衔接的职教体系。

（4）不断完善校企合作的职教模式。

（5）不断更新适应产业发展的新专业。

（6）不断发展职业教育对经济的贡献度。

（二）中国职业教育的四个"具体反映"

（1）建设现代职业教育体系，而"现代"根据最新的国家政策，应理解为具有企业发展需要、产教深度融合、中高职衔接、职普教育相互沟通、体现终身学习教育理念、具有中国特色世界水平等六个要项的现代职业教育体系。

（2）政府愈来愈承担履行职业教育的职责，并在资金上也有非常重要的支持。

（3）明确提出对职业教育的方法与要求，具体如下。

①对培养目标的描述——明确指出培养高素质劳动者和技术技能人才；

②在办学机制上提出明确要求——政府主导、行业指导、企业参与、学校为主体的架构；

③在办学体制上提出建设完整的职教体系——从中高职到本科，甚至到研究生都具有连贯且完整的现代职业教育体系。

（4）在整个培养过程中，要实现四个方面的对接。

①专业设置与岗位需求对接；

②课程内容与职业标准对接；

③教学过程与生产过程相对接；

④毕业证书与职业资格证书相对接。

因此，职业教育最大的特性是以产业、行业发展需求为核心，以校企产学合作为必要手段，将产业实践与企业文化的精髓与学校的专业课程、实践环节进行深度的融合，最终落实到提高学生的职业素质和职业价值的培养上。

第二节　职业的基本知识

一、职业的定义

在人类社会初期，以人自身的生理条件差异为基础产生了"自然分工"，即不同的个体承担不同的劳动或生产职能。随着生产力的发展，劳动组织形式越来越精细，人们以社会经济活动中不同的生产功能和劳动方式为基础进行"社会分工"。职业是人类社会分工的结果，随着经济社会的发展，职业的类别、内部构成和外部关系也越来越丰富，对职业概念的界定及内涵的理解也越来越广泛。

职业一词由"职"与"业"二字构成。"职"包含着社会职责、天职、权利与义务的意思。"业"包含着从事业务、事业、事情、独特性工作的意思。《辞海》中的解释是，职业就是一种相对稳定的劳动和工作，职业是人们获得经济收入的主要手段。对于职业的含义，基于不同的角度或侧重点，不同的时代、不同的人有不同的看法和理解。

（1）周广德于1989年主编的《职业技术教育词典》对"职业"的界定：一种相对固定的并要求工作（生产）者具备一定专业知识、技术技能和劳动能力的劳动活动，是人们在社会生活中所承担的一定职责和专门业务。

（2）顾明远于1998年主编的《教育大辞典》对"职业"的界定：个人在社会中所从事的并以其为主要生活来源的工作。

（3）2000年12月出版的《现代汉语大词典》对"职业"的界定：①个人在社会中所从事的作为主要生活来源的工作；②专业的，非业余的。

笔记区

从国家的角度来看，每种职业都是一种社会分工，从社会的角度来看，职业是劳动者获得的社会角色，如医生、教师、会计、技术员等；从个人角度来看，职业是劳动者扮演的社会角色，并为社会承担一定的责任和义务，同时获得相应收入。因此，职业是社会分工的产物，是具有一定专业素养的人为了获得一定的回报而从事的经常性的、专业化的、相对稳定的社会活动。

职业存在于社会分工之中，在不同工作性质的岗位上，人们从事的工作在名称、目标、内容、方式、场所、工作能力、工作报酬以及在工作中建立的人际关系等方面有很大的差别。职业可以提供相对稳定的劳动和工作，是人们生活的主要经济来源，是对人们生活方式、经济状况、文化水平、行为模式、思想情操的综合性反映，同时是一个人的权利、义务、权力、职责，所以也是一个人社会地位的一般性表征。由此，职业是人的社会角色的一个极为重要的方面。也就是说，人们的社会角色是不一样的。不同社会角色所体现出的个体与个体、个体与社会间的联系是不同的，因为各种不同的社会角色互相关联构成整个人类社会生活的基本结构。

【案例分析】

这是他们的职业吗？

张先生是一名企业员工，同时他又是一名游泳爱好者，他偶尔会在游泳馆教授别人游泳，并获得一定的报酬。李先生是一家企业的老板，直到有一天他被公安局抓走，人们才知道他一直从事非法金融活动。请问张先生是否从事游泳教练职业？李先生是否从事金融职业？

事实上，张先生只是偶尔教授游泳，所获得的收入不是稳定的，所以只能说张先生的职业是一名企业员工。当然如果他经常进行游泳教授，并获得稳定收入，则可以说游泳教练是他的第二职业。而李先生从事的金融活动是非法的，他的收入是非法所得，所以他的职业不是金融职业。因此，只有具备了比较稳定的收入和合法活动这两个硬性条件，才能称之为职业。

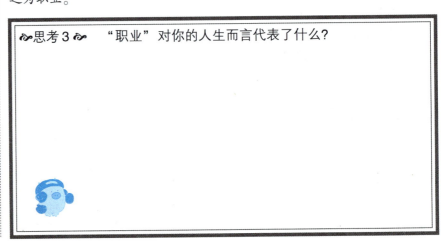

∽思考3∽　"职业"对你的人生而言代表了什么？

二、职业的要素

职业在社会生活中,主要体现出三方面的要素:一是职业职责,即每种职业都包含着一定的社会责任,必须承担一定的社会任务,为社会做出应有的贡献。二是职业权力,即每个从业人员都有一定的职业业务权力,也就是说,只有从事某种职业的人才有这种权力,而在此职业之外的人不具有这种权力。三是职业利益,即每个从业人员都能从职业工作中取得工资、奖金、荣誉等利益,从而使个人获得心理平衡,达到"乐业"的境界。任何一种职业都是职业职责、职业权力和职业利益的统一体。

(一) 职业对于个人

职业是个人谋生的手段,是为劳动者提供物质生活的基本途径,也是劳动者家庭收入的主要经济来源。因此,职业选择的是否合适,对于人的一生具有十分重要的意义。俗话说:"女怕嫁错郎,男怕入错行。"在现代社会,职业选择是否正确对于男性和女性有着同样重要的作用。人的一生中有三四十年处于职业生活时期,选择什么样的职业,直接关系到个人的生活和发展。只有选择合适的职业,才能使个人的才能得到最大限度的发挥,使个人的人生价值得以更好的实现。

(二) 职业对于社会

不同的职业角色在社会中发挥不同的作用,构成社会存在和发展的基础。首先,职业给每一个从业人员提供了一个施展才干的机会,是重要的社会现象。其次,职业构成社会成员的阶层划分与社会地位归属,是构成社会运行的一种具体方式。最后,职业不仅涉及人们从事社会生活的动力,而且涉及人的价值观与整个社会风气,以及一个社会的平等与效率选择。

【案例分析】

医生的职业要素

医生,掌握医药卫生知识,是从事疾病预防和治疗的专业人员的统称。医生角色的承担者一般都必须经过五年以上的刻苦学习和实践,通过严格的考试(执业医师资格考试)才能获得医师资格,成为名副其实的医生。医生诊断、治疗疾病必须严格按照医学科学发展规律的相关知识来进行。医生职业有着明确严格的行为模式,不仅体现在系统的职业道德体系中,也体现在国家的法律层面。医生角色的功能在于通过履行治病救人的职能,体现医学人道主义及社会公平,让病人在获得健康与新生的同时感受到社会公平和社会制度的优越性。医生角色应该表现着社会的主流价值观和道德规范。

医生这个职业包含了职业职责、职业权力和职业利益三方面要素。他的职业职责是利用自己所掌握的医学科学技术知识，为病人解除疾苦，维护病人的身心健康。他的职业权力是根据病人的情况进行必要的医学诊断检查，自主地选择恰当的医疗方案、预防措施、保健方法帮助病人恢复健康等。他的职业利益是取得工资、奖金、荣誉等。

三、职业的特性

（一）同类职业内部的同一性

某一类别的职业，其劳动条件、工作对象、生产工具、操作内容、人际关系等都是相同的或相近的。从事这一职业的人就会形成相近的行为模式，这种同一性很容易被打上社会印记，用以反映和说明某种职业的人是哪一种人。例如，一个人是商人，人们会认为他精明；若他改行做教师，人们就会认为他知识渊博，等等。

（二）不同职业之间的差异性

我国自古就有"三百六十行"之说。现代社会，随着社会分工的细化，职业的种类越来越多，并呈现出差异性和层次性。例如，教师有小学教师、中学教师、大学教师之分，大学教师又有助教、讲师、副教授、教授之分。由于不同职业需要的能力、学历不同，工作复杂程度不同，所以人们在工作中的地位和工作收入水平等不同，这就造成职业的差别，客观导致人们对职业进行高低区分，这也促使人们努力提高自身教育水平和各方面能力，通过公平合理的竞争，以获取理想的职业。

（三）职业的时代性

随着时代的发展，会涌现出许多新的职业，同时一些旧的职业被淘汰。例如，互联网的快速发展催生了快递员、外卖员等职业，而传统的邮递员的身影愈发少见；无人售货超市中机器收款取代了收费人员的工作；越来越多的工厂采用"机器换人"，流水线上工人越来越少。社会的变迁，导致一些大家熟悉的职业逐渐萎缩甚至消失，而同时又有许多新的职业出现。

（四）职业的技术性和规范性

不同职业需要不同的知识、技术及素质，只有具备了职业要求的综合能力，才能胜任该项工作。特别是在科技时代，各行各业对知识、技术的要求相对更高，各种职业的技术含量也在不断增加。因此，职业的技术性更加突出。而任何具备技术性的职业活动都有与之相适应的职业规范，包括应遵守的操作规则、办事章程，以及职业道德规范和在职业活动中养成的种种习惯等，所有职业活动都要受一定职业规范的约束。

（五）职业的经济性和广泛性

职业是个人获取经济收入的主要手段，是个人赖以生存的社会基础，因此，每个人的生活都与职业紧密联系，息息相关。也因为职业与社会发生千丝万缕的联系，涉及整个社会的政治、经济、文化、教育、技术等诸多领域，从而构成一个广泛的统一体。

除上述特性外，职业还具有社会性、群体性等特性。

四、职业的分类

根据国家职业分类大典，我国现有的职业结构共划分为8个大类、66个中类、413个小类和1838个细类（职业），如表1-1所示。

表1-1 我国现有的职业结构

类别	名称	数量
第一大类	国家机关、党群组织、企业、事业单位负责人	包括5个中类，16个小类，25个细类
第二大类	专业技术人员	包括14个中类，115个小类，379个细类
第三大类	办事人员和有关人员	包括4个中类，12个小类，45个细类
第四大类	商业、服务业人员	包括8个中类，43个小类，147个细类
第五大类	农、林、牧、渔、水利业生产人员	包括6个中类，30个小类，121个细类
第六大类	生产、运输设备操作人员及有关人员	包括27个中类，195个小类，1119个细类
第七大类	军人	包括1个中类，1个小类，1个细类
第八大类	不便分类的其他从业人员	包括1个中类，1个小类，1个细类

【案例分析】

正在消失的职业

1. 检票员

以前，火车站、地铁站、电影院等的检票口处是这样的：排着长长的队伍等待检票人员一一检过再入场，花费时间较长，也容易造成秩序混乱。而现在，检票口采用的是自动检票，多个检票机一字排开，只要将票插入机器即可完成检票通过入口，快速准确，不再需要检票员。检票员也就成为正在消失的职业。

2. 速录员

随着人工智能的不断成熟，在各大会议论坛、电视节目、法院庭审

笔记区

上，现场速录开始采用速录软件，嘉宾的发言可以实时转化成文字，不仅速度很快，准确率也超乎想象。或许以后就再也用不到速录员了，取而代之的是速录机器。

3. 银行柜员

随着网络设施的不断完善，人们不用再去银行网点办理开户、存钱、转账、汇款等业务，在网上就能办理，所以银行柜员也就面临失业的危险。

4. 收银员

随着智能自动收费的推广，消费者可以自助缴费，超市、商场、停车场、小区、高速公路收费站也就不再需要收银员。

5. 传统流水线工人

对于传统流水线工人来说，智能机器人将会抢掉他们的"饭碗"。智能机器人不仅会组装电脑手机，甚至还会包汤圆、水饺。有些车间一个人都没有，只有电脑控制的智能机器人在操作。

6. 翻译

目前，语音翻译正在快速发展，直接冲击翻译以及同声传译人员的就业机会。

7. 服务员

机器人刀削面、机器人点餐、机器人送餐，越来越多的机器人服务员正在走进酒店、饭馆，而社会对服务员的需求也会不断减少。

> **思考4** 互相讨论：随着产业结构的改变，未来还有哪些职业可能消失？
>
>

第三节 职业生涯规划概述

 【快乐猪讲故事】

新生活以选定方向开始

有一位探险家在撒哈拉大沙漠中发现了一个小村庄，令他奇怪的是，在此之前从没有任何人说起这个地方，而这里的村民居然对沙漠之外的世界也一无所知，他就问村民为什么不走出沙漠看一看，村民的回答是：走不出去！原来自从他们的祖先定居此地之后，每隔几年就会有人试图走出沙漠，但不管朝哪一个方向行进，结果都一样：绕一个大圈子之后又回到了村子里，没有一次例外！

探险家感觉非常有趣，他走过无数的地方，这样的情况还是头一次遇到。于是他决定做一个试验，邀请一位村里的青年做向导，收起自己的先进仪器，跟在青年身后走进了沙漠。11天之后，他们两人果然在绕了个大圈子之后回到了村里！尽管如此，探险家却已经明白是怎么回事。

几天之后，当探险家准备离开时，他找到了上次和他合作的那位青年，对他说：你按照我的办法一定能走出沙漠——白天睡觉晚上走。但千万记住，一定要向着北方天空最亮的那颗星星走，绝对不能改变方向！半信半疑的青年决定照着探险家的方法试一试，果然，只不过用了三个夜晚，他真的走出了大沙漠！

原来，村民们之所以走不出大漠，是因为他们根本就不认识北斗星，他们没有朝着一个目标努力！由于人的两腿长度都有微小的差别，如果旁边没有参照物，人完全凭感觉向前走时，都会慢慢向左或者右边倾斜，一旦所处的位置没有参照物，地点面积比较大，如撒哈拉大沙漠，就会绕一个圆圈回到起点。在这种情况下，只有盯着一个像北斗星这样固定的目标走下去才能走出一条直线。

那个村子后来成为一个著名的旅游胜地，为了纪念那位第一次走出沙漠的青年，村民为他塑了一尊铜像，铜像的底座上刻着：新生活从选定方向开始。

> ❧思考5❧　如何理解"新生活从选定方向开始"？
>
>

一、职业生涯规划的内涵

生涯是指"人的一生"，包括工作和日常生活。职业生涯，是指个人一生中从事的职业和职业发展道路。西方较为通用的是美国学者萨帕（Super）的观点：生涯是生活中各种事件的演进方向和历程，它统合了人一生中的各种职业和生活角色，由此表现出个人独特的自我发展形态。

笔记区

它也是人自青春期至退休期间一连串的有报酬或无报酬职业的总和,甚至包含副业、家庭和公民的角色。因此,职业生涯是个人一生在职业活动中的全部经历,是个人生命和生活的中心。

人的一生从出生到死亡是个人成长、发展的整个生命周期。职业生涯也有生命周期,即个人为了自身及家庭,从事某种职业,直至退出职业的整个活动过程。它包括最初的职业预备期,到寻求职业、投入职业、发展职业,直至最后退出职业。职业生涯在人的生命周期中占据重要阶段。个人的职业生涯一般自 20 多岁开始,至退休,自青年阶段跨越整个中年阶段至老年阶段,是人生中最宝贵的一段时光。职业生涯不仅是个人最主要的收入来源,也与生活、情感、兴趣、爱好、人际关系等紧密相关,是生活幸福与否的关键所在。但并非每个人都有职业经历,没有进入过社会劳动的人一般不具有职业生命周期。

美国著名心理学家马斯洛提出"人生需求层次理论",将人的需求划分为七个层次,如图 1-1 所示。

	需求	定义
高级层次 ↑	自我实现需求	对发挥潜能以及实现富有意义的目标的需求
	审美需求	对享受美、被欣赏的需求
	认知需求	对理解原因的需求
	自尊的需求	对自己的人格、工作成果受到尊重的需求
	归属和爱的需求	对与人交往,对爱以及被爱的需求
	安全需求	对安全、舒适、安宁以及自由的需求
低级层次	生理需求	对氧气、水、食品、休息、性的需求

(a)

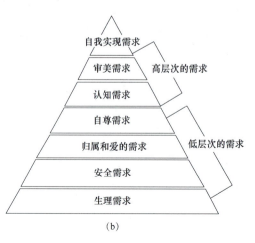

(b)

图 1-1

人的需求从低级层次向高级层次推进,要实现更高层次的需求,必须通过职业活动来实现。在现代社会中,人们通过职业获得赖以生存的物质资料、安全舒适的住房、美好的友情，也通过一份职业获得尊重、认可，实现自身价值。当然，并不是说拥有一份职业，就能满足个人所有的需求。各级需求能否实现，取决于个人职业生涯的发展情况。因此，在职业选择之初，个人就要做好规划，规划自己的职业生涯。要认真思考：自身拥有哪些方面的能力和特长？希望从事什么样的工作？人生目标是什么？如何实现自我的人生价值？

职业生涯规划，又称生涯规划、职业生涯设计，是指个人根据对自身的主观因素和客观环境的分析，确立自己的职业发展目标，选择实现这一目标的路线，以及制订相应的工作、培训和教育计划，并按照一定的时间安排，采取必要的行动实现职业生涯目标的过程。换句话说，职业生涯规划的意思就是：你打算选择什么样的行业，什么样的职业，什么样的组织，想达到什么样的成就，想过一种什么样的生活，如何通过学习与工作达到制订的目标。职业生涯规划的目的在于帮助个人分析自己的兴趣、爱好、能力、特点，并进行综合比较与权衡，评估内外环境的优势与限制，设计出最佳的职业生涯发展路径。正确的职业生涯规划不仅可以减少事业道路上的羁绊，还可以提升应对生活变化的能力，同时也可以促进人生愿景的成功。

【案例分析】

踏入职场的小林

小林是一名普通高职院校的毕业生。踏入职场前，她发现自己的简历存在很多不足：学习成绩一般，班级活动也很少参加，社会实践更是一片空白。她鼓起勇气，拿着薄薄的简历周转于各场招聘会，也在多家网络招聘平台投简历。历经一番辛苦，终于应聘到一家小公司做文员。工资虽然不高，但是工作比较轻松，家里也不需要她来负担，就这样在迷茫中度过了两年。

第三年，经亲戚介绍，小林恋爱了。对方是一个充满活力的男孩子。受男友的感染，小雨开始变得活泼一些，心情也不再像以前那么灰暗。对于自己过去两年的麻木生活，她想做一些改变。恰好男友所在的外企招聘，小林前去应聘。然而，事情并不顺利。小林没有相关的工作经验，也没有相应的专业背景，没有应聘成功。经过与男友商量，小林决定报名参加继续教育培训班，学历提升后再换工作。

参加培训班后，随着课程的深入，小林愈发觉得深奥难懂，而且一点兴趣也没有。而这时，男友的工作越来越忙，与小林约会的时间少了很多。这让小林觉得很失落。渐渐地，两人吵架越来越多，沟通越来越困难，最终分手。恋情结束，学业不喜欢，工作不如意，想着自己这些年的生活，小林不禁流下了眼泪：为什么我的生活和工作一团糟？为什么没有收获和快乐，只有失败和苦恼？

笔记区

笔记区

> ∽思考6∽ 你了解自己的人生需求吗？你计划过如何实现自己的人生需求吗？
>
>

二、职业生涯规划的意义

职业生涯规划的意义在于寻找适合自身发展需要的职业，实现个体与职业的匹配，体现个体价值的最大化，促进个体在事业和生活上的成功。

（一）帮助个人确定职业发展方向和目标

分析、定位是职业生涯规划的首要环节，它不仅决定着个人职业生涯的方向，也决定着职业生涯规划的成败。做好职业规划首先要分析自己适合从事哪些职业，根据自身的职业技能，结合职业兴趣、职业倾向，进行准确的自我定位。也就是先要弄清自己想要干什么、能干什么，自己的兴趣、才能、学识适合干什么。可以通过可靠的量表，评估职业倾向、能力倾向和职业价值观，这是职业生涯规划的基础。然后根据测评结果的各项指标，以及自身的学历、经历、能力、内在优势、外在优势，确定能够在职场上打拼的核心竞争力。除了研究个人适合从事哪些职业之外，还要考虑社会、企业可能给个人提供哪些岗位，从中选择那些适合个人从事的岗位。最终，从千千万万个职位中找到适合个人的岗位，做到人岗匹配。

（二）帮助个人通过不断努力工作完善自身

合理的职业生涯规划制订了职业发展路线，设立了今后各个阶段的发展平台，并且制订了攻占各个平台的计划和措施，针对每个阶段职业切入点所在的市场状况、行业前景、职位要求等进行全面的分析，促进个人朝着职业发展目标前行。合理的职业生涯规划帮助个人运用科学的方法，化解发展中的危机和陷阱，通过努力迈上一个又一个事业的台阶，在成就自身事业的同时，个人的能力不断提高，综合素养不断完善，人生基石更加牢固。

（三）帮助个人充分发挥能力实现人生价值

生命有限，人生苦短，没有职业生涯规划和管理，人们很容易陷于日常生活的琐事而浪费生命的宝贵时光。有人说，智慧就是懂得该忽视什么东西的艺术。职业生涯规划和管理能够使个人紧紧抓住工作的重点，会时刻提醒、鞭策个人一步步向目标靠拢，使自己的才能、优势得到充分的发挥，增加成功的可能性，促进人生价值更好地实现。

【案例分析】

吃苹果的四只毛毛虫

毛毛虫都喜欢吃苹果，有四只要好的毛毛虫相约一起去森林找苹果吃。

第一只毛毛虫

第一只毛毛虫跋山涉水，终于找到来到一棵苹果树下。它根本就不知道这是一棵苹果树，也不知道上面长满了红红的可口的苹果。当它看到其他的毛毛虫往上爬时，就稀里糊涂地跟着往上爬，没有目的，不知终点，更不知自己到底想要哪一种苹果，也没想过怎样摘取苹果。它的最后结局呢？也许找到了一颗大苹果，幸福地生活着；也可能在树叶中迷了路，过着悲惨的生活！不过可以确定的是，大部分的虫虫都是这样活着的，没想过什么是生命的意义，以及为什么而活着。

第二只毛毛虫

第二只毛毛虫也爬到了苹果树下。它知道这是一棵苹果树，也确定它的"虫"生目标就是找到一颗大苹果。问题是它并不知道大苹果会长在什么地方？但它猜想：大苹果应该长在大枝叶上吧！于是它就慢慢往上爬，遇到分枝的时候，就选择较粗的树枝继续爬。于是它就按照这个标准一直往上爬，最后终于找到了一颗大苹果，这只毛毛虫刚想高兴地扑上去大吃一口，但是放眼一看，它发现这颗大苹果是全树上最小的一个，上面还有许多更大的苹果。更令它泄气的是，要是它上一次选择另外一个分枝，它就能得到一个大得多的苹果。

第三只毛毛虫

第三只毛毛虫也到了一棵苹果树下。这只毛毛虫知道自己想要的就是大苹果，并且研制了一副望远镜，还没有开始爬时就先利用望远镜搜寻了一番，找到了一颗很大的苹果。同时，它发现当从下往上找路时，会遇到很多分支，有各种不同的爬法；但若从上往下找路时，却只有一种爬法。它很细心地从苹果的位置，由上往下反推至目前所处的位置，并记下这条确定的路径。于是，它开始往上爬，当遇到分枝时，它一点也不慌张，因为它知道该往哪条路走，而不必跟着一大堆虫去挤破头。如果它的目标是一颗名叫"教授"的苹果，那应该爬深造这条路；如果目标是"老板"，那应该爬"创业"这条路。最后，这只毛毛虫有个很好的结局，因为它有自己的计划。但是真实的情况往往是，因为毛毛虫的爬行相当缓慢，当它抵达时，苹果不是被别的虫捷足先登，就是苹果已熟透而烂掉。

笔记区

第四只毛毛虫

第四只毛毛虫可不是一只普通的虫，它做事有自己的规划。它知道自己要什么苹果，也知道苹果将怎么长大。因此，当它带着望远镜观察苹果时，它的目标并不是一颗大苹果，而是一朵含苞待放的苹果花。它计算着自己的行程，估计当它到达的时候，这朵花正好长成一个成熟的大苹果，它就能得到自己满意的苹果。结果它如愿以偿，得到了一个又大又甜的苹果，从此过着幸福快乐的日子。

【毛毛虫启示录】

制订自己的职业生涯规划

第一只毛毛虫是一只毫无目标且没有自己人生规划的糊涂虫，不知道自己想要的是什么。遗憾的是，许多人都是像第一只毛毛虫那样活着。

第二只毛毛虫虽然知道自己想要什么，但是它不知道该怎么去得到苹果，在习惯中的正确标准指导下，它做出了一些看似正确却使它渐渐远离苹果的选择。而曾几何时，正确的选择离它又是那么接近。

第三只毛毛虫有非常清晰的人生规划，也总是能做出正确的选择，但是，它的目标过于远大，而自己的行动又过于缓慢，成功对它来说已经是明日黄花。机会、成功不等人。同样，我们的人生也极其有限，单凭我们个人的力量，也许一生勤奋也未必能找到自己的苹果。如果制订一个适合自己的计划，并且充分借助外界的力量，也许第三只毛毛虫的命运会好很多。

第四只毛毛虫不仅知道自己想要什么，也知道如何去得到自己想要的苹果，以及得到苹果应该需要什么条件，然后制订清晰实际的计划，在望远镜的指引下，它一步步实现了自己的理想。

其实，我们的人生就是毛毛虫，而苹果就是我们的人生目标——职业成功。爬树的过程就是我们职业生涯的道路。毕业后，我们都得爬上这棵苹果树去寻找未来，完全没有规划的职业生涯注定是要失败的。

> **思考7** 你最想当哪一只"毛毛虫"？你准备如何成为这只"毛毛虫"？
>
>

三、职业生涯规划的特点

1. 个体性

职业发展规划是从个人的职业条件出发，根据个人的职业选择、人生目标，为实现自身价值所做的种种努力而制订的个性化的发展方案。因此，每个人的职业生涯规划都具有区别于他人的独特性。

2. 可行性

职业生涯规划要根据个人的实际情况，并结合社会、企业发展情况而制订，要切实可行，具备可执行条件，不能是不切实际的臆想或漫无目的的幻想。

3. 可变性

职业生涯规划一旦制定并不意味着不可更改，也并不意味着个人必须一次性完成。它可以在实施的过程中根据内外部条件的改变而随之更改，使之更加适应内外部环境，更符合个人的职业发展方向。

4. 适时性

规划是用以预测未来的行动，确定将来的目标。因此各项主要活动何时实施、何时完成，都应有时间和时序上的妥善安排，以作为检查行动的依据。

5. 持续性

人生具有阶段性和连续性，职业生涯也是一个动态的发展过程。在这个过程中，要保证规划的持续性。

6. 整体性

职业与生活密不可分，在制订职业生涯规划时不能与生活割裂开。因此，职业生涯规划要涵盖生活的各个阶段，将各阶段纳入规划之中。例如，婚姻、家庭会对人的职业发展造成一定影响，因此在制订职业生涯规划时要一并考虑进去。

【案例分析】

做回你自己

小陈大学学的专业是软件技术，擅长计算机编程。面临毕业的他对自己未来的职业之路规划的不是很清晰。小陈在与就业指导课教师交谈时，他说："我知道自己很擅长编程，但现在的 IT 技术更新换代很快，现在学的技术是最新的，10 年后，这些技术就过时了，到时我学新技术又没有年轻人快。而与人打交道积累若干年后就是一笔资本，我想测试看看能否从事与人打交道的工作。"

就业指导课教师为小陈做了直觉测试，小陈说："我知道自己是一个喜欢探索、分析、研究问题的人，也喜欢与机器、数据打交道，但是我想一毕

笔记区

业就从事与人打交道的工作，这样可以通过锻炼来突破自己的性格。""其实我是一个很闷的人，我不会表达。如果别人问我一件事情怎么做，我说不清楚，只好说我做给你看。""我的记忆力很差，刚看过的书，一会儿就忘了。"

老师问："那你编程时也会忘记需要的东西吗？"小陈说："不会，而且有些东西不用记，可以查资料。"老师分析小陈的性格、天赋，发现他看问题看得很远、很透。跟他交谈时，发现他对问题很敏感，一提到某个事情，他马上就想到这个事情将会带来什么后果——他的思维深度似乎都可以做基础理论研究了。老师问他："你怎么看爱因斯坦？"他说："我不喜欢爱因斯坦那样枯燥的生活。"

老师说："你怎么知道爱因斯坦的生活很枯燥？爱因斯坦经常接触各种各样的人，也很懂得欣赏音乐呀！"

后来，小陈接到两家单位的工作邀请。一个是一家金融单位，另一个是一家IT公司。小陈咨询老师的意见。老师回复他说："总的原则是你要搞技术或理论研究，包括软件开发，一切以有利于向这个职业方向发展为原则。当然，没有别的选择时，现有的机会可以作为过渡。"

两个星期之后，小陈告诉老师他有了留校的机会，他倾向选择留校。老师回复他说："留校是更适合你的选择。"

职业成功的秘诀就是做自己最擅长的，不要羡慕别人的长处，不要绞尽脑汁地琢磨怎样才能像别人那样擅长某方面，不要幻想成为别人。总之，一句话——做回你自己。

> ⋧思考8⋧ 花点时间了解自己的优势和缺点，并咨询同学们的宝贵意见。
>
>

第四节　职业生涯规划的基本理论

职业生涯规划的理论不仅可以帮人们做出职业选择，还可以为处理职业生涯各阶段所遇到的问题等提供分析和思考的依据。很多职业指导专家对职业生涯规划提出了自己的理论，下面介绍几种基本理论。

一、帕森斯的职业-人匹配论

1909年,美国波士顿大学的帕森斯(Parsons)教授在其所著的《选择一个职业》一书中,阐述了职业选择的三大要素和条件:一是应该清楚地了解自己的态度、能力、智谋、局限和其他特征;二是应该清楚地了解职业选择成功的条件、所需知识,在不同职业工作上所占有的优势、不利和补偿、机会和前途;三是上述两个条件的平衡。帕森斯的理论即是在清楚认识、了解个人的主观条件和社会职业岗位需求条件的基础上,将主客观条件与社会职业岗位相对照,最后选择一种职业需求与个人特长相匹配的职业。

职业-人匹配,分为以下两种类型:一是条件匹配,即所需专业技术和知识的职业与掌握该种特殊技能和专业知识的择业者相匹配;二是特长匹配,即某些职业需要具有一定的特长,如需要个性不守常规、有独特创意思维的职业。

【案例分析】

兴趣对职业的帮助

学计算机专业的张浩爱好文学,平时常写文章,偶尔也有作品见诸报端。他希望毕业后能够在IT行业工作。大三时,张浩在经常访问的某国内知名网站的主页上发现,该网站正在开展征文活动。他根据生活经历有感而发,写了一篇情深意长的文章投给该网站。毕业前期,张浩在IT行业求职时屡战屡败。某天,正为求职苦恼的他接到该网站的电话,告知他的文章获奖了。

于是,张浩找到网站征文活动的负责人,该负责人得知张浩的求职经历后,问他是否愿意到公司来做事,并许诺丰厚的待遇。张浩大喜过望,求职的艰难让这份工作格外吸引人。第二天,张浩便到公司实习,负责该网站校园版块的策划组稿工作。上班后,张浩成功地策划了网站和学校的一次联谊活动,并顺利通过了试用期,成为该公司的正式员工。

> 思考9 兴趣是怎样帮助张浩成功迈进理想行业的?兴趣对个人的成长和发展有哪些作用?

笔记区

二、萨帕的生涯发展阶段理论

美国学者萨帕（Super）将人的成长阶段与职业发展阶段相配合，将职业生涯划分为五个阶段，每个阶段包含若干个时期，并表现出一定的特征，具体如表1-2所示。

表1-2 萨帕关于职业生涯发展阶段的划分

发展阶段	时期	职业活动特征
成长阶段	幻想期（4~10岁）	对职业的想法主要是幻想，角色扮演在此阶段很重要
	兴趣期（11~12岁）	以兴趣为中心，个人依好恶考虑职业
	能力期（13~14岁）	开始考虑能力、职业要求
探索阶段	试探期（15~17岁）	根据自己的兴趣、能力，对未来职业进行尝试性选择
	过渡期（18~21岁）	正式进入职业，或者进行专门的职业培训，明确某种职业倾向
	尝试期（22~24岁）	找到一份入门的工作后，并尝试以它作为维持生活的工作，但还没有最后决定
确立阶段	稳定期（25~30岁）	个人在所选的职业中安顿下来，重点是寻求职业及生活上的稳定
	发展期（31~44岁）	致力于实现职业目标，是富有创造性的时期
维持阶段	（45~64岁）	在选定的职业上继续前行，维护已获得的成就和社会地位，维持家庭和工作两者之间的和谐关系
衰退阶段	减速（60~70岁）	职业活动逐渐减少，以适应逐渐衰退的体力与心理
	退休（71岁至死亡）	职业活动停止

【案例分析】

井上富雄成功的秘诀

日本著名企业家井上富雄年轻时曾在IBM公司工作，进入公司不久，由于体质衰弱，积劳成疾病倒了。但他凭着坚强的意志与病魔搏斗了3年之久，最终康复并重新回到公司工作。

当时，他已经25岁，于是立下了往后25年的生涯计划，这是他第一次为自己制订职业生涯计划。此后，他每年都为自己未来的25年生涯订立新的计划。例如，28岁时，就制订了到53岁时的生涯计划；到了30岁时，就制订出至55岁的生涯计划。

最初他制订职业生涯计划的动机相当单纯。他觉得，病愈后再回到公司，一些比自己晚入公司的后辈职位都超过了他，要想在短时间内拉近三年的差距着实不易。但是，井上富雄并不是一个轻易服输的人。由于担心再过分逞强会引起旧病复发，于是他就想找出既能悠闲工作又可快速休息的方法。因此，他就抱定决心："好吧！别人花3年时间，我花6年的时间；别人花5年时间，我就花10年的时间；只要不慌乱，一步步地前进，还是会有机会成功的。"

井上富雄订立自己的"25年计划"表，并确实督促自己按计划实践。他不断地对"如何才能以最少的劳力，消耗最少的精神，以最短的时间方能达到目的进行思索"。也就是说，他不断地力图找到既轻松，又一定能成功的战略、战术。他经常不断地调整自己的职业生涯计划，追加新的努力目标，使自己的启蒙目标和工作目标也就逐渐扩展充实起来。当他还是一个小办事员时，就开始学习科长应具有的一切能力，当科长时，就学习当经理应具备的能力；当经理时，就再进一步学习胜任总经理的能力。

总之，井上富雄一直从自己的现实出发，学习应具有的各种能力，然后再进一步为未来打基础，以便能随时胜任更高的职位。这一切都得益于所订的职业生涯计划的有效帮助。到了30岁时，井上富雄成为经理；到了40岁时，井上富雄则当上了总经理，他的升迁比别人要快得多。而47岁时，井上富雄干脆离开IBM，自己开始经营公司。能取得这些成就，也并不是因为他的脑筋特别好或者善于走后门，只不过他能拟订适合自己职业生涯的计划，并且能进行实践。

笔记区

> ❧思考10❧　分析井上富雄是怎样一步步走向成功的？

三、廖文泉的职业生涯发展"三三三"理论

我国人力资源管理学家廖文泉提出了职业生涯发展"三三三"理论，该理论将人的职业生涯分为三大阶段，即输入阶段、输出阶段和淡出阶段，如表1-3所示。每个阶段又分为三个子阶段——适应阶段、创新阶段和再适应阶段，而每个子阶段又分为顺利晋升、原地踏步、降到波谷三种情况。

表1-3 廖文泉关于职业生涯发展阶段的划分

阶段	输入阶段	输出阶段	淡出阶段
时间	从出生到从业前	从就业到退休前	退休以后
主要任务	输入信息、知识、经验、技能，为从业做重要准备；认识环境和社会，锻造自己的各种能力	输出自己的智慧、知识、服务、才干；进行知识的再输入、经验的再积累、能力的再锻造	精力渐衰，但阅历渐丰、经验渐多，逐步退出职业，适应角色的转换。该阶段是夕阳无限好阶段，有更加广阔的时空实现以往的夙愿

其中，输出阶段中职业发展阶段的特点是弹性的、开放的、动态的，有显著的个性化特征，是多维环境因素和个体因素影响的结果（表1-4）。

表1-4 输出阶段的三个子阶段

阶段		个人的工作状态	职业环境状态
输出阶段	适应阶段	订立以下三个契约： 对领导，我要服从你的领导 对同事，我要与你协同工作 对自己，我要使自己表现出色	适应工作软硬环境，个体与环境，个体与同事相互接受，此时进入职业
	创新阶段	独立承担工作任务 努力做出创造性贡献 向领导提出合理化建议	受到领导和群众认可，进入事业辉煌阶段
	再适应阶段	由于工作出色获得晋升 由于发展空间小而原地踏步 由于自身骄傲或工作差错受到批评	个体要调整心态，再适应变化的环境；此时属于职业状态分化的阶段，领导和同事看法不一

输出阶段中的"再适应阶段"在现实中每一个人都会遇到，职业一次成功的人很少，都要经历"再适应阶段"（表1-5），这一阶段不是人生最辉煌的阶段，但却是人生达到辉煌的必经阶段。

表1-5 再适应阶段的三种情况

阶段		职业状况
再适应阶段	顺利晋升	面临着新的工作环境的挑战，新的工作技能的挑战，原同级同事的嫉妒，领导会提出新的要求，表面的风光隐藏着一定的职业风波
	原地踏步	此时会有倚老卖老不求上进的状态出现，挂在口头边的话是"此事我早已了解"或"我再熟悉不过了"，对同事的发展出现心理不平衡，此时适合做职业平移或变更
	下降到波谷	由于个体原因或客观原因，遭受上级批评，或受降级处分，工作状态进入波谷，此时如能重新振奋精神，有希望进入第二次"三三三"发展状态

人们在进入职业阶段后，首先是融入环境、适应工作；其次是独当一面去工作、创新，并且展示自己。但这一阶段不可能延续至人生的淡出阶段，即退休阶段。在人生最重要的输出阶段，当你具备独立工作能力和独当一面肩挑重担之时，通常会遇到三种情况，即顺利晋升、原地踏步和下降波谷。这三个阶段是人生的关键时期，不仅需要智慧和勇气，还需要虚心和学习，以及帮助和支持。

再适应阶段是重新调整自己，使自己的思路、工作态度、工作行为更加适应自己的工作硬环境和工作软环境，更加适应个人的职业状况，在各种不同际遇中寻找柳暗花明又一村的佳境，在千回百转中攀登职业的高峰。这一阶段，比任何时候都更需要智慧，更需要导师，更需要容忍和让步，更需要毅力和沉着，更需要素质和内涵的支撑。表1-6是对再适应阶段一个简单的对策分析。

表1-6

阶段	对策分析
再适应阶段	顺利晋升——谦虚、谨慎、更加努力地追求成功 原地踏步——寻找新的切入点，寻求各种支持，调整个体的心态，大胆地尝试新的工作方法 下降波谷——不躁不馁，重新振奋，适当平移和变更职业，再学习并重新构建人力资本，寻求机会重新开始

【案例分析】

一句"玩笑"，两种人生

杨林和王峰是硕士阶段的同学，两人毕业后到同一所高校任职，并且在同一个系。在迎接新教师的座谈会上，院长殷切地希望年轻人树立人生目标，并为之奋斗。会后，两人开玩笑说，目标就是当院长，看谁先当上。

笔记区

　　表面是句玩笑话，但两人心中却已经当真。杨林认真、冷静，做事有计划，王峰灵活、圆滑，办事有冲劲。自从立下目标后，杨林制订了自己的人生规划，前3年，他练习普通话，学习讲课技巧，琢磨学生心理、研究课本。3年后，他讲课在学校已经小有名气。第4～7年，杨林考上另一所高校攻读博士，并在此期间专心学习做科研项目、研究教学方法。第8～12年，杨林潜心研究，在国际上发表文章，承担国家级课题，被评选为教授，渐渐成为该领域的知名学者。从第13年起，杨林不仅以科研为主，重视教学，还开始加强各方人际关系。第15年老院长退休时，人们不约而同想到让杨林接班，学术、教学、人际关系样样不错，不选他选谁？

　　王峰则不同，一开始就关注仕途，以经营上下级关系为主，3年便成为副主任。可是一当上副主任，就感到各方压力，上课水平一般，科研没有成果，处理问题难以服众。当了两年副主任很不顺，看到一些老同学当老板，心中羡慕，他也悄悄在外合伙开了间餐厅。不到一年，餐厅倒闭，又相继开了美容院、服装店，可是干一样亏一样。瞎忙了4年才发现，自己不适合经商，还是在高校工作更适合自己。回头再往上走，发现过去的同事都有了很大的进步，自己必须跟上。于是一会儿忙教学，一会儿搞科研，生活工作十分忙碌，但什么都干不好。到了第15年，王峰还是个副主任。

　　就这样，15年后，杨林实现了自己的职业目标，而王峰只是一个副主任。王峰承认自己输了，但不明白自己错在哪。

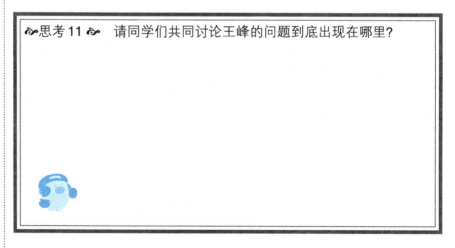

思考11　请同学们共同讨论王峰的问题到底出现在哪里？

第五节　高职院校学生的职业生涯规划

　　为什么在同一个专业、同一个年级学习，有的人毕业时可以拿到几个著名公司的录用通知，有的人却连一次面试复试机会都没有？为什么有的人毕业时可以升入本科院校深造，有的人却连毕业证书都拿不到？原因也许很多，但有一点是可以肯定的，凡是毕业时取得丰硕成果的，其大学生涯都是有目标、有准备的。

高职院校学生的职业生涯规划，就是学生在明确自己兴趣、爱好的前提下，在认真分析个人性格特征的基础上，结合自己的专业特长和知识结构，为将来从事工作所做的"方向性"的实施方案。大学生在进入高职院校后，应先制订一个合理的学涯发展规划，这对好好利用三年的大学学习生活，乃至将来走向社会求职就业有着重要的作用。

【案例分析】

集中精力为目标做准备

小凯顺利考入大学给家人带来了莫大的喜悦，但是他自己并没有迷失在考进大学的欢乐中，而是进校后在老师的帮助下，很快地确立了新的目标。他制订了每年的学习规划，除了掌握课堂知识和技能，还要通过英语和计算机等级考试，参加学生会活动，以及每年暑假进行社会实践等。经过努力，小凯每年都能拿到奖学金，也加入了中国共产党。按照常理来说，这好像没有什么值得称道的。其实不然，大学里从开始就能一步一个脚印走过来的学生并不多，包括积极主动争取老师的辅导帮助，也为他日后的成功做足了铺垫。

大学临近毕业时，小凯又寻求就业指导老师的帮助，制订了职业生涯规划，并主动把自己写的求职简历交给老师，让老师提出修改建议。因此，他的求职简历不仅具有明显的个人特色，而且较好地展现了自己的优势和特长。他将求职简历交到学校就业指导办公室，办公室的老师根据他的求职意向为他推荐了招聘单位，因为他平时就是有心人，一直和已经在相关岗位上工作的学哥学姐们保持联系，所以非常了解用人单位的要求和标准，并据此做了充分的面试准备。经过层层选拔，他很快应聘上了心仪的岗位。

思考12 为什么小凯的大学学习和毕业求职都进行得比较顺利？他的哪些做法值得大家学习？

笔记区

笔记区

一、学涯发展规划

高职院校的学制一般为三年，在每一学年中，大学生的学习重点与心理特征都有所不同。根据这一自然的年限划分，大学生可以按学年阶段设置阶段目标，进行自己在校期间的职业生涯规划，也就是学涯发展规划，并按照每个阶段的不同目标和自身成长特点，制订一些有针对性的实施方案。

（一）学涯发展规划的四个方面

根据顾雪英所著的《当代大学生职业生涯规划》及高等职业教育实际状况可知，高职院校学生学涯发展规划应包含四个方面。

1. 学习拓展方案

就你所学习的专业而言，应采取哪些措施与途径提升专业能力；在个人潜能方面，应采取哪些措施与途径进一步开发及增强潜能；超出专业学习之外，人们又应该多具备哪些基础知识（如财务管理、人际沟通等）。

2. 工作预备方案

为实现职业目标，计划采取哪些措施积累相关的实习经验、掌握相应的岗位技能？在企业生产实践过程中如何获得技能的进步，并做好踏入职场的准备？

3. 人际维护方案

如何构建与维护良好的人际关系，从而为毕业后的发展寻找更广泛的支持与合作空间。

4. 课堂内外平衡方案

学习之余也要注重参加课外活动、社会实践，多方面锻炼提升自己的综合素质。

（二）学涯发展规划的阶段目标与实施策略

1. 大学一年级：探索期

【阶段目标】适应大学生活，树立规划意识。

【实施策略】了解就业形势，树立新的奋斗目标。如果说之前的努力是为了考上大学，那么现在的任务就是为了以后的就业和职业发展。

完成从中学生、高中生到大学生的角色转变，尽快适应大学生活。重新确定自己的学习目标和要求。虚心请教师兄师姐，积极参加集体活动，建立新的人际关系圈。

开始接触职业和职业生涯的概念，认识自己的需要和兴趣，明确自己的价值观、动机和抱负，思考有哪些职业与自己所读的课程、专业相吻合，通过互联网、报刊和访谈等渠道进一步了解这些职业，进行初步的职业生涯思考（大学生学涯发展规划）。

尝试与自己未来职业或专业有关的兼职、实习等，积累一定的职业经验。

2. 大学二年级：定向期

【阶段目标】确定主攻方向，培养综合素质。

【实施策略】建立合理的知识结构，加强专业知识学习的同时，考取与目标职业有关的职业资格证书或通过相应的职业技能鉴定。

增强英语口语和计算机应用能力，参加英语、计算机等工具性证书的考试。

积极参加学校组织的职业规划大赛和就业创业知识竞赛，借助职业兴趣与性格测验，判断自己的职业发展取向，确定自己的职业选择、未来的发展目标，进行正确的职业生涯规划设计。

学习求职技巧，学会制作简历、求职信，了解面试技巧和职场礼仪。

3. 大学三年级：冲刺期

【阶段目标】充分掌握资讯，实现毕业目标。

【实施策略】搜集就业信息的渠道，留意校园招聘会通知，不要遗漏关键的招聘信息，参加校园招聘会，积极与用人单位招聘人员进行沟通。

增强实习的职业针对性，积累对应聘有利的职业实践经验。

扩大校内外交际圈，加强与校友、职场人士的交往。

了解劳动法规和政策，学会保障自己的劳动权益。

学会就业心理调节，始终保持自信和主动。

【案例分析】

一流学府的传统

美国顶尖学府哈佛大学有号召学生做新年计划的传统。

1979 年，哈佛商学院的学者们做了一项研究，他们选择一个班级做实验，请学生们给未来规划一个目标，结果发现：

（1）84% 的人没有任何目标；

（2）13% 的人有目标，但是没有具体的实施步骤；

（3）3% 的人既有目标，也有具体的实施步骤。

10 年之后，哈佛的学者们继续追踪那些当初调研的学生，他们发现：

（1）那些 13% 人群（有目标但是没有具体步骤）的收入，是 84% 人群（没有任何目标）的 2 倍之多。

（2）那些 3% 人群（既有目标也有具体步骤）的收入，是其余剩下的 97% 人群的 10 倍之多。

例如，脸书（Facebook）的创始人扎克伯格在进入哈佛大学之后，也养成了做新年计划的好习惯，每年新年伊始，他都会做一个新年计划。做新年计划的好习惯一直延续到他创立脸书（Facebook），这正是他学业和事业成功的关键之一。

笔记区

笔记区

亲爱的同学们,让我们一起来完成你的学涯发展规划吧!(填写表1-7)完成后记得多与师长、同学相互交流,以完善你的方案!

(1)同学们可再将分目标做分解,形成专属于你的月目标、周目标和日目标。

(2)其余的学年,同学们可以表1-7为基础再继续规划,到大三毕业时,你一定会拥有清晰的就业前景!

案例分析

表1-7 大学生学涯发展规划表

第一学年	上学期	我的总目标是: _____ 我的分目标是: 1._____ 2._____ 3._____ 我的计划是(应该如何做以完成分目标): 1._____ 2._____ 3._____

二、职业生涯规划

高职院校学生处于职业生涯的探索阶段，在这一阶段进行合理的职业规划对学生以后职业生涯的发展有着十分重要的意义。高职院校学生职业生涯规划是学生探索自己终身职业志向的第一步，要在充分了解、分析自己的个性倾向、兴趣爱好和专业素养的基础上，对自己的过去、现在和未来做一次认真、客观的审视与评估，为自己描绘一个科学合理的职业蓝图，并为此制订切实可行的行动计划。个人职业生涯规划的制订主要从自我评估、职业生涯机会评估、职业生涯目标的确定与路线的选择、职业生涯策略、职业生涯反馈与修正等五个方面进行。

（一）全面了解自己

有效的职业生涯规划是在全面分析、了解自己的基础上制订的。要了解自己的哪些方面呢？主要是指对自己的性格、兴趣、特长、学识、技能、思维方式、情感倾向、道德标准等进行客观全面的评价。评价自身可以通过以下方式进行：一是进行职业兴趣测验、性格测验，以发现自身性格特点，是外向还是内向，擅长文字写作还是数据分析等；二是听取身边同学、朋友、老师和家人的评价，了解自己在集体中的角色，发挥的功能，适合的位置等。全面、客观地分析、了解自身，准确的自我定位对选择合适的职业具有重要的作用。

（二）客观评价所学专业和技能

高职院校学生所学的专业是自己选择职业的敲门砖，往往决定自己终身所从事的职业，因此，每个人都要对自己所学专业和技能有客观的评价与全面的认识。高等职业教育的目标主要是为国家培养生产、建设、管理、服务第一线岗位需要的技术应用型人才。高职院校学生求职时要了解自己的专业，调研所学专业的社会需求情况、未来发展趋势，以利于自己的职业选择和规划。同时，也要客观评价自己掌握的专业知识和技能。高职院校学生经过在校的技能学习，以及在企业实习实践的职场锻炼，在求职时已经初步具备职业所要求的技能和综合素养，因此在进行职业规划时，要明确"我能干什么"，发挥自己的优势和能力，提高职业规划的合理性。

（三）分析社会就业环境

现代社会政治、经济、科技快速发展，作为即将进入社会的高职院校学生，需要注意以下几点：要把握社会发展脉搏，了解社会大环境的特点、发展变化情况、自己与环境的关系、环境对自己有利与不利的影响因素；要了解自己所选择的行业的市场占有、未来变化情况；要了解自己所选择的组织的发展战略、人力资源需求、晋升机会，等等。对这些问题的掌握，有助于把自身条件和社会、组织环境更好地进行匹配，以便使自己的职业生涯规划更具实际意义。

(四) 确定职业生涯目标与职业路线选择

确定职业生涯目标,就是要确定自己在职业发展过程中最终要达到什么目的,是成为技术专家、行政管理者还是创业成为企业领导者?职业生涯目标是事业的奋斗方向,像行进道路上的指明灯,无论人们在职业发展过程中遇到任何困难、磨炼,只要明确目标并奋勇前行,就能引导自己战胜阻碍,走向成功。目标的确定要切合实际、具体可行,不能好高骛远、雾里看花。同时,要将短期目标和长期目标相结合,如1年内的目标是什么?3年、5年要达成什么目标?10年要实现什么目标?通过可实现的短期目标,一步步达成自己最终的职业生涯目标。

职业生涯路线是指为实现自己的职业生涯目标所要走的职业道路。设定职业生涯路线,就是要在当下与职业目标之间搭建一条合适的道路,必须从以下三个方面来考虑:一是个人希望往哪一条路线发展,如是选择技术人员路线,还是选择行政管理路线?二是个人适合哪一条路线,如是适合做科学研究还是适合经商?三是个人可以选择哪一条路线,如你所处的环境、所具备的条件允许你选择技术岗位还是行政岗位?

(五) 制订职业生涯策略

职业生涯策略是指为实现职业生涯目标而采取的各种行动和措施,一般都是具体、可行性较强的。在确定具体的职业生涯目标后,行动成为关键环节。没有达成目标的行动,目标就难以实现,也就谈不上事业的成功。这里所指的行动主要是指落实目标的具体措施,主要包括教育、培训、实践等方面的措施。例如,在校期间必须认真学习理论知识和专业技能,积极参加顶岗实习、社会实践,还要多参加课外活动、开展人际交往,以全面提高自己的综合素质。走上工作岗位后,也要制订学习培训计划,排除内外障碍的策略,利用所处环境实现目标的方法等。另外,职业生涯策略还包括为平衡职业目标与其他目标(如生活目标、家庭目标)等而做出的种种努力,通过这些努力助推个人在工作中有更好的表现。

(六) 职业生涯规划的反馈与修正

职业生涯规划制订后并不是固定不能改变的,而应该随着个人自我认知和定位的改变、组织的发展、社会的变化等做出适时的调整。大学时期制订职业生涯规划时,对自身及外部环境都不是十分了解,而进入工作岗位后,自身会进一步成长,对组织和社会的认识会发生变化,职业定位也会随之改变,因此,需要对职业生涯规划进行修订。修订的内容主要包括职业的重新选择、职业生涯目标的修正、职业生涯路线的选择、实施策略计划的变更等。成功的职业生涯规划需要时时审视内外环境的变化,不断对自己的规划进行评估和修订,并调整自己前进的步伐。

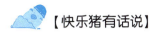【快乐猪有话说】

职业生涯目标的修订

如果你是一个机械或电子专业的学生,目标是成为机械或电子高级技师,那么,应该问自己下列几个问题:

第一,在校期间需要掌握与了解哪些课程和学习哪些技能?目前如何求得老师在这方面给自己更多的帮助?

第二,需要参加哪些培训、学习、考核才能有资格成为一名工人技师?

第三,在成为技师的发展路上需要排除哪些来自内部和外部的障碍?

第四,如何求得所在公司的上司和师傅、工友在这方面给自己需要的帮助?

第五,如何在所处的企业寻得有利于自己目标实现的机会?

第六,一个高级技师应具有怎样的经验水平和年龄层次?自己怎样做才能符合这个要求?

如果你现在是一个学财务专业的学生,而你的5年、10年或20年个人职业规划是希望成为一个理财规划师。那么,你应该问自己下列几个问题:

第一,在校期间需要掌握与了解哪些课程和学习哪些技能?目前如何求得老师在这方面给自己需要的帮助?

第二,需要哪些特别的培训和学习才能具备做一名理财规划师的资格?

第三,为使自己发展路上顺利通畅,需要排除的内部和外部障碍有哪些?

第四,所在公司的上司和同事在这方面能给予帮助吗?周围的人在这方面能给予帮助吗?

第五,自己最终成为所在的公司的理财规划师的可能性有多大?是否比在其他公司机会更大?

第六,理财规划师这个职位的经验水平和年龄层次是怎样的?自己是否符合这个要求?

笔记区

第二章

自我评估

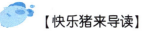【快乐猪来导读】

小动物们开学了

《动物学校》森林里的动物王国召开了一次国民大会，决定设定一所学校，训练它们的子弟各种技巧，以应付 21 世纪的挑战。课程包括跑、爬、游、飞四项技艺。为了学校行政的方便，小动物们必须全修各项课程。

游泳课是鸭的最爱，它成绩优异，飞行更是拿手，比它的老师还厉害。但它跑得很慢，教练强迫它放学后留校练习跑步，甚至逼它放弃游泳课，腾出时间进行练习。不久它的脚蹼磨破，以致游泳成绩退步至中等。学校认为中等成绩可以接受，除了鸭自己，没有人关心它的蹼。

兔子在跑步课上得了第一，但它最后患了神经衰弱症，因为补修多次游泳课，仍然被淘汰。

松鼠很会爬高，但它的自信最终被腐蚀到最低谷，因为它的飞行老师要求它从低往高飞，而不是从高往低飞。最后，它沮丧到什么都不想学，老师给它爬课成绩一个丙，跑课成绩一个丁。

鹰被老师认为是个问题学生，被罚狠狠地坐了几天学监，因为老师认为它作弊，它在爬课用它的翅膀第一个上了树顶，而不是照老师的指示用爪爬。

学年结束，一只突变鳗得到第一名，被选做荣誉毕业生。它很会游泳，突变腿帮助鳗跑得不错，爬一段，飞一段，总分最高。

地鼠根本不肯去上学。它在议会中提案，要退房退税给它，原因何在？学校没有安排挖地课。它成功地获得退税，和狐狸及穿山甲另设了一间私立学校，专教挖地术。

启示：这个世界上每个人都是不同的，人们都有属于自己的性格特点、人格魅力以及兴趣特长，有些是天生的，有些则是在成长中逐渐形成的，有些是我们自我感觉良好、最为拿手的。所以，只有清晰地评估自己，了解自己的个性特征，知道自己适合做什么，能够做什么，在哪些方面有特长，这样我们才能在职业发展的道路上走得更远，爬得更高。

职业和个体的个性匹配是职业选择的基础。职业生涯规划必须深入进行职业分析和自我评估。职业生涯规划通过自我评估、职业分析，解决各种因素之间的冲突，寻求协调，促进大学生依据个性特点找准相应的职业范畴，在职业生涯规划和大学生生活、学习、实践中积极创造职业发展的条件。而自我评估主要是对大学生的兴趣、性格、价值观、能力等多方面因素与职业关系进行分析。

第一节 兴趣分析

身边的同学选择职业千差万别，有的选择会计师，有的选择建筑工程师，即便选择的职业相同，选择的理由也各有不同，这背后的差异就是兴趣。因为有兴趣，人们会特别关心一些特定的事物；因为有兴趣，人们会特别积极投入精力到某些活动上；因为有兴趣，人们在对某些特定活动投入精力的过程中感觉愉快，会非常享受这个投入精力的过程；因为有兴趣，人们会在投入的过程中不知不觉地培养了能力，更加充分地发挥自己的潜能，对自己更有信心；因为有兴趣，人们在发挥潜能的同时创造了更大的成功机会；因为有兴趣，人们在达到某些特定目标后的满足感也特别强烈。兴趣，往往是人们在工作中感到愉快、投入、发展、成就、自信、满足、自我实现等一系列良性循环的起点。所以，人们在认识自己时首先要做的就是认识自己的兴趣。

一、兴趣与职业兴趣

（一）兴趣的内涵及分类

兴趣是个体积极探究事物的认识倾向，是个体对其环境中的人、事、物所产生的喜爱程度，是个体力求认识、掌握某事物，并经常参与该活动的心理倾向。一旦大学生对某件事物或某项活动感到需要，知道自己要做什么，不要做什么，能做好什么，其成就欲就会被点燃，主体意识就会被唤醒，渴望成功的强烈愿望将使其不可阻挡地吸取一切所需要的知识，热心于接触、观察这件事物，积极从事这项活动，并注意探索其中奥秘，并把自己有能力做的、感兴趣的事作为成功的目标，激发出人的巨大潜能，使之一步一步向目标靠近，最终不可阻挡地进入成功者的行列。

人的兴趣是多种多样的，但概括起来又可以分为三大类。

第一，物质兴趣和精神兴趣。物质兴趣主要是指人们对舒适的物质生活（如衣、食、住、行方面）的兴趣和追求；精神兴趣主要是指人们对精神生活（如学习、研究、文学艺术、知识）的兴趣和追求。

第二，直接兴趣和间接兴趣。直接兴趣是指对活动过程的兴趣。例如，有的学生想象力丰富，富于创造性，喜欢制作各种模型，在制作过程中，全神贯注，表现出浓厚的兴趣；间接兴趣主要是指对活动过程所产生的结果的兴趣。有的学生业余喜欢绘画，每当完成一幅画，他都会对自己取得的成果表现出极大兴趣。直接兴趣和间接兴趣是相互联系、相互促进的，如果没有直接兴趣，制作各种模型的过程就很乏味、枯燥；

笔记区

而没有间接兴趣的支持，也就没有目标，过程就很难持久下去。因此，只有把直接兴趣和间接兴趣有机结合起来，才能充分发挥一个人的积极性和创造性，才能持之以恒，目标明确，取得成功。

第三，个人兴趣和社会兴趣。个人兴趣是个体以特定的事物、活动及人为对象，所产生的积极的和带有倾向性、选择性的态度与情绪。社会兴趣是指社会成员对某一领域的普遍兴趣，或社会某一领域对社会成员的普遍需求。

年龄和时代的变化也会对人的兴趣产生直接影响。就年龄方面来说，少儿时期往往对图画、歌舞感兴趣，青年时期对文学、艺术感兴趣，成年时期往往对某种职业、某种工作感兴趣。它反映了一个人随着年龄的增长、知识的积累，兴趣的中心在不断转移。就时代来讲，不同的时代，不同的物质和文化条件，也会对人的兴趣的变化产生很大的影响。

但不管人的兴趣是什么，都是以需要为前提和基础的，人们需要什么就会对什么产生兴趣。由于人们的需要包括生理需要和社会需要，或物质需要和精神需要，所以人的兴趣也同样表现在两个方面。人的生理需要或物质需要一般来说是暂时的，容易满足。例如，人对某种食物、衣服感兴趣，吃饱了、穿上了也就满足了；而人的社会需要或精神需要却是持久的、稳定的、不断增长的，如人际交往、对文学和艺术的兴趣、对社会生活的参与则是长期的、终生的，并且不断追求的。

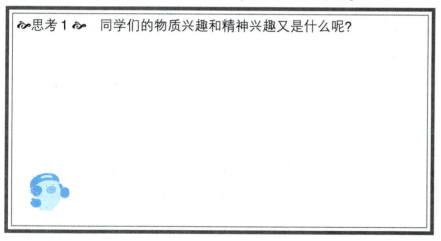

思考1　同学们的物质兴趣和精神兴趣又是什么呢？

笔记区

（二）职业兴趣

当人的兴趣对象指向职业活动时，就形成了职业兴趣。职业兴趣是一个人对待工作的态度、对工作的适应能力，表现为有从事相关工作的愿望和兴趣，拥有职业兴趣将提升个人的工作满意度、职业稳定性和职业成就感。

职业兴趣是在家庭、学校和社会的影响下，通过对职业的接触、了解和认识逐渐形成的，一般经历有趣、乐趣、志趣三个阶段，是一个从简单、模糊、不完善到复杂、明确、完善的过程。

笔记区

有趣是兴趣过程的第一个阶段,也是兴趣发展的低级水平。例如,有些人的职业兴趣变化多端,今天想当一名教师,明天想当一名服装设计师,后天又想成为导游等。这种职业兴趣是短暂的,往往一瞬即逝,易起易落。

第二阶段为乐趣,乐趣又称为爱好。它是在有趣的基础上定向发展形成的,是兴趣发展的中级水平。在这一阶段或水平上,人们的兴趣会向专的、深入的方向发展。例如,一个人对无线电有乐趣,他不但会学习这方面的知识,还会亲自装配和修理,参加有关的兴趣小组活动。

第三阶段为志趣。当人的乐趣与人的社会责任感、理想、奋斗目标相结合时,便由乐趣转为志趣,它是兴趣发展的高级水平。志趣具有社会性、自觉性和方向性等特点。

任何人的任何兴趣都不是与生俱来的,而是以一定的素质为前提,在生活实践过程中逐渐发生和发展起来的。如果一个人缺乏某种职业知识,或者根本不了解这种职业,那么他就不可能对这种职业感兴趣。因此,一个人只有广泛了解职业知识,参加有关的职业活动,才可能真正显示和发现自己的职业兴趣所在(图2-1)。

图2-1

二、兴趣类型理论

谈到兴趣类型,就不得不提霍兰德,他曾于1995年获得美国心理学会颁发的杰出贡献奖,而他提出的理论使职业心理学向前迈出了一大步。霍兰德的职业兴趣理论主要从兴趣的角度出发探索职业指导的问题。他认为,一个人的职业兴趣会极大地影响职业的适宜度。当他从事的职业与其兴趣相吻合时,就可能发挥最佳水平,易于做出成就;反之则可能感到极不适应或者毫无兴趣,即使取得一定成绩也难以获得成就感。

(一) 六种人格类型

霍兰德经过大量的分析研究,将职业兴趣分为六种基本类型,而且每个人都归属于其中的一种或几种类型。六种职业兴趣类型简述如下。

1. 实际型(R)

共同特点:愿意使用工具从事操作性工作,动手能力强,做事手脚灵活,动作协调;偏好于具体任务,不善言辞,做事保守,较为谦虚;缺乏社交能力,通常喜欢独立做事。

性格特点:感觉迟钝、不讲究、谦逊、踏实稳重、诚实可靠。

典型职业：喜欢使用工具、机器，需要基本操作技能的工作。要求具备机械方面才能、体力，或从事与物件、机器、工具、运动器材、植物、动物相关的职业，并具备相应能力。

适合岗位：技术性职业（计算机硬件人员、摄影师、制图员、机械装配工等）、技能性职业（木匠、厨师、技工、修理工、农民、一般劳动者等）。

代表人物：爱迪生、鲁班。

2. 研究型（I）

共同特点：思想家而非实干家，抽象思维能力强，求知欲望强，肯动脑，善思考，不愿动手；喜欢独立的和富有创造性的工作；知识渊博，有学识才能，不善于领导他人；考虑问题理性，做事喜欢精确，喜欢逻辑分析和推理，不断探讨未知的领域。

性格特点：坚持性强，有韧性，喜欢钻研；为人好奇，独立性强。

典型职业：喜欢智力的、抽象的、分析的、独立的定向任务，要求具备智力或分析才能，并将其用于观察、估测、衡量、形成理论、最终解决问题的工作，并具备相应的能力。

适合岗位：科学研究人员、教师、工程师、电脑编程人员、医生、系统分析员等。

代表人物：达尔文、钱学森。

3. 艺术型（A）

共同特点：有创造力，乐于创造新颖、与众不同的成果，渴望表现自己的个性，实现自身的价值；做事理想化，追求完美，不重实际；具有一定的艺术才能和个性；善于表达、怀旧，心态较为复杂。

性格特点：有创造性、敏感、容易情绪化、较冲动、不服从指挥。

典型职业：喜欢的工作要求具备艺术修养、创造力、表达能力和直觉，并将其用于语言、行为、声音、颜色和形式的审美、思索和感受，具备相应的能力，不善于事务性工作。

适合岗位：如艺术方面（演员、导演、艺术设计师、雕刻家、建筑师、摄影家、广告制作人）、音乐方面（歌唱家、作曲家、乐队指挥等）、文学方面（小说家、诗人、剧作家等）。

代表人物：莫扎特。

4. 企业型（E）

共同特点：追求权力、权威和物质财富，具有领导才能；喜欢竞争、敢冒风险、有野心（抱负）；为人务实，习惯以利益得失、权力、地位、金钱等来衡量做事的价值，做事有较强的目的性。

性格特点：善辩、精力旺盛、独断、乐观、自信、好交际、机敏、有支配欲望。

典型职业：喜欢要求具备经营、管理、劝服、监督和领导才能，以实现机构、政治、社会及经济目标的工作。

笔记区

适合岗位：项目经理、销售人员、营销管理人员、政府官员、企业领导、法官、律师等。

代表人物：马云、福特。

5. 社会型（S）

共同特点：喜欢与人交往、不断结交新的朋友、善言谈、愿意教导别人；关心社会问题、渴望发挥自己的社交能力。

性格特点：为人友好、热情、善解人意、乐于助人。

典型职业：喜欢与人打交道的工作，寻求广泛的人际关系，比较看重社会义务和社会道德。能够不断结交新的朋友，从事提供信息、启迪、帮助、培训、开发或治疗等事务，并具备相应能力。

适合岗位：教育工作者（教师、教育行政人员等）、社会工作者（咨询人员、公关人员等）。

代表人物：南丁格尔。

6. 传统型（C）

共同特点：尊重权威和规章制度，喜欢按计划办事，细心、有条理，习惯接受他人的指挥和领导，自己不谋求领导职务；喜欢关注实际和细节情况，通常较为谨慎和保守，缺乏创造性，不喜欢冒险和竞争，富有自我牺牲精神。

性格特点：有责任心、依赖性强、效率高、稳重踏实、细致、有耐心。

典型职业：要求注意细节、精确度、有系统、有条理，具有记录、归档、根据特定要求或程序组织数据和文字信息的职业。

适合岗位：秘书、办公室人员、会计、行政助理、图书馆管理员、出纳员、打字员、投资分析员等。

代表人物：洛克菲勒。

（二）六种类型之间的关系

霍兰德划分的六大类型，并非是并列的、有着明晰的边界的，他以六边形标示出六大类型的关系，如图2-2所示。

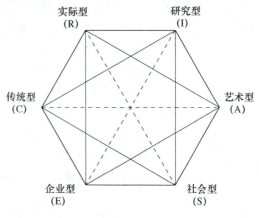

图2-2

从图 2-2 可以看出：每种类型与其他类型之间存在不同程度的关系，这种大体可描述为以下三类。

（1）相邻关系，如 RI、IA、AS、SE、EC 及 CR。属于这种关系的两种类型的个体之间共同点较多，如实际型、研究型的人都不太偏好人际交往，这两种职业环境与人接触的机会较少。

（2）相隔关系，如 RA、RE、IC、IS、AE 及 SC，属于这种关系的两种类型个体之间共同点较相邻关系少。

（3）相对关系，在六边形上处于对角位置的类型之间即为相对关系（图 2-2 中显示为虚线），如 RS、IE 及 AC，相对关系的人格类型共同点较少。

笔记区

快乐猪们请利用附录一《霍兰德自我探索量表》，摸索出自己的职业兴趣及岗位取向！冲冲冲！

《霍兰德自我探索量表》

呼啦啦！快快开始兴趣岛小游戏！

晴空万里，假如你正驾船漂游于大海上（图 2-3）。面前有六个岛屿，你有机会到其中的一个岛上至少生活三个月。请不要考虑费用等任何因素，仅凭自己的兴趣按一、二、三的顺序挑选出你最想前往的三个岛屿。

图 2-3

R：自然原始的岛屿。岛上有热带的原始植物，自然生态保持得很好，也有相当规模的动物园、植物园、水族馆。岛上居民以手工见长，自己种植花果蔬菜、修缮房屋、打造器物、制造器械。

I：深思冥想的岛屿。岛上有多处天文馆、科学博物馆以及科学图书馆等。这个岛远离其他的岛屿，岛上人迹较少，建筑物多僻处一隅，平畴绿野，适合夜观星象。岛上居民喜好思考、追求真知，喜欢和来自各地的哲学家、科学家、心理学家等交换心得。

A：美丽浪漫的岛屿。岛上到处都是美术馆、音乐厅，弥漫着浓厚的艺术文化气息。同时，当地的居民还保留了传统的舞蹈、音乐与绘画，许多文艺界的朋友喜欢到这里找寻灵感。

笔记区

S：友善亲切的岛屿。岛上居民个性温和、乐于助人，社区自成一个密切互动的服务网络，人们重视互助合作，重视教育，关怀他人，充满人文气息。

E：显赫富庶的岛屿。岛上居民热情豪爽，善于企业经营和贸易，能言善道。经济高度发达，处处是高级饭店、俱乐部、高尔夫球场。来往者多是企业家、经理人、政治家、律师等。

C：现代井然的岛屿。岛上建筑十分现代化，具有进步的都市形态，以完善的户政管理、地政管理、金融管理见长。岛上居民个性冷静保守，处事有条不紊，善于组织规划。

将所在教室分成六个区域，分别代表六个岛屿，按自己的第一选择就座。

同一岛屿的同学进行交流，自己为什么选择这个岛屿，看看同学们有什么共同的爱好兴趣，归纳关键词。根据同学们的交流给自己的小组命名并设计一个标志物，在白纸上制作一张宣传图，每个小组请一位代表展示自己小组的图，并在全班分享本小组成员的共同特点。

我最想前往的三个岛屿：_____、_____、_____。

我们的岛屿名称：_____。

岛屿标志物及其含义：_____。

六个岛屿代表六种职业兴趣类型，其中，第一个代表主要兴趣，第二个和第三个代表辅助兴趣。

第二节 性格分析

【案例分析】

《论语》中的小故事

季康子问："仲由可使从政也与？"子曰："由也果，于从政乎何有？"

曰："赐也可使政也与？"曰："赐也达，于从政乎何有？"

曰："求也可使从政也与？"曰："求也艺，于从政乎何有？"

故事的大意是：鲁国大夫季康子向孔子打听他几个得意门生的才干，孔子一一作答。季康子问："有军事才能的子路可否从政？"孔子说："子路个性相当果敢，可为统御之帅；如果从政，恐怕不太合适，因为他过刚易折。"季康子又问："请子贡出来做官好不好？"孔子说："不行，因子贡太通达，把事情看得太清楚，功名利禄全不在眼下，如果从政，也许会是非太明而不妥当。"季康子又问："冉求是否可以从政？"孔子说："冉求是个才子、文学家，名士气太浓，也不适合从政。"

有人曾把性格比作脚，职业比作鞋。合脚的鞋子能使你行走起来轻松自如，健步如飞；而不合脚的鞋子再漂亮也会夹脚。一生仕途坎坷的孔子，已然深刻认识到性格对事业发展有着重要的影响。事实的确如此，如果选择了符合自己性格的职业，才更有助于人们充分发挥自己的才干，也才能更有效地工作。

一、性格的含义

性格是一个人在对现实的稳定的态度和习惯化的行为方法中表现出来的人格特征。

性格是在社会生活实践中逐渐形成的，一经形成便比较稳定，它会在不同的时间和不同的地点表现出来，但生活环境的重大变化还是会带来性格特征的显著变化。性格受社会历史文化的影响，有明显的社会道德评价的意义，直接反映了一个人的道德风貌。所以，性格体现了人格的社会属性，个体之间人格差异的核心是性格的差异。

二、性格的结构

性格在一个人身上表现出来的是一个有机的整体。一般来说，可以从性格的组成部门来分解性格，这就是性格的静态结构；另外，还可以从性格结构几个方面的联系上，在不同的生活情境中来考察性格，这就是性格的动态结构。

（一）性格的静态结构

从组成性格的各个方面来分析，可以把性格分解为态度特征、意志特征、情绪特征和理智特征四个组成部分。

1. 性格的态度特征

性格的态度特征是指一个人如何处理社会各方面关系的性格特征，即他对社会、集体、工作、劳动、他人及自己的态度的性格特征。

性格的态度特征好的表现是忠于祖国、热爱集体、关爱他人、乐于助人、大公无私、正直、诚恳、文明、礼貌、勤劳、节俭、认真、负责、谦虚、谨慎等；不好的表现是没有民族气节、对集体和他人漠不关心、自私自利、蛮横、粗暴、挥霍、不负责任、狂妄自大等。

性格的态度特征的各个方面是相互关联，有机地结合为一个整体的。一个人大公无私，他一定为政清廉，对工作认真负责；一个人自私自利，甚至损人利己，他一定奸诈、狡猾、不热爱集体，对他人漠不关心，对工作不负责任。一个人不可能既大公无私，又损人利己；也不可能既谦虚、谨慎，又狂妄自大。

2. 性格的意志特征

性格的意志特征是指一个人对自己的行为自觉地进行调节的特征，其可以从意志品质的四个方面，即意志的自觉性、果断性、坚韧性和自制性方面来考察。

良好的意志特征指的是有远大的理想、行动有计划、独立自主，不

笔记区　受别人左右、果断、勇敢、坚韧不拔，以及有毅力、自制力强等；不良的意志特征是鼠目寸光、盲目性强、随大流、易受暗示、优柔寡断、虎头蛇尾、放任自流或固执己见、怯懦、任性等。

3. 性格的情绪特征

性格的情绪特征是指一个人的情绪对他活动的影响，以及他对自己情绪的控制能力。

良好的情绪特征是情绪稳定，善于控制自己的情绪，常常处于积极、乐观的心境状态；不良的情绪特征是事无大小都容易引起情绪反应，而且情绪对身体、工作和生活的影响较大，意志对情绪的控制能力比较薄弱，情绪波动，心境容易消极、悲观。

4. 性格的理智特征

性格的理智特征是指一个人在认知活动中的性格特征，主要表现在以下三个方面。

（1）认知活动中的独立性和依存性：独立性高者能根据任务和自己的兴趣主动地进行观察，善于独立思考；依存性高者则容易受到无关因素的干扰，愿意借用现成的答案。

（2）想象中的现实性：有的人现实感强，有的人则富于幻想。

（3）思维活动的精确性：有的人能深思熟虑，看问题全面；有的人则缺乏己见，人云亦云或钻牛角尖等。

（二）性格的动态结构

上述性格静态特征的几个方面并不是相互分离的，而是彼此关联、相互制约、有机地组成一个整体的。一般来说，性格的态度特征是性格的核心，而且对社会、对集体的态度又是最为重要的态度，因为态度直接表现出了一个人对事物所特有的、比较恒常的倾向，同时它也决定了性格的其他特征。例如，一个对社会、对集体有高度责任感的人，他对工作、对学习也一定是认真负责、兢兢业业的，他对别人也会是诚恳、热情的，对自己也是能严格要求的。这一点告诉我们，在分析一个人的性格时，一定要抓住他的性格的主要特征，由此可预见到他的其他性格特征。

另外，性格的各种特征并不是一成不变的机械组合，常常在不同的场合下会显露出一个人性格的不同侧面。鲁迅先生既"横眉冷对千夫指"，又"俯首甘为孺子牛"，充分表现了他性格的完美，又说明了性格的丰富性和统一性。

> ∽思考2∽　请你对自己性格的四项特征进行分析。
>
>

三、性格类型理论

性格类型理论是指人身上所共有的性格特征的独特组合,许多心理学家对性格类型进行了大量研究,由于性格自身的复杂性,研究者对性格分类的标准和原则一直未达成共识。

本小节要介绍的是 MBTI,它是一种自我报告式的人格测评工具,用以衡量和描述人们在获取信息、做出决策、对待生活等方面的心理活动和不同的人格类型表现。它以荣格的心理类型理论为基础,由美国的凯瑟琳·布里格斯和她的女儿伊莎贝尔·迈尔斯共同研制开发的。

(一) MBTI 的四个维度及特点

MBTI 衡量的是个人的性格类型偏好,所谓偏好是一种天生的倾向性,是一种特定的行为和思维方式,这些偏好并无优劣之分,却形成了人与人之间的不同。四个维度如同四把标尺,每个人的性格都会落在标尺的某个点上,这个点靠近哪个端点,就意味着个体有哪方面的偏好。例如,在第一个维度上,个体的性格靠近 E 这一端,就意味着其偏外向,而且越接近端点,偏好越强。MBTI 人格类型的四个维度及其特点如表 2-1 所示。

表 2-1 MBTI 人格类型的四个维度及其特点

我们与世界的相互作用是怎样的?	
外向(E): • 从人际交往中获得能量 • 喜欢外出 • 表情丰富,外露 • 喜欢交互作用,合群 • 喜欢行动、多样性(不能长期坚持) • 不怕打扰,喜欢自由沟通 • 易冲动、易后悔、易受他人影响	内向(I): • 从时间中获得能量 • 喜静、多思、冥想(离群、与外界相互误解) • 谨慎、不露表情 • 独立、负责、细致、周到、不蛮干 • 不怕长时间做事、勤奋;怕被打扰
我们留意的信息类型?	
感觉(S): • 通过五官感受世界、注重真实的存在、实际 • 用已有的技能解决问题 • 喜欢具体明确 • 重细节(少全面性) • 脚踏实地 • 做事有可能的结果、能忍耐、小心 • 可做重复工作(不喜新)	直觉(N): • 通过第六感洞察世界、注重应该如何,比较笼统 • 喜欢学习新技能 • 不重准确、喜欢抽象和理论 • 重可能性,讨厌细节 • 好高骛远,喜欢新问题 • 凭爱好做事,对事情的态度易变 • 提新见解、匆促结论

笔记区

续表

我们如何做决定？	
思考（T）： • 分析，用逻辑客观方式决策 • 坚信自己的观点正确，不考虑他人意见 • 清晰、正义，不喜欢调和主义 • 批判和鉴别力 • 规则 • 工作中很少表现出情感，也不喜欢他人感情用事	情感（F）： • 主观和综合，用个人化的、价值导向的方式决策，考虑决策对他人的影响 • 和谐、宽容、喜欢调解 • 不按照逻辑思考 • 考虑环境 • 喜欢工作场景中的情感，从赞美中得到享受，也希望得到他人的赞美
我们做事方式如何？	
判断（J）： • 封闭定向 • 结构化和组织化 • 时间导向 • 决断，事情都有正误之分 • 喜欢命令、控制、反应迅速，喜欢完成任务 • 不善适应	知觉（P）： • 开放定向 • 弹性化和自发化 • 探索和开放结局 • 好奇，喜欢收集新信息而不是做结论 • 喜欢观望，喜欢开始许多新的项目，但不完成 • 优柔寡断、易分散注意

（二）MBTI 理论的 16 种性格类型

通过对照四个维度的描述，人们或许已经能够识别出自己在每个维度上的偏好，取每个维度上偏好类型的代表字母就可以构成其性格类型，如 ISFJ，即内向感觉情感判断型。四个维度、八个端点可组成 16 种性格类型（表 2-2），每个人必然属于其中一种。

表 2-2 MBTI 理论的 16 种性格类型

1	内向感觉思考判断 ISTJ	5	内向感觉情感判断 ISFJ	9	内向直觉情感判断 INFJ	13	内向直觉思考判断 INTJ
2	内向感觉思考知觉 ISTP	6	内向感觉情感知觉 ISFP	10	内向直觉情感知觉 INFP	14	内向直觉思考知觉 INTP
3	外向感觉思考判断 ESTJ	7	外向感觉情感判断 ESFJ	11	外向直觉情感判断 ENFJ	15	外向直觉思考判断 ENTJ
4	外向感觉思考知觉 ESTP	8	外向感觉情感知觉 ESFP	12	外向直觉情感知觉 ENFP	16	外向直觉思考知觉 ENTP

找到性格类型组合后，请立即参照表（表 2-3），以更进一步了解自己。

表 2-3 16 种类型的性格表述及其适合领域

ISTJ 型：内向 + 感觉 + 思考 + 判断	
具体描述	沉静，认真；贯彻始终、得人信赖而取得成功。讲究实际，注重事实和有责任感。能够合情合理地去决定应做的事情，而且坚定不移地把它完成，不会因外界事物而分散精神。不论在工作、家庭或者生活中，以做事有次序、有条理为乐。重视传统和忠诚
职业领域	工商业领域、政府机构、金融银行业、技术领域及医务领域

续表

	ISFJ 型：内向+感觉+情感+判断	
具体描述	沉静，友善；有责任感和谨慎，能坚定不移地承担责任。做事贯彻始终、不辞劳苦并且准确无误。忠诚，替人着想，细心；往往记着他所重视的人的种种微小事情，关心别人的感受。努力创造一个有秩序、和谐的工作和家居环境	
职业领域	内科医生和营养师等医护领域，酒店管理、室内设计师等服务业领域	
	INFJ 型：内向+直觉+情感+判断	
具体描述	寻求思想、关系、物质等之间的意义和联系。希望了解什么能够激励人，对人有很强的洞察力。有责任心，坚持自己的价值观。对于怎样更好地服务大众有清晰的远景。对于目标的实现过程中有计划而且果断坚定	
职业领域	咨询、教育、科研、文化、艺术、设计等领域	
	INTJ 型：内向+直觉+思考+判断	
具体描述	在实现自己的想法和达成自己的目标时，有创新的想法和非凡的动力，能很快洞察到外界事物间的规律并形成长期的远景计划。一旦决定做一件事就会开始规划并直到完成为止。多疑、独立，对于自己和他人能力与表现的要求都非常高	
职业领域	网络管理员、建筑师、科研、科技应用、技术咨询、管理咨询、金融、投资领域、创造性行业	
	ISTP 型：内向+感觉+思考+知觉	
具体描述	容忍，有弹性；是冷静的观察者，但当有问题出现，便迅速行动，找出可行的解决方法。能够分析哪些东西可以使事情进行顺利，又能够从大量资料中找出实际问题的重心。很重视事件的前因后果，能够以理性的原则把事实组织起来，重视效率	
职业领域	软件开发员、证券、金融业、贸易、商业领域、户外、运动、艺术等领域	
	ISFP 型：内向+感觉+情感+知觉	
具体描述	沉静、友善、敏感和仁慈。喜欢有自己的空间，做事又能把握自己的时间。忠于自己的价值观，忠于自己所重视的人。不喜欢争论和冲突，不会强迫别人接受自己的意见或价值观	
职业领域	手工艺、医护、商业、服务业领域等	
	INFP 型：内向+直觉+情感+知觉	
具体描述	理想主义者，忠于自己的价值观及自己所重视的人。外在的生活与内在的价值观配合，有好奇心，很快看到事情的可能与否，能够加速对理念的实践。试图了解别人、协助别人发展潜能。适应力强，有弹性，如果和他们的价值观没有抵触，往往能包容他人	
职业领域	创作性、教育、研究、咨询类等	
	INTP 型：内向+直觉+思考+知觉	
具体描述	对任何感兴趣的事物，都要探索一个合理的解释。喜欢理论和抽象的事情，喜欢理念思维多于社交活动。沉静，满足，有弹性，适应力强。在他们感兴趣的范畴内，有非凡的能力去专注而深入地解决问题。有怀疑精神，有时喜欢批判，常常善于分析	
职业领域	计算机技术、理论研究、学术领域、专业领域、创造性领域等	
	ESTP 型：外向+感觉+思考+知觉	
具体描述	灵活、实际、忍耐力强，注重结果。觉得理论和抽象的解释非常无趣。喜欢积极地采取行动解决问题。注重当前，自然不做作，享受和他人在一起的时刻。喜欢物质享受和时尚。学习新事物最有效的方式是通过亲身感受和练习	

续表

职业领域	贸易、商业、服务业、金融证券业、娱乐、体育、艺术领域等
ESFP 型：外向＋感觉＋情感＋知觉	
具体描述	外向，友善，包容。热爱生活、生命和物质上的享受。喜欢与别人共事。在工作上，讲究常识和实用性，注意现实的情况，使工作富有趣味性。自然不做作，易接受新朋友和适应新环境。与别人一起学习新技能可以达到最佳的学习效果
职业领域	服务业、广告业、娱乐业、旅游业、社区服务等领域
ENFP 型：外向＋直觉＋情感＋知觉	
具体描述	热情洋溢、富有想象力，认为生活充满很多可能性。能够很快地将事情和信息联系起来，然后非常自信地根据自己的判断解决问题。特别需要别人的肯定，又乐于欣赏和支持别人。灵活、自然不做作，有很强的即兴发挥能力，言语流畅
职业领域	教育、咨询师、公关专员、服务业领域等
ENTP 型：外向＋直觉＋思考＋知觉	
具体描述	反应快、睿智，有激励别人的能力，警觉性强、直言不讳。在解决新的、具有挑战性的问题时，机智而有策略。善于找出理论上的可能性，然后用战略的眼光分析。善于理解别人。不喜欢例行公事，很少会用相同的方法做相同的事情，倾向于一个接一个地发展新的爱好
职业领域	投资顾问、项目策划、自我创业、市场营销、公共关系、政治等领域
ESTJ 型：外向＋感觉＋思考＋判断	
具体描述	讲求实际，注重现实，注重事实。果断，很快做出实际可行的决定。善于将项目和人组织起来将事情完成，并尽可能以最有效率的方法达到目的。能够注意日常例行工作的细节。有一套清晰的逻辑标准，并且系统性地遵循，希望他人也同样遵循。会以较强硬的态度去执行计划
职业领域	公司执行官、军官、分析师、药剂师、经纪人等
ESFJ 型：外向＋感觉＋情感＋判断	
具体描述	有爱心、有责任心、喜欢合作。希望周边的环境温馨而和谐，并为此果断地营造这样的环境。喜欢和他人一起精确并及时地完成任务。忠诚，即使再细微的事情上也如此。能体察到他人在日常生活中的所需并竭尽全力提供帮助。希望自己和自己的所为能受到他人的认可和赏识
职业领域	零售商、护士、按摩师、教练、旅游管理、饮食业管理等
ENFJ 型：外向＋直觉＋情感＋判断	
具体描述	温情，有同情心，反应敏捷，有责任感。非常关注别人的情绪、需要和动机。善于发现他人的潜能，并希望能帮助他们发挥潜能。能够成为个人或群体成长和进步的催化剂。忠诚，对赞美和批评都能做出积极的回应。友善、好社交。在团体中能很好地帮助他人，并有鼓舞他人的领导能力

续表

职业领域	培训、咨询、教育、新闻传播、公共关系、文化艺术等
ENTJ 型：外向＋直觉＋思考＋判断	
具体描述	坦诚、果断，有天生的领导能力。能很快看到公司/组织程序和政策中的不合理性和低效能性，发展并实施有效和全面的系统来解决问题。善于做长期的计划和目标的设定。见多识广，博览群书，喜欢拓广自己的知识面并将此分享给他人。在陈述自己的想法时非常强而有力
职业领域	工商业、政界、金融和投资领域、管理咨询、培训等专业性领域

 了解自己的性格类型后，快乐猪们赶快进行职业判断的小测试吧！

（1）请列出你曾经想从事的三个职业。
（2）请详细描述你理解的这三个职业需要做的具体事项和工作环境。例如，设计师：
①与客户沟通设计相关内容；
②主要在办公室内工作；
③更多的时间是自己独自进行工作；
④通过网络、杂志等收集前沿信息；
⑤注重与其他设计的差别，看中原创性；
……
（3）用所学到的 MBTI 相关知识判断这三个职业是否适合你？
（4）如果你要去面试其中的一个职位，那么请用 MBTI 描述自己在这个职位上的优势和劣势。

第三节　价值观分析

【案例分析】

上帝的无奈

上帝想改变一个乞丐的命运，就化作一个老翁前来点化他，他问乞丐："假如我给你 1000 元，你将如何使用它？"乞丐马上回答说："这太好了，我就可以买一部手机了！"上帝不解，问他为什么。"我可以用手机同城市的各个地区联系，哪里人多，我就可以到哪里乞讨。"乞丐回答说。上帝很失望，又问："假如我给你 10 万元呢？"乞丐说："那我可以买一部车，这样我以后出去乞讨就方便多了，再远的地方也可以很快赶到。"

上帝很悲哀，这次他狠了狠心说："假如我给你 1000 万元呢？"乞丐听罢，眼里闪着光亮说："太好了，我可以把这个城市最繁华的地区全买下来。"上帝挺高兴的。这时乞丐突然补充一句："到那时，我可以把我领地里的其他乞丐全部撵走，不让他们抢我的饭碗。"上帝无奈地走了。

一、价值观的含义与特性

（一）价值观的含义

价值观是指人们在认识各种具体事物的价值的基础上，形成的对事物价值的总的看法和根本观点。一方面表现为价值取向、价值追求，凝结为一定的价值目标；另一方面表现为价值尺度和准则，成为人们判断价值事物有无价值及价值大小的评价标准。个人的价值观一旦确立，便具有相对稳定性。但就社会和群体而言，由于人员更替和环境的变化，社会或群体的价值观念又是不断变化的，传统价值观念会不断地受到新价值观的挑战。对诸事物的看法和评价在人们心目中的主次、轻重的排列次序，就构成了价值观体系。价值观和价值观体系是决定人的行为的心理基础。

（二）价值观的特性

1. 稳定性和持久性

价值观具有相对的稳定性和持久性。在特定的时间、地点、条件下，人们的价值观总是相对稳定和持久的。例如，人们对某种事物的好坏总有一个看法和评价，在条件不变的情况下这种看法不会改变。

2. 历史性与选择性

在不同时代、不同社会生活环境中形成的价值观是不同的。一个人的价值观是从出生开始，在家庭和社会的影响下逐步形成的。一个人所处的社会生产方式及其所处的经济地位，对其价值观的形成有决定性的影响。另外，报刊、电视和广播等宣传的观点以及父母、老师、朋友的观点与行为等，对一个人的价值观也有不可忽视的影响。

二、价值观对人的影响作用

价值观对人们自身行为的定向和调节起着非常重要的作用。价值观决定人的自我认知，它直接影响和决定一个人的理想、信念、生活目标和追求方向。价值观的作用大致体现在以下两个方面。

（1）价值观对动机有导向的作用。人们行为的动机受价值观的支配和制约，价值观对动机模式有重要影响，在同样的客观条件下，具有不同价值观的人，其动机模式不同，产生的行为也不相同。只有那些经过价值判断被认为是可取的，才能转换为行为的动机，并以此为目标引导人们的行为。

（2）价值观反映人们的认知和需求状况，价值观是人们对客观世界及行为结果的评价和看法，因而，它从某个方面反映了人们的人生观和世界观，反映了人的主观认知世界。

笔记区

三、职业价值观

(一) 职业价值观的含义

职业价值观是指人生目标和人生态度在职业选择方面的具体表现，即一个人对职业的认识和态度，以及他对职业目标的追求和向往。

俗话说："人各有志。"这个"志"表现在职业选择上就是职业价值观，它是一种具有明确目的性、自觉性和坚定性的职业选择的态度与行为，对一个人的职业目标和择业动机起着决定性作用。

每种职业都有各自的特性，再加上每个人的身心条件、年龄阅历、受教育状况、家庭影响、兴趣爱好等方面的不同，导致人们对各种职业有着不同的主观评价，对职业好坏有不同的评价和取向，这就是职业价值观。职业价值观决定了人们的职业期望，影响着人们对职业方向和职业目标的选择，决定着人们就业后的工作态度和劳动绩效水平，从而决定了人们的职业发展情况。哪个职业好？哪个岗位适合自己？从事某一项具体工作的目的是什么？这些问题都是职业价值观的具体表现。

(二) 职业价值因子

对于职业价值的内在结构，不同的学者有不同的划分方法。对职业价值因子的研究不同的学者也有不同的看法，比较有代表性的是舒伯的《工作价值观量表》，具体的因子有15个，并可归纳为以下三个维度。

(1) 内在价值维度，是指与职业本身性质有关的因素，即工作本身的一些特征。它包括七个因子——智力激发、利他主义、创造发明、独立自主、美的追求、成就满足、管理权力。

(2) 外在价值维度，是指与工作内容无关的外部因素，即工作的环境。它包括四个因子——工作环境、同事关系、上司关系、多样变化。

(3) 外在报酬维度，是指在职业活动中能获得的因素。它包括四个因子——声望地位、安全稳定、经济报酬、生活方式。

那么，在这些职业价值中，当代大学生看重的职业价值又有哪些呢？根据相关研究，大学生在求职之际对以下职业价值较为看重。

1. 重视才能发挥

随着就业难度的增加，大学生在对经济收入的预期也降低了不少，有时甚至和民工"同酬"。这一方面反映了择业心理日趋现实，而不是一味地追求物质利益。另一方面也说明大学生更加注重工作给自己带来的成长，更愿意选择那些能够展现自身能力的单位。

2. 强调工作地点

研究发现，大学生在择业地点选择上优先考虑发达的大城市。与小城市的安逸相比，竞争虽然更加激烈，生活可能更加艰辛，但是大城市所提供的机会毕竟是小城市无法提供的。大城市既是"英雄用武之地"，也能获得更高的薪酬，可谓"一举两得"。大学生在择业取向上也倾向于选择那些更有利于自身发展的大城市。

笔记区

笔记区

3. 倾向自我决策

时代的发展使大学生在择业时更多地依赖自己。从收集信息到参加招聘会，以及笔试面试，都是自己在张罗。他们听取父母、老师等人的意见，然后自己决断，而不是依赖他人帮助自己选择。

调查中还发现大学生对其他一些职业价值也很重视，如公平、尊重、发展、自由、独立等。此外，男女大学生追求的职业价值观也有所差异。与男生相比，女生更注重工作是否公平，职业是否稳定，场所是否整洁优雅；男生则更看重薪资待遇的高低，晋升机会的多少，以及职业是否自主等。大学生的职业价值观主要集中于工作稳定，有较好的社会地位，能够展现自己的特长爱好，并且能够在工作中能够施展自己的才华；另一方面也注重金钱、物质等因素，期望将来的工作能够给自己和家人带来丰厚的物质生活。

四、职业价值观探索

大学生职业价值观探索可以更好地认识和了解自己的价值观，学会做出选择，真正体现自己的价值。职业价值观探索可以选择价值市场、临界测试等多种方法，本小节将通过价值拍卖的方法来进行。

拍卖物品见表2-4。每一样东西都有它的底价。每组同学象征性地发10 000元，代表人一生的时间和精力。将15项人生美事和优良品质作为商品进行逐一拍卖，每人出价以500元为单位，价高者得。有效利用手中的10 000元，尽可能买更多的东西。

表2-4 拍卖物品列表

工作价值目标	顺序	预估价	成交价
1. 为大众福利尽一份力			
2. 追求美感与艺术气氛			
3. 寻求创意、发展新事物			
4. 独立思考，分析事理			
5. 有成就感			
6. 独立自主，体己意进行			
7. 受他人推崇并尊敬			
8. 发挥督导或管理他人的能力			
9. 有丰厚的收入			
10. 生活安定并且有保障			
11. 良好舒适的工作环境			
12. 与主管平等且融洽相处			
13. 与志同道合的伙伴一起工作			
14. 能选择自己喜爱的生活方式			
15. 工作富有变化不单调			

请根据这些工作价值在自己心中的优先地位排序，1 表示最重视，15 表示最不重视，填在表 2-4 的第二栏内。你手中有 10 000 元，对于各个工作价值项目，你愿意花多少钱买？请将自己预估的数额在表 2-4 的第三栏内填写，成交价在第四栏内填写。

小组拍卖完后，请大家认真思考以下问题。

买到你想要的东西了吗？有没有后悔得到你所买的东西？为什么？拍卖过程心情如何？这么多项价值中，哪些价值是相对重要的？哪些价值是相对不重要的？为什么？假如现在已经是生命的终点，你是否后悔刚才你所争取的东西？这个东西是你最想要的吗？金钱是否就会带来幸福和快乐？有没有一些东西比金钱更重要？请按照下列问题，写下你的答案。

（1）你重视的价值观是什么？

（2）你所选择的价值观是你一直都重视的吗？如果曾经有改变，请问是在什么时候？

（3）有哪些价值观是你父母认为重要的，而你却不同意的？有哪些价值观是你和父母共同拥有的？

（4）你是否因为谁说的一句话或某件事，如考试的成绩，而对自己的价值观感到怀疑？

（5）以前你曾经崇拜哪些人？他们目前对你有什么影响？

（6）你的行为是否反映你的价值观？例如，重视工作的变化、成长与突破的你是否能适应一成不变的工作？

【快乐猪有话说】

价值观的识别

每个人不可能同时获得这些价值满足。在面临抉择时，该如何选择呢？在这次价值拍卖会中可以看到同学们不同的价值观。人们在选择价值时，要认识到哪些是相对重要的价值观，从而识别出真正属于自己的价值观。

第四节 职业胜任能力分析

不同职业对人的能力有不同的要求，不同的人其能力也不相同。例

笔记区

如，有人长于言语交际，有人长于实际操作，有人长于理论分析，有人长于事务性工作。社会上不同的职业对从业者的能力有不同的要求，如有的需要言语能力，有的需要计算能力，有的需要动手能力，而大多数职业则需要几种能力的综合。一般来讲，排字工人、服务员、领航员、侦察员、公安干警、驾驶员、交通警察、飞行员、机械操作工、教师等，需要较强的注意力和观察力。管理工作者、外交人员、解说员、报务员、售货员、教师等，需要较强的记忆力。文学创作者、工程设计人员、建筑师、机械师、服装设计师等，需要较强的想象力。人的能力差别是客观存在的，这种差别制约着人们活动的领域与职业选择的范围。一个人如果不能很好地评价自己的能力，错误地选择职业，就无法发挥出自己的潜力，终将导致自己一事无成。

一、职业胜任能力的含义

职业胜任能力是劳动者就业、胜任职业和取得职业发展所必须具备的能力，它通常包括劳动者的工作能力、职业转换能力和创造能力，而智力水平、专业知识、职业技能、心理素质是构成职业胜任能力的主要因素。

（一）劳动者的工作能力

在人力资源管理学中，工作能力是指对一个人担任一个职位的一组标准化的要求，用以判断是否称职。这包括其知识、技能及行为是否能够配合其工作。简单来说，工作能力就是一个人是否有适合的能力担任一个职位。

能力通常是指一个人能够发挥的力量。人的能力包括本能、潜能、才能、技能，它直接影响着一个人做事的质量和效率。对于提高工作能力，心理学有两种解释：一是个人现在所能为者；二是个人将来可能为者。个人行为所表现出的实际能力，心理学称之为"成就"，而通过学习和训练或在行为中表现出的能力，则称之为"潜能"。

员工的工作能力与工作业绩呈密切相关的正相关关系。业绩是外在的，能力是内在的。具有较高工作业绩的员工，在一般情况下，其工作能力也一定较高；而工作能力较强的员工，在工作业绩表现上也一定非常优秀。

（二）职业转换能力

职业转换分为角色间转换和角色内转换两类。角色间转换主要包括进入转换、公司内岗位转换、公司间岗位转换、职业间的转换、退出转换等五种。角色内转换主要包括角色内调整、角色间调整、角色（职业）阶段转换、生命周期转换等。本节主要侧重介绍角色间转换。

例如，工学结合专班的"三年三阶段"模式，从学校到企业再到学校就是一种角色间转换。在这个转换过程中，由于身份、物理环境、任务结构、经济状况、挑战性和自主性等各项因素，同学们如果不能及时调整好自己的角色和心态，就很容易产生困扰，甚至会引发一系列的心理和生活问题而不能适应企业的环境，最终可能导致提前退出实践的局面。

而从公司内的某个部门调到另一个部门就是公司内岗位转换，此时同事、任务、技术、物理环境、正式和非正式程序都可能不一样。即使是同一个部门，从技术角色转换到管理角色，责任、权力及工作空间都可能发生变化。

（三）创造能力

创造能力是指善于运用前人经验并以新的内容和形式完成工作任务的能力。它不仅包含敏锐的观察力、精确的记忆力、创造性思维和创造性设想，而且与一个人的心理品质、情感、意志特征等存在密切关系。创造能力是指人的心理活动的最高水平上实现的综合能力。

这种能力一般表现为以下几点。

（1）具有探索和发现问题的敏锐性与预见性。

（2）具有用一个概念取代若干个概念的统摄思维能力。

（3）能够总结和转移经验，用以解决其他类似问题。

（4）善于运用侧向思维方法和求异性思维方法。

（5）具有想象、联想和形象思维的能力，不断产生新的较深刻的思想和观点。

二、职业胜任能力的提升

天生我材必有用。能力探索是为了清楚自己的才，但是职业世界中对能力的要求是复杂的。成才的关键是以发展的眼光看待事情，并提升自己的职业胜任能力。

（一）职业胜任能力需要多种能力的整合

哈佛大学教授戈尔曼认为，人的成功要素中智力仅占20%，而其他因素占80%。这些其他因素主要是能力。现实生活中的成功者是那些"不唯有超世之才，亦必有坚韧不拔之志"的职业人士。他们拥有自己的职业胜任能力，能够和他人沟通协调、融洽相处，情绪稳定，并且对挫折有较高的耐受力和压弹力等。社会不断进步，促使职业发展的要诀在于综合运用自己的各项能力，不能仅满足各项能力的获取，还要注意各项职业能力的锻炼和提升。

日本管理学家大前研一说："现在的知识是碎片时代，所有8~18岁所读之书所学知识可以浓缩成两张光盘，唯有能将其整合者，才能成为解答者。"对于能力的整合我们可以遵循"核心+卫星"的策略，核心就是自己的优势能力，是求职岗位所需的核心能力，而卫星则是自己的非优势能力，是求职岗位所需的辅助或附属能力。

笔记区

小测试：初识自己的能力（请多写正向的）。

（1）拿出两张纸，请用五分钟尽可能写出你所拥有的能力。

（2）咨询另外两三个人的看法，请教那些了解你的人，让他们列出你擅长的技能，以及他们认为你有哪些长处和强项？

（3）请写下你未来的领导会认为你的长处有哪些？

（4）将他人眼中你的强项和能力清单上的强项进行比较，两者有什么差异吗？你认为出现这些差异的原因是什么呢？

【快乐猪有话说】

通过上述练习，认真看清单上出现的强项中哪些是你以前没有想到过的？哪些方面是你的长处？通过这个活动，你对自己有什么新的认识？总之，每个人都有很多独特的优势与能力，我们需要不断地探索、澄清，从而发现自己的优势和能力所在。

（二）职业胜任能力提高依靠实践

职业所要求的能力大多是要依靠后天努力才能完善的，其提高的关键在于平时的实践。如果果真欠缺某种能力，则应努力学习，没有具备一定的能力有时是因为没有接触过，如修电脑，只要认真学习有关知识我们也能逐渐掌握这项技能。如果我们的能力尚有不足，就要相信勤能补拙。希腊著名哲学家德谟克利特先天口吃严重，他连日常说话都成问题，于是每天早晨，爱琴海海滨就多了一个口含小石头练声的青年。经过整整五年的练习，他终于登上了雅典的讲坛。

如果我们对自己的能力不够自信，则应抱着"是骡子是马拉出来遛遛"的信念，大胆地去做，那么可能会发现自己表现不佳只是因为之前一直没有足够的机会或没有胆量展示而已。

能力探索让我们知道了自己的能力，但是能力毕竟不是说出来的，而是要敢做多做，这样能力的提高也就指日可待。

小测试：我的未来不是梦

梦是我们的兴趣，实现这个梦就需要相应的能力。没有能力完成自己感兴趣的事情是痛苦的，顺利完成一些事情有助于自我性格的养成以及远大理想的树立。按照以下要求完成表2-5。

（1）在心中想象一个特别向往的职业。

（2）仔细思考这一职业所需要的能力有哪些？

（3）这些能力中自己已经具备的能力有哪些？还需要发展的是什么？

表2-5 梦想中的职业

我梦想中的职业：			
功能性技能	已经拥有的		
	仍需发展的		
内容性技能	已经拥有的		
	仍需发展的		
适应性技能	已经拥有的		
	仍需发展的		
注：功能性技能是指完成某件事情的程序或方法，常见的表述为擅长组织、善于分析等；内容性技能是指通过教育或培训才能获得的知识，常见的表述为市场营销、财务管理等；适应性技能是被用来描述或说明个体具有的某些特征，常见的表述为亲切的、敏锐的等			

笔记区

舒伯《职业价值观量表》

第三章

职业生涯规划的目标确立

【快乐猪来导读】

古今中外有关目标的名人名言

鹰击天风壮，鹏飞海浪春。

——司马光

路漫漫其修远兮，吾将上下而求索。

——屈原

鲲鹏自有天池蓄，谁谓太狂须束缚？

——陆游

少年负壮气，奋烈自有时。

——李白

醉斩长鲸倚天剑，笑凌骇浪济川舟。

——陆游

以天下为己任。

——孙中山

抱负是高尚行为成长的萌芽。

——莫格利希

理想，能给天下不幸者以欢乐！

——高尔基

不想当将军的士兵不是好士兵。

——拿破仑

人类的心灵需要理想甚于需要物质。

——雨果

一个人的理想越崇高，生活越纯洁。

——伏尼契

理想的实现只靠干，不靠空谈。

——德谟克利特

目标要远大，不达目的决不罢休。

——波·杰克逊

没有目标而生活，恰如没有罗盘而航行。

——康德

要向大的目标走去，就得从小的目标开始。

——列宁

没有目标，哪来的劲头？

——车尔尼雪夫斯基

只要坚持积极的理想，就能产生奋斗的勇气。

——舒勒

笔记区

笔记区

世界上最快乐的事,莫过于为理想而奋斗。

——苏格拉底

人需要一个目标,宁可追求虚无,也不能无所追求。

——尼采

在理想的最美好世界中,一切都是为最美好的目的而设。

——伏尔泰

人,一旦确立了自己的目标,就不应再动摇为之奋斗的决心。

——达·芬奇

有了长远的目标,才不会因为暂时的挫折而沮丧。

——查尔斯·C·诺布尔

人生最终的价值在于觉醒和思考的能力,而不只在于生存。

——亚里士多德

人的活动如果没有理想的鼓舞,就会变得空虚而渺小。

——车尔尼雪夫斯基

少年立志要远大,持身要紧严。立志不高,则溺于流俗;持身不严,则入于匪辞。

——张履祥

理想使你微笑地观察着生活;理想使你倔强地反抗着命运。理想使你忘记鬓发早白;理想使你头白仍然天真。

——流沙河

一个人追求的目标越高,他的才力就发展得越快,对社会就越有益。我确信这也是一个真理。

——高尔基

如果一个人不知道他要驶向哪个码头,那么任何风都不会是顺风。

——塞涅卡

现实是此岸,理想是彼岸。中间隔着湍急的河流,行动则是架在川上的桥梁。

——克雷洛夫

如果一个人的头上缺少一颗指路明星——理想,那他的生活将会是醉生梦死的。

——苏霍姆林斯基

没有一定的目标,智慧就会丧失;哪儿都是目标,哪儿就都没有目标。

——蒙田

要达成伟大的成就,最重要的秘诀在于确定你的目标,然后开始干,采取行动,朝着目标前进。

——博恩·崔西

学校的目标应当是培养有独立行动和独立思考的个人，不过他们要把为社会服务看作自己人生的最高目标。

——爱因斯坦

每走一步都走向一个终于要达到的目标，这并不够，应该每下就是一个目标，每一步都自有价值。

——歌德

我们命定的目标和道路，不是享乐，也不是受苦；而是行动，在每个明天，都要比今天前进一步。

——朗费罗

感到自己在这个世界上是件多余的装饰品，那是很难堪的。活着而又没有目标是可怕的。

——契诃夫

崇高的目标造就崇高的品格，伟大的志向造就伟大的心灵。

——泰龙·爱德华兹

如果你已经制订了一个远大的计划，那么就在你的生命中，用最大的努力去实现这个目标吧。

——比尔·盖茨

我宁可做人类中有梦想和有完成梦想的愿望的、最渺小的人，而不愿做一个最伟大的、无梦想、无愿望的人。

——纪伯伦

> ❧思考1❧ 在这些关于目标的名人名言中，你最熟悉哪一句？你最喜欢哪一句？了解这些名言名句之后，你对目标的重要性和意义有何理解？
>
>

第一节 职业生涯规划的目标概述

一、目标的概念

目标有时也通称为梦想、理想，古今中外，各行各业的杰出人物都

笔记区

对目标各有见解。无论是小到个人、团队或大到一个企业、一所学校、一个国家、一个民族，甚或跨越地域和种族的全人类，都离不开目标，只有在正确的、明确的目标指引下，个人才能不断茁壮成长，企业才能不断盈利发展，国家才能不断繁荣富强，人类才能更好地绵延康健。无论是世界发展史、国家发展史或是一个城市的发展史，还是单个的自然人的发展史，都无数次地证明目标的必要性、重要性及其意义。

有了明确的目标，才会为行动指出正确的方向，才会在实现目标的道路上少走弯路。事实上，漫无目标，或目标过多，都会阻碍我们前进，要实现自己的心中所想，如果不切实际，最终可能是一事无成。

【案例分析】

拉丁语中有一句名言"Delenda est Carthago"，中文是"一定要打败迦太基！"如图3-1所示。

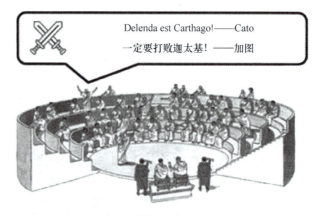

图3-1

迦太基是在古代称雄地中海的一个强国，也是新兴的罗马帝国的头号敌人。

"一定要打败迦太基"是罗马的一个参议员加图讲的。加图是在什么情况下说的这句话呢？

加图在什么情况下都说这句话，不管走到哪里，也不管在讨论什么话题，最后结束发言的时候，他一定敲着黑板强调这句话"我们一定要打败迦太基！"例如，加图正在参议院讨论罗马街头卫生间的事情，正在说着罗马街头卫生间卫生堪忧，政府着实需要雇佣人员进行保洁。说到此处，加图一定会跟上一句"我们一定要打败迦太基！"不管这句话跟前面讨论的话题是否相关。又如，加图正在讨论罗马税收的事情，讲到罗马对待外邦来做生意的人征税太高，别人都不愿意来此继续做买卖，所以一定要给对方减税，后面一定要加上一句"我们一定要打败迦太基！"

谎言重复一百遍就会变成真理，真理如果重复一百遍就会变成行动。"打败迦太基"成为新兴罗马的首要国策，也变成了罗马人民上下一致、众志成城要实现的一个目标。为了实现这个目标，罗马发动了三次布匿战争。在布匿战争之前，称雄地中海的霸主是迦太基。环地中海的沿岸，基本都在迦太基的控制之下。新兴的罗马，仅仅是在意大利偏居一隅，他的影响仅限于意大利半岛类似长筒靴的位置。可是三次布匿战争进行之后，"一定要打败迦太基"这句豪言壮语变成了现实。再看迦太基和罗马的势力对比，在地中海沿岸，已经看不到迦太基的踪迹，此时称雄地中海的头号霸主已经变成罗马。随后，罗马继续他的扩张过程，最终把地中海变成了自己的内海，成为古代世界首屈一指的强国。

> ∽思考2∽ 通过"一定要打败迦太基"这个案例，你对目标有什么新的理解？
>
>

笔记区

（一）目标的定义

目标通常是指个人、部门或整个组织所期望的成果。既是期望达到的成就和结果，也是行为的导向。人们的行为总是为了实现某种目标。目标的实现使人的需要得到满足，心理的紧张不安消除，从而结束一个行为过程。目标的实现既是行为的结果，又是满足需要的条件。

（二）目标的分类

目标的分类目前没有完全统一的标准，也不适合一刀切。因主体、维度、层面、效果不同可有不同的划分。目标在不同的行业领域的划分亦有差别（图3-2）。按照不同的标准，目标通常有以下几种划分方法。

（1）按照主客观程度不同分类。目标是对活动预期结果的主观设想，是在头脑中形成的一种主观意识形态。按照主观意识反映客观现实的程度不同，可将目标分为必然目标、或然目标和不可能目标。

（2）按照目标的主体不同，可将其分为个体目标、团队目标（小组目标）、部门目标、企业目标、学校目标、国家目标、民族目标等。同一历史时段而言，个人的目标、小团队的目标基本上是有差异的；企业的目标和学校的目标也必然体现自身的需求；国家的目标是整个社会的大目标的集中体现，必然有别于企业或学校的目标。

（3）按照时间跨度不同，目标可分为长期目标、中期目标、短期目标等。长期目标是指期望在5~10年或更长的时间内达到的一些目标；中期目标是指期望在2~5年内达到的一些目标；短期目标是指期望在1年内达到的目标，短期目标通常更全面、更具体。

笔记区

图 3-2

（4）按照个体的需求不同，目标可以分为职业生涯规划目标、健康目标、理财目标、爱情目标、家庭目标等。

（5）按照组织的层面不同，目标可分为安全目标、市场目标、财务目标、文化目标等。

【案例分析】

目标

父亲带着三个儿子到草原猎杀野兔。在到达目的地、一切准备得当、开始行动之前，父亲向三个儿子提出了一个问题："你看到了什么呢？"

老大回答道："我看到了我们手里的猎枪、在草原上奔跑的野兔，还有一望无际的草原。"

父亲摇摇头说："不对。"

老二的回答是："我看到了爸爸、大哥、弟弟、猎枪、野兔，还有茫茫无际的草原。"

父亲又摇摇头说："不对。"

而老三的回答只有一句话："我只看到了野兔。"

这时父亲才说："你答对了。"

∞思考3∞　你觉得目标应该具备什么特征？

（三）目标的作用

目标的作用有很多，集中体现在以下四个方面。

（1）指明方向。目标的定立不仅为个人提供了行动方向，而且为管理者提供了协调集体行动的方向，从而有助于引导个人或组织成员形成统一的行动。目标也有人生"北斗星"的美称。

（2）激励作用。目标是一种激励个人或组织成员的力量源泉。只有在个人或员工明确了行动目标后，才能调动其潜在的能量，发挥其最大的热量，创造出最佳的成绩。个体也只有在达到了目标后，才会产生成就感和满足感。有学者曾研究了目标对打字员、司机、电脑数据录入员、装卸工人及某些服务人员的激励效果，结果显示，明确的工作目标可使工作绩效提高11%~17%。

（3）凝聚作用。凝聚力在家庭或单位中有更好的体现。目标能使家人或组织成为一个多成员的联合体，而不是一盘散沙。当目标能更充分体现家族成员或组织成员的共同利益，并与组成成员的个人目标保持和谐一致时，它能够极大地激发组织成员的工作热情、献身精神和创造性。当然，与组成成员的个人目标存在冲突的目标则可能削弱团体的凝聚力。这更从侧面说明，目标的制定是家族或单位管理工作的一项重要内容。

（4）决策标准和考核依据。目标在任何单位中，不仅是管理人员制订决策方案的出发点，而且是考核管理决策方案的制订和执行工作好坏的依据。组织制定了明确的目标，有关人员的思考和行动才有客观的准绳，而不至于凭主观意志做决定，凭主观印象做考核。目标的重要性是不容置疑的，为此，就必须了解关于组织目标的一些重要性质、构成要素以及目标制定的基本原则和基本方法。

【案例分析】

中国商飞C919 "十年磨一剑"

2018年1月15日，中国质量提升高峰论坛暨2017年"人民匠心奖"颁奖盛典在人民日报社新媒体大厦举行。经过层层筛选，最终评选出2017年"人民匠心奖"获奖者。中国商飞C919团队获2017"人民匠心奖"匠心成就大奖。其获奖理由如下。

2017年5月5日，中国商飞C919成功起飞的那一刻，让中国几代人的大飞机梦想变成现实，让亿万国人振奋不已。国产大飞机C919的成功首飞，不仅见证了中国制造的巨大进步，也承载了中国几代航空科学家和工程师的中国梦，对中国制造攀登更高峰具有重要的历史意义。

C919有着怎样的故事呢？

C919中型客机，全称COMAC C919，是中国首款按照最新国际适航标准，具有自主知识产权的干线民用飞机，于2008年开始研制。C是

China 的首字母，也是中国商飞英文缩写 COMAC 的首字母，第一个"9"的寓意是天长地久，"19"代表的是中国首型中型客机最大载客量为 190 座。

C919 大型客机是我国按照国际民航规章自行研制、具有自主知识产权的大型喷气式民用飞机，座级 158～168 座，航程 4 075～5 555 千米，于 2017 年 5 月 5 日成功首飞，截至 2017 年 6 月 13 日累计获 24 家客户共 600 架订单。

2018 年 2 月 6 日，中国商用飞机有限责任公司宣布 2021 年交付首架 C919 单通道客机。

C919 的重大研发历程（图 3-3）如下：

图 3-3

2006 年 2 月 9 日，国务院发布《国家中长期科学和技术发展规划纲要（2006—2020 年）》。大型飞机重大专项被确定为 16 个重大科技专项之一。

2006 年 8 月 17 日，国务院成立大型飞机重大专项领导小组。

2007 年 2 月 26 日，国务院召开第 170 次常务会议，原则通过了《大型飞机方案论证报告》，原则上批准大型飞机研制重大科技专项正式立项。

2007年8月30日，中央政治局召开第192次常委会，听取并同意国务院大型飞机重大专项领导小组《关于大型飞机重大专项有关情况的汇报》，决定成立大型客机项目筹备组。

2008年5月11日，中国商飞公司在黄浦江畔成立。

2017年11月10日11：38，国产大型客机C919飞机10101架机从上海浦东机场第4跑道起飞，经过2小时24分的飞行，于14：02成功抵达西安阎良机场，顺利完成首次城际飞行。从项目角度来看，这意味着大型客机项目取得阶段性成果，实现了从初始检查试飞转入包线扩展试飞，预示着C919大型客机10101架机在上海地区的检查试飞工作告一段落，转入西安阎良开展下一步的研发试飞和适航取证工作。

2017年11月23日，C919大型客机10101架机由中国飞行试验研究院机组成功完成C919转场阎良机场后的首飞。飞行历时2小时17分，机组在空中进行了4 572米（15 000英尺）巡航构型和3 048米（10 000英尺）起飞着陆构型的操稳检查、通信导航检查等科目，飞机状态良好。

2017年11月30日下午，编号为102的国产大型喷气式客机C919在上海浦东国际机场第五跑道进行了首次低速滑行试验，标志着第二架C919客机正式进入试飞准备阶段。

2017年12月17日，第二架C919大型客机在上海浦东国际机场完成首次飞行，这意味着C919大型客机逐步拉开全面试验试飞的新征程。

2018年1月14日，C919大型客机第二架机迎来了进入2018年后的第一次飞行，成功执行一架次初始检查试飞。

> ❦思考4❦ 看完C919的故事，尤其是其整个研发过程，你对目标的作用有哪些新的理解？
>
>

笔记区

（四）目标理论简述

因为目标的重要性及意义，管理界和企业界兴起了对目标研究的热潮，世界各国对目标理论的研究，较为重要的理论主要体现为以下几点。

笔记区

1. 目标管理理论

目标管理理论是由现代管理大师彼得·德鲁克根据目标设置理论提出的目标激励方案。

目标管理理论的基础是目标理论中的目标设置理论。目标管理强调组织群体共同参与制定具体可行的并且能够客观衡量的目标。它是在泰罗的科学管理和行为科学管理理论的基础上形成的一套管理制度。

2. 目标设置理论

目标设置理论模型如图3-4所示。

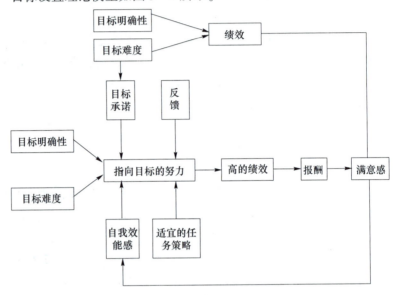

图3-4

美国心理学家洛克（E. A. Locke）于1967年最先提出了"目标设置理论"（Goal Setting Theory），他认为目标本身就具有激励作用，目标能把人的需要转变为动机，使人们的行为朝着一定的方向努力，并将自己的行为结果与既定的目标相对照，及时进行调整和修正，从而能实现目标。

目标设置理论提出，目标是一个人试图完成的行动的目的。目标是引起行为的最直接的动机，设置合适的目标会使人产生想达到该目标的成就需要，因而对人具有强烈的激励作用。重视并尽可能设置合适的目标是激发动机的重要过程。

目标设置理论预测当目标困难增加时一个人的工作业绩会提高，直到到达业绩的顶峰，而对困难目标缺乏认同感的个体，会使企业业绩降低或者很差。

目标设置理论（Lock & Latham，1990年）需要注意以下几点。

（1）目标要有一定难度，但又要在能力所及的范围之内。

（2）目标要具体明确（例如，对于写一篇文章来说，完成70%要比仅仅试着做做要好得多）。

（3）必须全力以赴，努力达成目标。如果将你的目标告诉一两个亲近的朋友，那么，就会有助于你坚守诺言。

（4）短期或中期目标要比长期目标可能更有效。例如，下星期学完某一章节，可能比两年内拿一个学位的目标好很多。

（5）要有定期反馈，或者说，需要了解自己向着预定目标前进了多少。

（6）应当对目标达成时给予自己奖励，用它作为将来设定更高目标的基础。

（7）在实现目标的过程中，对任何失败的原因都要抱以现实的态度。人们有将失败归因于外部因素（如运气不好），而不是内部因素（如没有努力工作）的倾向。只有诚实对待自己，将来成功的机会才能显著提高。

3. 目标导向理论

目标导向理论是激励理论的一种，它是由豪斯提出的。目标导向理论的基本出发点是要求领导者排除走向目标的障碍，使个人或组织能顺利达到目标，同时在此过程中，给予职工满足多种多样需求的机会。

目标导向理论认为，人的行为既是人的有机体对于刺激的反应，又是通过一连串的动作实行预定目标的过程。通常任何行为都有其动机和目标。动机是激发和维持个体进行活动，并导致该活动朝向某一目标的心理倾向或动力。

4. 成就目标理论

20 世纪 80 年代，尼克尔斯（Nicholls，1984 年）和德韦克（Dweck，1988 年）等将成就目标（图 3-5）概念引入成就动机领域，并使之成为 20 世纪 90 年代动机研究的一个热点。

(a)　　　　　　　　　　　(b)

图 3-5

成就目标理论是众多动机理论中，最直接用于解释教育情境中的个体行为并指导教育实践活动的一种理论。

5. 目标 – 途径理论

路径 – 目标理论是权变理论的一种，由多伦多大学的组织行为学教授罗伯特·豪斯（Robert House）最先提出，后来华盛顿大学的管理学教

笔记区

授特伦斯·米切尔（Terence R. Mitchell）也参与了这一理论的完善和补充，目前已经成为当今最受人们关注的领导观点之一。该理论以俄亥俄州立大学的领导理论研究、激励理论中的期待理论为基础。这一理论以弗罗姆的研究最有代表性，认为个人的态度取决于他的期望值的大小（目标效价）以及通过自己努力得到这一期望值的概率高低（期望概率）。该理论认为，领导者的工作是帮助下属达到他们的目标，并提供必要的指导和支持，以确保各自的目标与群体或组织的总体目标一致。"路径－目标"的概念来自这种信念。

二、职业生涯规划的目标

职业生涯规划目标属于目标众多分类中的一种，属于个体一生中主要关于职业方面所要达成的总目标。职业生涯目标的确定是事业生涯规划中最核心的内容之一。

（一）职业生涯规划目标的概念

职业生涯目标是指个人在选定的职业领域内，在未来很长的时段上所要达到的具体目标，包括短期目标、中期目标和长期目标。职业生涯规划的评估与反馈过程是个人对自己的不断认识过程，也是对社会的不断认识过程，是使职业生涯规划更加有效的有力手段。

（二）职业生涯规划目标的分类与作用

职业生涯规划目标按照不同的标准，有不同的划分。按照执行度可分为概念目标与行动目标，按照内外有别可分为内职业生涯目标与外职业生涯目标，最常用的是按照时间维度划分，可分为短期目标、中期目标和长期目标。职业生涯规划中的任何一个分目标（小目标）都必须与大目标（总目标）保持一致，最终目的都是确保大目标的实现。短期目标是中期目标及长期目标的一部分，也是中期目标的具体细分。中期目标既是长期目标的一部分，也是长期目标的具体细化。短期目标达到之前，中长期目标"滚动式发展"分解为更具有可行性的新的短期目标和中期目标。

【快乐猪有话说】

职业目标的分类

【**短期职业目标**】表述清晰、明确；目标对于本人具有意义，与自我价值观和中长期目标一致，有可能暂时不能完全满足自己的兴趣要求，但可"以迂为直"；目标切合实际，并非幻想；有明确的具体完成时间；有明确的努力方向，通过努力能达到适合环境需要的能力，实现起来完全有把握；目标精练。

【**中期职业目标**】结合自己的志愿、组织的环境及要求制定的，与长期目标一致；基本符合自己的兴趣、价值观，使人充满信心，且愿意公之于众；切合实际，并且未来的发展有所创新，有一定的挑战性；能用明确的语言定量与定性说明；有比较明确的执行时间，根据外部环境变化可进行适当的调整；目标可以发挥自己的能动性，实现的可能性非常大。

【长期职业目标】自己认真选择的，和组织、社会的发展需求相结合；特别符合自己的兴趣、价值观，能为自己的选择感到骄傲；能用明确的语言定性说明；有实现的可能，并有更大的挑战性；目标与志向相吻合，能够立志通过努力实现理想；目标与人生目标相融为一，指导自己为创造美好未来坚持不懈。

笔记区

【案例分析】

亨利·福特的福特汽车公司

源由

众所周知，福特汽车公司是全球最大的汽车企业之一。福特汽车公司创立于20世纪初，凭借创始人亨利·福特"制造人人都买得起的汽车"的梦想和卓越远见，福特汽车公司历经一个世纪的风雨沧桑，如今成为世界四大汽车集团公司之一，旗下拥有世界著名汽车品牌福特和林肯等。除此之外，它还拥有全球最大的信贷企业——福特信贷、全球最大的汽车租赁公司Hertz和客户服务品牌QualityCare。即使在2008年经济危机时，福特汽车公司也是唯一一家没有依靠国家救济而自己走出经济危机的汽车集团。

在美国建国200周年庆典之际，汽车大王亨利·福特及其创办的汽车公司，在一项评选"美国独立百年20件大事"的民意测验中，被评为第10件大事，与"阿波罗"飞船宇航员登上月球、原子弹爆炸成功等相提并论，为世人所瞩目。可鲜为人知的是，这位汽车之父于1896年亲手制造的第一辆汽车，竟是装有4只自行车轮子、凭借链条传动、没有刹车、只能进不能退的"怪物"。然而，福特汽车王国的崛起正是从这里开始的。

一件影响他一生的大事

福特12岁那年春天，母亲突然病逝。但母亲的一句箴言却永远铭刻在福特的心里，成了他一生创业精神的宗旨："你必须去做生活给予的不愉快的事情，你可以怜悯别人，但你一定不能怜悯自己。"

也就是在那一年的夏天，发生了一件影响他一生的大事。7月的一天，他随父亲坐马车去底特律。一路上，马车和人拉的车川流不息。突然，他眼前出现了一个庞然大物，发出巨大的吼声。这是他生平第一次看到的用蒸汽推动、在马路上行走的车子。他惊讶得几乎跳起来。

由于道路狭窄，为了让马车通过，这辆蒸汽车停了下来。福特立刻跳下马车，仔细地观察起来。蒸汽车的铁制前轮很大，在战车般的履带上绕着粗铁链；前轮上方有一个大汽锅，喷发着蒸汽，由此而带动引擎；后轮很高，后面牵拉着载有水槽和煤炭的拖车，看起来就像蒸汽火车头在平地上行走一样。他好奇地向驾驶员请教。态度和蔼的驾驶员不厌其烦地介绍车子的性能和操纵方法，并邀请福特去他家练习驾驶蒸汽车。他们成了一对好朋友。从此，亲手制造"利用引擎行走的车"成了福特的梦想。

不久，父亲去参观在费城举行的"1876年独立百年纪念万国博览

笔记区

会"，回来后，向福特谈起会场中机械馆的盛况。馆中央有一辆考利斯蒸汽车，车上装有 12 米高的蒸汽引擎，有 1 600 匹马力。这头庞然大物在会场上桀骜不驯地发着吼声，呼呼地吐着蒸汽。此外，会场上还有蒸汽钻、蒸汽车床以及蒸汽整地机等机械，使观众大饱眼福。

听了父亲的一席话，福特深深地觉得"机械的时代终于来临了"。随着年龄的增长，他对机械的爱好愈来愈深甚至达到痴迷的程度，脱离农场投入机械行业中去的欲望也就更加强烈。16 岁那年，他不顾父亲的反对，离开农场，来到附近的底特律，开始了他的传奇创业故事。

闯荡底特律

1879 年的底特律是一个有 10 万人口的新兴工业城市，就业机会很多。福特很快在该市最大的工厂——"密西根铁路车厢制造厂"当上了见习生，日薪 1.1 美元，但仅工作 6 天就辞职了。因为福特往往不费吹灰之力就修好了那些老资格工人无法修理的机器，这使那些人极为嫉妒和不满。之后，他又来到"福拉瓦机械厂"。由于薪水低，连房租也付不起，他只好晚上到钟表行打工，赚取每晚 50 美分的工钱。9 个月后，他又辞职不干了，因为那里已满足不了他求知的欲望。

福特第三次跳槽是到"底特律造船厂"工作。那里周薪更低，每周只有 2 美元，但能学到一点东西。为交房租，他吃花生和葡萄干来填肚子。有人忠告他："人和引擎一样，也需要燃料啊！"于是，他想出了"吃杂草"的办法：买来用便宜的大豆制的面包，把捣碎的马利筋叶夹在当中，做成杂草三明治作为他的主食。福特一生没有什么重病，而且活到 84 岁，他的健康长寿也许与他少年时代"吃杂草"的这段经历有关吧！

在造船厂，他幸运地被分派到引擎车间工作，并得到上司的赏识，很快由见习生升为正式员工。

工作之余，他还注重学习。一天，他从一位同事那儿借来一本《世界科学杂志》，其中有一篇介绍英国欧特博士发明汽油引擎的文章，引起了他极大的兴趣。欧特是内燃引擎的开发者，对内燃机的改进有重大贡献。在 1867 年的巴黎博览会上，欧特以四行程循环的自由活塞动力机参展而闻名于世。他认为蒸汽引擎过于庞大，为适应小工厂需要，非开发内燃引擎不可。福特对此大为赞赏，萌生了在交通工具上也应使用内燃引擎的想法。

两年后，他以熟练技师的资格又跳槽到"西屋引擎公司"工作。作为移动式引擎的示范操作员，他学到了不少有关引擎的知识。

1887 年，福特在自己选择的职业上干了 8 年后，返回到父亲的农场。父亲送给他脱粒机和 40 英亩（1 英亩≈4 047 平方米）的土地，但福特的志趣显然不在务农上，他只是想把土地上的森林开发出来，用卖木材的钱作为自己研究内燃引擎的经费。他在森林旁的空地上盖起了自己的实验室和工作室，从事研究工作。他曾制造过一部蒸汽机车，虽然这部车会动，但速度很慢，而且只能走 12 米。

这时，美国的工业在各种领域已有了长足的进步，钢铁业开始发达，铁路一再延长，石油精制技术也进步神速，电灯、电话相继问世，汽油引擎的优点已被大家所公认。

在时代热潮的涌动下，福特再也按捺不住了。他不甘心在乡村过悠闲的生活，他要当经理，创公司，做老板，干一番前所未有的大事业。

有一天，他向新婚的妻子克拉拉和盘托出自己的计划：要制造一辆采用汽油引擎而不用马拉的车子，并把构想中的车体形状画在一张乐谱的背面给她看。聪明贤惠的克拉拉坚决支持丈夫的计划，并且深信他能成功。于是，福特又告诉妻子，要实现这个计划，必须具备电气方面的知识。为此，他就要到底特律的爱迪生照明公司就职。当然，这个家也得搬去。

这件事来得太突然了。从未离开过家乡的克拉拉几乎要哭出声来，但理解丈夫的她很快忍住了，并表示就依丈夫的计划去做，把家搬到底特律。

1891年9月25日，福特带着年轻的妻子，告别了家乡和亲人，来到底特律。他们在穷人区租下一间破旧的公寓。福特正式受雇于爱迪生公司，担任夜间值班工程师。两年后，他又晋升为主任技师。

工作之余，他一直没有忘记他的梦想，每天劳累地从工厂下班后，仍孜孜不倦地从事他的研发工作。

29岁那年，他终于成功了（图3-6～图3-8）。在试车大会上，有记者问他："你成功的要诀是什么？"福特想了一下说："因为我有远大的目标，所以成功。"

笔记区

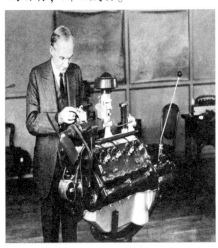

图3-6

图3-7

图3-8

笔记区

> ∽思考5∽ 通过这个案例，你对福特能够取得成功有何感想？这对你的职业生涯目标有什么启示？
>
>

第二节　职业生涯规划目标的构成要素

职业生涯规划目标的确立，对整个职业生涯规划具有举足轻重的意义。确立职业生涯规划的目标，主要包括职业生涯规划目标的甄选、职业生涯规划目标的分解与组合、职业生涯规划目标的管理等。

一、职业生涯规划目标的甄选

（一）我可以是谁，我可以是什么样的人

在确定自己的职业生涯规划目标之前，人们可能完全没有主意，对于自己确定的目标毫无头绪。那不妨来看看，广泛的意义上，自己可以有哪些选择，先从职业的大环境中感受一下，可以有哪些范围可以涉足。

（二）我希望自己是谁，我希望自己是什么样的人

对于自己未来要从事什么样的职业，需要有自己朦胧的想法或者比较成熟的主见。例如，我是学习艺术绘画的，将来想致力于成为一名油画画家；我虽然不是学习机械的，但希望自己将来能成为一位机械工程师；我父母都是医生，从我记事起，我的人生目标就是成为一位杏林泰斗；我虽然体弱多病，但我非常希望有朝一日自己能翱翔在祖国的蓝天上，成为一名出色的飞行员，等等。

【小百科】

《中华人民共和国职业分类大典》2015 年版

我国第一部《中华人民共和国职业分类大典》颁布于 1999 年。由于经济社会的不断发展，我国社会职业构成发生了很大变化。为适应发展需要，2010 年年底，人力资源和社会保障部会同国家质检总局、国家统计局牵头成立了国家职业分类大典修订工作委员会及专家委员会，启动修订工作，历时五年，七易其稿，形成了现在适用的 2015 新版《中华人

民共和国职业分类大典》（图3-9）。

图3-9 《中华人民共和国职业分类大典》

2015新版《中华人民共和国职业分类大典》主要从以下四个方面进行了修改、调整和补充。第一，对职业分类体系的修订；第二，对职业信息描述内容的修订；第三，对职业信息描述项目的调整；第四，增加绿色职业标识。职业分类修订工作是一项长期任务。要继续发挥《中华人民共和国职业分类大典》修订平台的作用，建立职业分类动态更新机制，对已有的《中华人民共和国职业分类大典》进行及时调整和补充完善。

2015新版《中华人民共和国职业分类大典》中职业分类结构为8个大类、75个中类、434个小类、1 481个职业。

第一大类：国家机关、党群组织、企事业单位负责人，包括6个中类、15个小类、23个职业。

其职业分类除参照我国政治制度与管理体制现状，对具有决策和管理权的社会职业依组织类型、职责范围的层次和业务相似性、工作的复杂程度和所承担的职责大小等进行划分与归类。

第二大类：专业技术人员，包括11个中类、120个小类、451个职业。

其职业分类除遵循职业分类一般原则和技术规范外，还着重考量职业的专业化、社会化和国际化水平。

第三大类：办事人员和有关人员，包括3个中类、9个小类、25个职业。

其职业分类主要依据我国公共管理与社会组织中从业者的实际业态进行。强化其公共管理、企事业管理等领域行政业务、行政事务属性。

第四大类：社会生产服务和生活服务人员，包括15个中类、93个小类、278个职业。

其职业分类主要参照国民经济行业分类以及我国服务业发展现状，特别关注新兴服务业的社会职业发展，主要按照服务属性归并职业。

笔记区

第五大类：农、林、牧、渔业生产及辅助人员，包括6个中类、24个小类、52个职业。

其职业分类以农、林、牧、渔业生产环境、生产技术和产业结构的变化，以及现代农业生产领域中生产技术应用、生产分工与合作的现状为依据，参照国民经济行业分类进行。

第六大类：生产制造及有关人员，包括32个中类、171个小类、650个职业。

其职业分类按照国民经济行业分类以及生产制造业发展业态，以工艺技术、工具设备、主要原材料、产品用途和服务与技能等级水平相似性进行。

第七大类：军人，包括1个中类、1个小类、1个职业。

第八大类：不便分类的其他从业人员，包括1个中类、1个小类、1个职业。

> **思考6** 你的职业生涯规划目标准备选择哪个大类？你的家乡或周围的朋友从事哪些职业的人群较多？对你的职业生涯规划目标有哪些影响？
>
>

（三）我能够是谁，我能够是什么样的人

通过前面章节的学习，可以清楚地知道，职业生涯规划目标的最终选定，并不纯粹是人们的第一喜好，或许并不是人们最初想成为的样子。我们具备哪些资源、特质，能让我们成为我们希望的样子有时候显得更重要。你的个人特质、你的社会支持系统、国家政策方针，最终决定你能够成为什么样的人。

（四）我能把自己锻造成谁，我最终能成长为什么样的人

虽然我的个人条件、社会支持系统目前都很有限，但我雄心壮志仍不减，愿意通过超乎常人的努力和奋斗，通过小目标的达成，最终走向彼岸的成功。

二、职业生涯规划目标的分解与组合

（一）职业生涯规划目标的分解

在完成职业生涯规划目标的甄选之后，要对目标进行分解与组合。将总目标分解为多个次级的子目标（长期目标），子目标再逐步细化为更详细具体的小目标（中期目标），每一级小目标要分解为逐日逐月可具体量化操作检验的微目标（短期目标）。

（二）职业生涯规划目标的组合

目标组合是处理不同职业规划目标之间相互关系的一种有效措施。确定职业生涯规划的目标最后通常只能选择一种，但在排除掉的那些目标之中，有些目标并不是完全互相排斥的，某些不同目标之间还具有因果关系与互补性，所以可以积极地进行不同目标的组合，达到职业生涯和谐发展。

职业生涯规划目标的组合主要有三种方法，即功能组合、时间组合和全方位组合。其中，全方位组合不仅限于职业生涯规划的范畴，它涵盖了职业生涯的全部活动。

1. 功能组合

很多职业生涯规划目标在功能上存在因果关系或互补作用。

因果关系组合：有些目标之间存在明显的因果关系，如工作能力目标与职务目标和收入目标，前者是因，后者为果。具体表现为工作能力提高—职务提升—收入增加。通常情况下，内职业生涯规划目标是原因，外职业生涯规划目标是结果。一般因果排序为观念更新目标—掌握新知识目标—提高工作能力目标—职务晋升目标—经济收入提高目标。

互补作用组合：将存在互补关系的目标进行组合。职业生涯规划目标的互补关系是显而易见的，如高校教师往往同时肩负教学和科研两项任务。教学为进行科研提供了理论基础和方法指导，科研实践又促进了教学内容的丰富更新和质量的提高。

2. 时间组合

职业规划生涯目标在时间上的组合可以分为并进和连续两种情况。

并进组合，是指同时着手实现两个平行的工作目标，即在同一期间内进行不同性质的工作。例如，上级管理层兼任技术业务项目，或中、高级管理层"双肩挑"的情况。并进组合也可以是建立和实现与目前工作内容不相关的职业生涯规划目标。人们为了获得更大的发展空间，在做好本职工作的同时，进修自己感兴趣的其他课程等。并进组合有利于开发人们的潜能，在相同的时间内迎接更大的挑战，发挥更大的价值。

连续组合，是指一个目标实现之后再去实现下一个，最终连续而有序地实现各个目标。一般来说，职业生涯规划的阶段目标与职业生涯的最终目标是相关联的，较短期目标是实现较长期目标的支持条件。目标的期限性也是相对的。随着时间的推移，长期目标成为中期目标，中期

笔记区

目标成为短期目标,只有完成好每一个短期目标和中期目标,长期目标才有可能实现。

3. 全方位组合

对职业生涯规划目标进行全方位组合是指个人事务、职业生涯和家庭均衡发展,相互促进,它涵盖了人生的全部活动。要实现这一目标,就要求在建立职业生涯规划目标时,应当通盘考虑自己在个人发展、家庭生活和职业生涯中的各种愿望。事业不是生活的全部,任何一个人都不能离开家庭和休闲娱乐,完美的职业生涯规划不应把生活中的其他内容排斥在外,而是要在生活中的不同目标间建立平衡的协调关系(图3-10)。

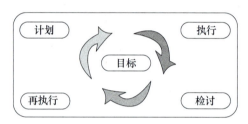

图 3-10

第三节 确立职业生涯规划目标的方法与原则

职业生涯目标的确定要遵循一定的方法和原则。在职业领域,最终选择什么样的目标,可能来自家族的环境熏陶,也可能来自自己独特的兴趣,亦可能来自多方因素的制衡。通常而言,确定职业生涯规划的目标,需要遵循以下方法和原则。

一、确立职业生涯规划目标的方法

(一)家庭(家族)的期许与便利

古往今来,子承父业,继承祖业,祖荫子孙的佳话美谈比比皆是。书香门第、商界大亨、世家子弟等皆耳熟能详。如果你的家族刚好在某一领域成就非凡,俊杰辈出,而你也恰好不反感或者愿意听从长辈的建议,那么,沿着家族的目标,确定个人的目标,不失为一个良策。

【案例分析】

司马迁著《史记》

司马氏世代为太史,专门负责整理和论述历史的工作。《隋书·经籍志》载:"谈乃据《左氏春秋》《国语》《世本》《战国策》《楚汉春秋》,接其后事,成一家之言。"可见司马迁之父司马谈有意继续编订《春秋》以后的史事。司马谈曾任太史令,将修史作为自己的神圣使命,可惜壮志未酬。元封元年,汉武帝进行封禅大典,司马谈身为太史令,却无缘参与当世盛事，引为终生之憾，忧愤而死，死前将遗志嘱咐儿子司马迁说："今天子接千岁之统，封泰山，而余不得从行，是命也夫！余死，汝必为太史，无忘吾所欲论著矣……"司马迁则回答道："小子不敏，请悉论先人所次旧闻。"可知司马迁乃秉承父亲的遗志完成史著。《史记》以《封禅书》为其八书之一，即见其秉先父之意。司马迁是绍继《春秋》，并以汉武帝元狩元年"获麟"，撰写《史记》（图3-11）。

(a)

(b)

(c)

图3-11

　　司马迁子承父志，继任太史令。他早年受学于孔安国、董仲舒，漫游各地，了解风俗，采集传闻。初任郎中，奉使西南。太初元年（公元前104年），司马迁开始创作《太史公书》，即后来被称为《史记》的史书。但是，事出意外，天汉三年（公元前98年），李陵战败投降匈奴，司马迁因向汉武帝辩护事情原委而被捕入狱，并被处以宫刑，在形体和精神上遭受了巨大的创伤。出狱后任中书令，他忍辱含垢，发奋继续完成所著史籍，以其"究天人之际，通古今之变，成一家之言"的史识，前后经历了14年，创作了中国第一部纪传体通史《史记》。

　　《史记》是中国历史上第一部纪传体通史，被列为"二十四史"之首，记载了上至上古传说中的黄帝时代，下至汉武帝太初四年间，共3 000多年的历史。与后来的《汉书》《后汉书》《三国志》合称"前四史"。

　　《史记》共包括十二本纪（记历代帝王政绩）、三十世家（记诸侯国和汉代诸侯、勋贵兴亡）、七十列传（记重要人物的言行事迹，主要叙人臣，其中最后一篇为自序）、十表（大事年表）、八书（记各种典章制度，记礼、乐、音律、历法、天文、封禅、水利、财用），共一百三十篇，五十二万六千五百余字。

　　《史记》对后世史学和文学的发展都产生了深远影响。其首创的纪传体编史方法为后来历代"正史"所传承。《史记》还被认为是一部优秀的文学著作，在中国文学史上有重要地位，被鲁迅誉为"史家之绝唱，无韵之《离骚》"，有很高的文学价值。刘向等认为此书"善序事理，辩而不华，质而不俚"。

笔记区

（二）发现自身的兴趣与愿望

当今社会为个人的发展提供了更广阔的空间和更多的发展机会。在职业生涯的规划上，只要在法律法规的许可内，人们完全可以按照自己的喜乐行事，做自己喜欢做的工作，追逐自己在事业上的梦想。喜爱是最好的老师，只有从事自己喜欢的职业，才会有源源不断的活力，才会更容易做出成效。每天积极主动且充满干劲地去做一件事情和百无聊赖被强迫着做自己不喜欢的事情，那是完全不同的。

【案例分析】

迪士尼的童话王国

沃尔特·迪士尼（Walt Elias Disney，1901年12月5日—1966年12月15日），1901年出生于美国芝加哥，并于1922年自筹1 500美元创办了动画片制作公司，既是米老鼠、唐老鸭卡通人物的设计者，也是沃尔特·迪士尼制片公司和迪士尼乐园的创始人。

1901年12月5日，沃尔特·迪士尼出生在美国芝加哥市的一个普通木匠家庭里，为了生计，后来父亲带领全家到了乡下的一个农场。在迪士尼6岁那年的一天上午，父母和三个哥哥都到镇上劳动去了，家里只剩下他和妹妹，玩什么好呢？迪士尼翻出了一桶焦油，想了想说："用这个画画一定很不错，咱们在墙上画画吧。"

妹妹有些担心地问："那还能擦干净吗？"

迪士尼学着大人的口气，肯定地说："当然是可以擦干净啦。"

于是两人在家里的白墙上大涂大抹起来，他们画了许多小人、小动物、小房子——上面还冒着炊烟。

太阳过了正午，两人忙着擦了起来，可是怎么也擦不掉，弄得墙上黑乎乎一片。父亲回来之后非常生气，把小迪士尼这个"带头人"狠狠地训了一顿。

迪士尼虽然嘴上承认了错误，但从此喜欢上了画画。以后他几乎每天着迷似地画呀画呀，但不敢在家里的墙上画，而是在纸上、地上、镇外林中的树干上……在迪士尼7岁的时候，由于遇到了大旱，农场颗粒无收，父亲又得了肺炎，全家只好到堪萨斯市落脚。父亲干起了卖报这一行，虽然迪士尼还在上小学，但是他也得为有病的父亲帮忙送报。每天清晨三点半，他就要到指定的地点领取报纸，风雨无阻，冬天手脚冻裂，夏天满身泥水，这对7岁的迪士尼来说非常艰苦。即使在这样的情况下，迪士尼仍然每天抽出时间画他最喜爱的图画。

1920年，迪士尼向亲友筹借了一些钱，加上自己平时的一点积蓄，买了一张到洛杉矶的火车票，并在那儿找到了他的哥哥。他把自己想以绘画作为终身职业的愿望告诉了哥哥，并将想用自己的画拍成电影的想法也和盘托出。哥哥对他的想法十分赞赏，决定和他合作制作动画片。初到洛杉矶的迪士尼连房租都付不起，吃饭也是在一家小饭馆赊账，没有足够的经费制作动画片。幸运的是一位有钱的牙医对迪士尼的想法很感兴趣，在他的支持下，首部作品《爱丽丝漫游卡通园》拍出来了。令人伤心的是，卖座并不理想，这部影片的成本，也比发行人支付的片酬要高，迪士尼赔本了！

迪士尼并不气馁，他接着又拍了一部以兔子为主角的《澳斯渥小兔》。这部动画片一上映，就吸引了许许多多的青少年朋友，电影院门口每天挤满了买票的人群。但年幼的他却因为缺少法律方面的知识，而失去了《澳斯渥小兔》的版权。一次又一次的挫折和打击，使迪士尼感到非常痛苦，但他并没有灰心。迪士尼把自己关在房子里苦苦地想着，如何再创造出更好的新主角。忽然间，当年在堪萨斯那家汽车工厂里的一幕情景浮现在他的脑海里。

那天他工作结束以后，拖着疲劳的身体走进一间库房，坐下来，拿出面包正要吃，一只小老鼠从墙角溜了过来，细长的尾巴，尖尖的小嘴，光亮的眼睛，灵敏的动作，迪士尼觉得这只小老鼠这么可爱，他把面包掰开，扔给那只小老鼠一块，小老鼠大模大样地吃了起来。

新主角就是这只可爱的小老鼠！

迪士尼迅速地拿起画笔，在自己的画板上画下一只老鼠的速写。接着，又画出几种不同体态和神情的老鼠。这些速写各具神态，十分可爱。以后他每天研究老鼠的动作、声音、神态，把它作为动画片《威利号蒸汽船》的主角。并且亲自为它配了音，迪士尼还为这只老鼠取了个好听的名字"米奇"。

米奇老鼠，也就是小朋友现在通常叫作"米老鼠"的这只小老鼠的出现，在观众中引起极大的轰动，不但孩子们喜欢，也受到许多成年人的欢迎。《威利号蒸汽船》还是世界上第一部有声动画片，这使影片显得更加生动活泼。许多电影公司都打电话邀请迪士尼去谈生意，迪士尼的事业出现了转机。

米老鼠的成功，使迪士尼变卖掉了一切值钱的东西，从而进一步制作米老鼠动画片。他把自己的动画片制作间改成了制片公司。先后制作出米老鼠系列片《疯狂飞机》《骑快马的高卓人》《谷仓之舞》等140多部。米奇老鼠的名字响遍了世界各个角落，喜爱米老鼠的人们还组织起了"米老鼠俱乐部"，到1931年，这个俱乐部的会员达到100多万人。许多公司还与迪士尼签订了合同，将米老鼠的形象印在商品上出售，迪士尼收一些版权税。这项收入从此成了迪士尼机构的财源之一。

之后，迪士尼又把他的事业推向了另一个高峰。他除了制作以"米老鼠"为主角的形象外，又塑造出"唐老鸭"这个可爱的角色。他还把绘画上的动物，小孩扮演的角色，大自然景色以及内容富有意义、情节

笔记区

笔记区

惊险动人的故事有机地融合在一起,拍出一种富有人情味的影片。这种影片更受小朋友和成年人的欢迎。米老鼠和唐老鸭给迪士尼带来了财富,他成了美国年轻的富翁。

随着事业的成功,迪士尼也成为了年轻的父亲,有了两个可爱的女儿。周末来临,他常领着她们到儿童公园去玩。令人难受的是,每次女儿们在那里玩耍时,他自己只能孤独地坐在道旁的椅子上。他想,为什么不能创造一个使整个家庭——孩子、父母、祖父母都能欢度周末的地方?在这个乐园里,有世界奇景的缩影,还有许多过去的以及未来的玩意,如美国旧日的西部、未来的世界、海底奇观、会唱歌的卡通等。一切都要采取最新的科研成果,要令人惊异和富有冒险性。这样小游客们会大为开怀,从娱乐中学到许多科学知识,老年人、成年人也能够从中回味无穷,找到他们已经失去的童心。

迪士尼说干就干,1954年,他几乎花费了所有的财产,投资1 700多万美元,聘请了著名设计家们精心设计,开始建造以他自己名字命名的"迪士尼乐园"。1955年7月13日,"迪士尼乐园"正式竣工,一批批游客慕名而来,高兴而归。"迪士尼乐园"很快与美国的好莱坞齐名。到现在它已经创办60多年,接待了来自世界各地的游客3亿多人次。现在不但美国的洛杉矶有着这座最早建立起来的"迪士尼乐园",在世界上,还有中国上海"迪士尼乐园"、法国巴黎"迪士尼乐园"等好几处"迪士尼乐园"。

1966年12月5日,迪士尼因病心脏停止跳动。他的去世使人们,尤其是使少年儿童感到痛心。当时的美国总统约翰逊在给迪士尼夫人写的信中这样说道:在您丈夫才华的照耀下,千千万万的人们享受到了一种更光明、更快乐的生活,他所创造的真、美、欢乐是永世不朽的。

> **思考7** 通过这个案例,你对确定职业生涯规划目标的方法有哪些了解?你觉得迪士尼能取得成功的关键在于哪些方面?
>
>

(三)扫除障碍

在走向目标的过程中存在各式各样的阻碍,既有客观的、主观的,也有内部的、外部的以及固有的、突发的等。将遇到的所有障碍一一清除,才能最终达成所愿。

（四）信念坚定，持之以恒

一旦确定了职业生涯规划的目标，就要有足够的信心和毅力坚持到底。不能三天打鱼，两天晒网，更不可目标天天有、天天换。要相信自己有足够的能力达成已经设定的目标。达·芬奇画鸡蛋、爱迪生实验灯泡持之以恒的故事，世人皆是耳熟能详。

（五）记录与重复

自己的目标一定要记录下来，并不断重复强化。没有口头说说或者空想一下就能实现的目标。只有经过深思熟虑，反复强调，甚至千锤百炼才能实现的目标。

二、确立职业生涯规划目标的原则

在确立职业生涯规划的目标时，有许多原则需要遵守，总体上讲，以下几点尤为重要。

（一）适应环境

个人的职业发展无法忽略的一个重要因素就是社会大环境。当今的国际大环境如何，经济繁荣平稳还是萧条凋败；国内大环境如何，国家政策如何，是支持创业就业，支持哪些行业产业职业，还是明令禁止哪些行业，或是哪些行业在大力整改取缔，这些都是确定职业生涯规划目标时必须考虑遵从的。

【案例分析】

鲁人迁居

相传鲁国有一个人，自己善于编草鞋，他的妻子善于织生绢。他和妻子想迁居到越国。

有人对他说："你到越国肯定会受穷的。"

这个鲁国人问："为什么呢？"

那个人说："鞋子是用来穿在脚上的，可是越国人习惯光着脚板走路；生绢是用来做帽子戴在头上的，可越国人都习惯披散着头发，凭你们擅长的技术，迁移到用不到它的国家去，想要你不受穷困，那怎么可能呢？"

（二）适合自身

为自己的职业生涯规划目标，一定要选择最适合自己的，而不要选择一般人眼中最好的。一定要结合自身的实际情况，统筹各种资源，筛选出最适合的那个，只有最适合的，没有最好的。如果你是一位爱好艺术的学生，身体消弱又恐高，对航空也毫无兴趣，却立志要成为一名优秀的宇航员，这样的职业生涯规划目标大体看来是不合适的。

笔记区

笔记区

（三）跳一跳摘桃子

职业生涯规划目标不是最高大上就好。目标可以远大，但不能脱离实际，一定是能够通过现下的自己，一步一步可以逐步靠近实现的。如果你是职业院校机电类的学子，喜爱机械类的林林总总，把目标定位总设计师、工程师、自有一家机电类的公司，都是有望可以实现的。但如果你把自己的职业生涯目标定位为国家级党政部门的负责人，那么目标就显得有些好高骛远。

（四）明确具体，可以操作

职业生涯规划目标要清晰明了，具体可行。你既可以把目标定为一家国企的领导，也可以把目标定为某一机关的技术人员，同时也可以定为建筑行业的设计师等。如果小明的职业生涯规划目标就是做一名发明家，物理、化学、医学或是航空航母等领域都可以。那么这样的目标就模糊不清，到底是发明什么呢？哪个领域的发明家更好呢？这样的目标反而不具有实际操作性，徒然浪费了许多宝贵的时间和精力。

（五）适度灵活，以人为本

职业生涯规划目标不能随意更改，但也不能至死不变。随着后期的不断执行，会有很多人为的、非人为的不可抗力的客观因素发生。可能某天突然察觉到之前定的目标已经无法达成，此时职业生涯规划的目标一定要果断进行适度调整。实事求是、因时制宜才能最终实现个人在职业领域的价值。职业生涯规划目标是为了人的和谐及更好的发展而服务的，不能最终成为作茧自缚的工具。

（六）同一时期，目标单一

同一时段内，职业生涯规划的目标禁忌目标散乱、数目太多。一个时点，如果向西，就无法同时又向东。目标很难同时兼顾达成。例如，一猎人同时发现了一只山鸡、一只野兔，山鸡向南飞，野兔向北跑，猎人一时既想要猎获山鸡又想猎获野兔，他能同时追逐野兔与山鸡吗？

> **思考8** 学习了职业生涯规划目标的相关概念，请在最后写下自己在大学期间奋斗的目标。
>
> 小白科：绿色职业

第四章

职业素养

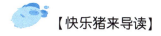

【快乐猪来导读】

职业素养的培养

当今世界新一轮科技革命正在兴起，极大地推动了"智能化"新工业时代的到来，大量新的生产方式和产业形态应运而生。全球产业竞争加剧，国际产业分工格局面临重塑，许多国家纷纷提出本国的发展战略。

当前我国经济发展进入新常态，工业化、信息化深度融合带来的新业态、新技术、新模式等新经济蓬勃发展。经济社会发展对人才的创新性、实践性需求日渐融入人才培养的各个环节，要求各级各类高校向内涵发展转轨，为社会加快培养大量的高素质劳动者。

但是我国大学生的职业素养水平已成为制约大学生就业质量及未来发展的关键因素。据统计，目前企业对大学毕业生评价指标中，对企业相关法规、职业道德和工作态度以及企业文化的认知满意度仅为20%~40%。

以单纯提高学生技能为主而忽视职业素养培养的低层次职业教育，无法满足智能制造对人才的需求，也无法适应现代职业发展的需要。2017年5月，李克强总理提出职业教育要"坚持工学结合、知行合一、德技并修，坚持培育和弘扬工匠精神，努力造就源源不断的高素质产业大军"。现代职业教育"要面向人人、面向社会，着力培养学生的职业道德、职业技能和就业创业能力"（《国家中长期教育改革和发展规划纲要（2010—2020年)》)。提高学生职业素养，与培养学生技术技能并重发展，对新形势下全面提高教育质量、扩大就业创业、提高家庭教育投资回报，更好地满足人民群众接受良好教育需求，推进经济转型升级，以及缓解不平衡的矛盾具有极其重要的意义。

本章着重探讨新形势下如何提升高等职业教育院校学生职业素养，强化学生的职业基础，加速实现向一名真正职场人的转变，做好就业准备，促进学生今后的持续发展。

第一节 职业素养概述

一、职业素养的内涵及其构成

目前，学界对职业素养还没有形成统一的概念。San Francisco 在《职业素养》一书中对职业素养的论述如下：职业素养是人类在社会活动中需要遵守的行为规范，是职业内在的要求，是一个人在职业过程中表现出的综合品质。

（一）广义和狭义的职业素养

广义的职业素养是个人完成职业活动所需条件的综合，主要包括职业能力、职业知识、职业技能、职业道德、职业意识、职业行为习惯等方面。

狭义的职业素养是指个体在完成职业活动中更加内在、本质、稳定和隐含的因素，主要包括职业精神、道德、意识和态度等方面的内容。

1. 职业道德

职业道德是指人们在职业活动中应遵循的行为准则的总和。它通过公约、守则等对职业生活中的某些方面加以规范，既是从业人员职业行为规范，又是对社会所负的道德责任和义务。"为人民服务"是社会主义道德的核心规范，是每个从业人员必须遵守的最根本的规则（图4-1）。职业道德的一般规范主要包括诚实守信、爱岗敬业、办事公道、热心服务、奉献社会等内容，是对各行各业提出的共同的职业道德规范。另外，行业具体规范是从事该行业的人员必须遵守的行业规范。

图4-1

2. 职业理想

职业理想是人们对所从事的职业和要达到的成就的向往与追求。职业理想与人的价值观与世界观、人生观密切相关，是实现个人理想和社会理想的手段，受社会理想的制约，对促进人生目标的实现有积极作用，也是个人走向成功的前提。

良好的职业理想具有以下几方面优势：能帮助学生建立职业道德意识，坚定职业价值信仰，获得一种职业准备阶段判断自己行为的明确标准；可以帮助学生增强职业学习活动的自觉性和能动性，巩固其职业意志；可以帮助学生充分认识自身的职业潜力，促进其积极的人生观在生活、学习中的支配作用，形成精神支柱和动力源泉。

3. 职业意识

职业意识是人们对职业的认识、情感和态度等心理成分的综合反映，是支配和调控全部职业行为的调节器，主要包括职业认识、职业态度、职业价值。职业认识是指人们对所从事职业的认识、意向以及所持的主要观点。职业态度具体表现为工作积极认真、有责任感，树立服务意识、诚信意识、团队意识。

4. 职业行为习惯

职业行为习惯是长期从事某项工作的工作者所固有的言谈举止、行为规范等体现出来的职业习惯。李宏飞在《职业化——21世纪第一竞争力》一书中提出，"成功者与失败者之间最大的差别在于是否有良好的行为习惯"。具体表现为：一是起码条件——职业化的言行。遵守行业和公司的行为规范，包含职业化思想、职业化语言、职业化动作等。二是重要习惯——工作有计划与总结。工作有计划与总结代表一个人最基本的职业习惯。计划意味着目标清晰，步骤明确。一个职业人要有计划地工作，并主动地进行工作回顾，才能逐步走向成功。三是关键习惯——有效地进行沟通。沟通是为了让双方相互了解，在良好的沟通中找到双方期望值的共同点、协商点，以更好地开展工作。

【案例分析】

让上司另眼相看

每个下属都希望得到上司的赏识、重用和提拔。然而，让上司另眼看待的主动权并不在上司一方，而是在下属手中。

美国肯德基在决定进入中国市场前，曾先后派遣两位执行董事到北京进行考察。第一位考察者来到北京街头，看到川流不息的人流，就回去报告说"中国市场大有潜力"，但是他被总公司以缺乏足够的证据为理由降职，调动了工作。

第二位考察者到北京后，用了三个星期的时间，在几条宽窄不同的街道上测出行人流量，然后又向1 000多个不同年龄、不同职业的人询问他们对炸鸡味道、价格以及炸鸡店堂设计方面的意见，还对北京的鸡源、油面盐菜及北京鸡的饲料进行了调查，并将样品、数据带回美国，逐一进行化学分析，打出报告表，从而得出肯德基打入北京市场有巨大商机的结论。果然，第一家北京肯德基开张不到一年就盈利250万美元。这位考察者自然得到了重用。

同样一项任务，两个人去做，工作态度、工作方法各不相同，结果也大相径庭：一个被贬，一个提升。你愿意成为哪一种类型的员工呢？

启示：每个人都渴望获得好评和赞赏，如何才能够实现呢？首先，作为下属必须吃透上司的真实意图，明确工作的具体目标，明确工作要达成的标准才能把工作做得十分出色。

有些人虽然有办事热情，但不愿动脑筋，不理解上司的真实意图，所以办起事情来难免简单从事，唯命是从，上司交代什么，就完成什么，很难赢得上司的满意。

职业化的员工在接受任务的同时，总是认真领会上司的意图，弄清此项任务的目的是什么，最终要达到什么样的标准。职业化的员工在执行任务过程中，表现出很大的主动性和创造性。其结果必然大大超出上司的预期，自然会受到好评和赞赏。

笔记区

> ◈思考1◈ 你觉得自己所学习的专业需要具备哪些职业道德？

(二) 职业素养有显性和隐性之分

显性职业素养包括职业知识、职业技能和职业能力，因职业的不同存在较大的差异性。隐性职业素养包括人需要在较长时间范围内通过内在与外在环境共同作用得以形成的职业道德、职业意识和职业态度，在不同的职业中具有共通性、基础性。

1973年麦克利兰提出"素质冰山理论"，认为员工的素质如同一座冰山，呈现在人们视野中的部分往往只有1/8，是冰山一角，而在水面以下的7/8是看不到的（图4-2）。

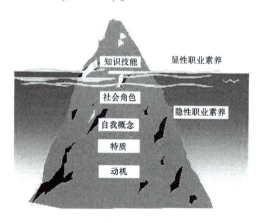

图4-2

如图4-2所示，显性职业素养属于人的外在素质，是可考量的知识和技能等露出水面的部分，可通过培训的方式养成、改变和发展。隐性职业素养则是藏在水下的部分，"埋于水面之下、起支承作用"职业素养因素属于世界观、人生观、价值观的范畴，如职业道德、职业意识、职业习惯等内在的、难以测量的部分，受外界影响不大，不易改变，影响人们职业发展的持续性和发展性。

显性与隐性职业素养是职业素养的两种表现形式，二者相辅相成，不可分离。

二、职业素养的特性

1. 客观性

职业素养是一种客观存在，源于实践，体现了实践中的各种关系，是职业活动对现实的客观反映。人类可以对职业素养的这种客观存在施以影响而不能忽视和消灭它。

2. 综合性

职业教育以职业为导向，教学过程中对学生实施职业知识、技能和态度的培养与培训，体现职业特征。个人职业素养其实是多个素养的综合体，是思想品德、科学文化、专业技能、身心等多方面的综合体现。

3. 层次性

职业素养可按不同的标准对其进行分类，可分为广义和狭义职业素养、显性和隐性职业素养，以及核心职业素养、一般职业素养等。行业、职业不同，职业素养也不尽相同，如教育行业与建筑行业的职业素养差别明显。不同层次的职业素养既相互联系又有所区别，在实践中要注意使其相互补充、相互加强，更好地促进人的发展。

4. 发展性

职业素养的形成是实践中长期锻炼和积累的结果，大致要经过初步形成、巩固深化、相对稳定等阶段。随着社会生活的变化以及经济和教育的发展，职业素养也要不断变化和发展，以适应社会的发展需要。因此，要不断提高个人的职业素养，并贯穿于职业发展的全过程。

第二节 大学生职业素养

美国心理学家爱德加·薛恩（Edger Hsehein）的职业周期理论认为，大学生的职业规划要经历成长期、幻想期、探索期、进入工作实践期和基础培训期五个阶段。因此，应该根据大学生身心发展的特点，制定大学生职业素养教育的阶段性目标。在每个阶段，对大学生进行职业素养教育，培养学生良好的职业素养。

一、大学生职业素养的内涵及其构成

大学生职业素养是指大学生为了能够胜任未来职业活动而具备的职业素养，不仅是大学生综合素质的重要组成部分和重要体现，也是大学生得以持续发展的关键因素，同时是立足社会的前提。

因为高等职业教育属于高等职业教育，具有一般大学的特点，为了便于叙述，本节中大学生职业素养主要是指高职生的职业素养。

关于大学生职业素养的构成，目前学界还没有统一的描述，缺乏系统的理论支撑。为了便于学习，本章根据高职学生的实际情况，对大学生职业素养构成部分进行了一些粗浅的分析和探索。

笔记区

刘兰明、陈蕊花提出了5D3L（五个维度三个层次）职业院校学生职业素养模型，具体包括思想道德修养（思想、道德、法纪）、职业基本修养（职业态度、职业意识、职业行为习惯）、专业技能修养（专业知识、专业技能、岗位迁移）、身心健康素养（身体状况、心理素养）、科学文化素养（科学素养、数学逻辑、文化素养）。

蔡婧提出了核心职业素养要素说：一是四项核心职业知识，包括职业礼仪知识、职业生涯规划知识、管理知识和法律知识；二是六项核心职业能力，包括沟通协作能力、自我学习能力、抗压耐挫能力、实践执行能力、环境适应能力、创新创造能力；三是五项核心职业态度，包括谦虚务实、吃苦耐劳、责任心、进取心、忠诚度。

二、加强大学生职业素养教育的意义

（一）当前社会发展的现实要求

提升职业素养、弘扬敬业精神不仅是时代的呼唤，也是现实的需要。党的十八大将"敬业"列为社会主义核心价值观的基本内容，要求人们要尊重劳动，树立劳动神圣、工作神圣、创造神圣的基本信条，精益求精、勤奋执着，干一行、爱一行、专一行，成为行家里手。

大学生职业素养已成为大学生就业质量及未来发展的关键因素。据有关统计，目前企业对大学毕业生评价指标中，对企业相关法规、职业道德和工作态度以及企业文化的认知满意度仅为20%～40%。当前，单纯以提高学生知识技能而忽视职业素养培养的低层次职业教育，无法满足现代职业发展对人才的需求。

《国家中长期教育改革和发展规划纲要（2010—2020年）》中提出，职业教育要面向人人、面向社会，着力培养学生的职业道德、职业技能和就业创业能力。

高等职业教育是"培养面向企业生产、建设、服务、管理第一线的高素质技能型专门人才"。加强学生的职业素养培养已成为当前高职人才培养和教学改革的重要目标与方向，是我国经济社会和职业教育发展的迫切需要。《高等职业教育创新发展行动计划（2015—2018年）》要求，加强以职业道德培养和职业素质养成为特点的高等职业教育学生思想政治教育工作，着力培养既掌握熟练技术，又坚守职业精神的技术技能人才。

【案例分析】

热爱自己的每一份工作

贝莉在一家豪华饭店就职，经理分配她到洗手间工作，这让她心中很难过。因为在当时的她看来，洗手间工作低人一等。工作一段时间之后，贝莉认识到自己的工作是酒店不可缺少的一部分，酒店的每份工作都关系到酒店的服务质量、整体形象及声誉,而且工作没有高低贵贱之分。

因此,她改变了工作态度,认真工作,热情周到地为每一位客人服务。许多客人对她的热情服务赞不绝口,很快贝莉便被誉为酒店服务人员的榜样。她出色的工作表现也为酒店赢得了更多的客人,不久贝莉得到了酒店管理者的认可,被提升为客户服务部经理,从此开始了她新的事业与人生。

启示:没有卑微的工作,只有卑微的工作态度,而工作态度完全取决于我们自己。

尽职尽责,忠于职守,热爱自己的工作,认真负责地对待手中的每一项工作,这才是企业真正需要的人才,这样的人才理所当然会得到企业的认可,当企业需要为更高职位选拔人才时,他们自然能获得升迁。

热爱自己的工作,这是做好工作的基本前提。

(二)提高国际竞争力的需要

纵观当今世界,一些经济发达、国力强盛的国家背后都有较高的职业素养和敬业精神为其提供强大的精神支撑。这种精神已经成为广大民众的内在价值观,融入整个民族的血液中。有学者指出"日本人的顽强意识、危机意识、吃苦耐劳意识以及进取不息的精神,美国人的主体意识、独立思考和创业意识以及注重个性与竞争的意识,德国人的认真严谨、精益求精的态度,新加坡人向上向善、凝聚、奋斗以及追求繁荣昌盛的整体意识等良好的敬业精神,都在这些国家和民族发展中发挥了重要作用。正是有了各具特色的'精神',这些民族才以崭新的姿态在世界上占据了重要位置,并且在激烈的国际竞争中立于不败之地"。

如果劳动者道德素养和责任感不强,劳动积极性和主动性不高,就会制约生产力的发展。现代职业教育必须走培养学生职业素养与发展学生技能并重发展的路子,才能培养出大量高素质技术技能人才,解决就业难和招工难等大量民生问题,才能提高社会的认可度,促进职业教育的健康发展。大批的高素养人才走向社会,可带动整个行业或者产业的风气的提高,满足经济转型升级的需要,促进社会和谐发展。

(三)个体自我发展的前提

"德者才之王,才者德之奴。"培养具备良好职业能力的人才是我们的基本目标,培养德才兼备的人才则是教育的终极目标。

良好的职业素养是衡量一个职业人成熟度的重要指标,是一个人职

笔记区

业生涯成败的关键因素。吴甘霖在《一生成就看职商》一书中，总结了比尔·盖茨、李嘉诚、牛根生等著名人物以及许多职场人士的成败得失，并得出结论：（一个人）在职场要成功，最关键的并不在于他的能力与专业知识，而在于他所具有的职业素养。

职业素养教育促进学生的自身完善和发展，使学生形成高尚的职业道德和健康的心理品质，帮助学生树立远大的职业目标和职业理想，同时可以帮助学生认清自己的使命和责任，增强学生的主体意识。

隐性职业素养具有调节和主导功能，如职业意识、责任感等可以制约职业能力的发展。在相同硬件设施和技术的条件下，我国产品的质量整体不高。劳动者职业素养不高，缺乏责任意识是其主因之一。下面一则故事说明了这个问题：德国某汽车公司在中国开厂，发现生产的汽车中，发动机多数不合格。对其设备、零配件、生产线进行检查，都没有发现问题，这令德国专家疑惑不解。有一天他在生产车间巡视，无意中看到了工人的操作，并发现问题所在。按操作规程，安装发动机螺丝时要先拧五圈，后再回半圈。可工人只拧了四圈半，问其原因，工人说：拧五圈再退半圈不就是四圈半吗？为什么那么麻烦？

> **∽思考2∽**　阅读上述小故事，你认为员工们缺乏哪些职业素养？
>
>

（四）促进企业发展的必然选择

企业的竞争归根结底是人才的竞争。著名主持人白岩松曾说："人品是最高的学位，德与才的统一才是真正的智慧，真正的人才。"职场中德才兼备者必受青睐。实践证明，具备良好职业素养的劳动者拥有高度责任感和工作积极性，会主动地学习技术知识，自觉地提高技能，积极参与工艺革新，敢于采用新技术，勇于走创新之路。

"有德有才者重用，有德无才者育用，有才无德者慎用，无才无德者弃用"，"德"（职业素养）在职场中的重要地位不言而喻。具备良好职业素养的毕业生离开学校，走向社会，走进企业，他们良好的职业素养、责任意识、职业精神等会为企业注入新的活力，无形中影响着其他员工，进而产生鲇鱼效应和连锁效应，能更好地带动企业新老员工，调动其积极性，创造出更好的经济效益，丰富和提升企业文化，提高企业的竞争力，促进企业的发展。

三、大学生职业素养现状及其缺失的主要原因

(一) 大学生职业素养的现状

当前大学生职业素养的缺失主要体现在：价值观偏差，事业心不强，对企业忠诚度不够高、责任心缺失，吃苦耐劳精神不强、缺乏沟通合作能力和团队精神不足。企业管理者对大学生不良职业素养调查结果，如表4-1所示。

表4-1 大学生不良职业素养

排序	大学生不良职业素养	占比/%
1	随意毁约，违背诚信	70.6
2	工作态度散漫，做事没精神，稳定性差	63.1
3	不求上进，糊弄工作，得过且过	59.4
4	自私，缺乏良性竞争意识	57.6
5	以自我为中心，不尊重上司，不尊重同事和客户	56.0
6	不守时	54.0
7	办事拖拉，易推诿找借口	53.7
8	功利性强，拜金，希望快速致富	52.9
9	随意泄露公司商业秘密	48.8
10	无法与他人交往，不懂交往，不善交往	48.1
11	言行粗鲁，不懂事，不成熟	45.1
12	情绪波动，承受能力差，心理脆弱	43.5

> **∞思考3∞** 快乐猪们认为自己有上述哪些不良因素？需要如何改进？
>
>

(二) 大学生职业素养缺失的主要原因

1. 学习无目的、无动力

职业意识淡薄，缺乏职业生涯规划，个人兴趣与职业选择不匹配，缺少竞争意识，甚至有很多学生和家长依赖学校来"分配工作"。

2. 校企对学生的职业素养要求有偏差

企业对一线岗位的职业素养要求更加注重安全意识、规范意识、责任意识，而学校却注重培养学生的创新能力、团队精神。

笔记区

3. 重技能培养，轻职业素养

在实际教学中混淆学生的专业技能与职业素养，只重视培养学生的某种专业技能，容易忽视学生职业素养的提升；注重以专业课程为重点的教学改革，容易忽视职业素养培养体系建设。

4. 职业素养课程薄弱，师资良莠不齐

目前，高职院校大多开设就业指导、职业生涯规划等职业指导课程，但是容易忽视对学生职业素养的训练。职业素养课"三缺"，即缺教材、缺教师、缺考核。师资良莠不齐，缺乏相应的专业知识和系统的培训，仅凭有限的个人经验或者经历进行职业指导。

5. 校园职业文化建设不到位

学校偏重基础设施建设和场地建设，偏重校园环境美化等，忽略了校园职业文化的营造，缺乏培养学生职业素养的良好环境。

【案例分析】

在平凡的岗位上成就不凡

石油大王洛克菲勒年少时曾在石油公司工作。因为他既没有很高的学历，也没有精深的专业技术，只能被派去检查石油罐盖有没有自动焊接好。这是整个公司最简单、最枯燥的工作，同事戏称连3岁孩子都能做。

洛克菲勒的工作就是每天看着焊接剂自动滴下，沿着罐盖转一圈，再看着焊接好的罐盖被传送带送走。这样工作了半个月后，洛克菲勒忍无可忍，他找到主管申请改换其他工种，却被回绝了。无计可施的洛克菲勒只好重新回到焊接机旁。这时，他换了一个角度重新审视自己的工作，并下定决心：既然要做就一定要把工作任务完成好。

洛克菲勒开始认真观察罐盖的焊接质量，并仔细研究焊接剂的滴速与滴量。经过一段时间的仔细观察和研究，他发现当时每焊接好一个罐盖，焊接剂要滴落39滴，而经过周密计算，结果实际只要38滴焊接剂就可以将罐盖完全焊接好。经过反复测试、试验，最后洛克菲勒终于研制出"38滴型"焊接机。就这一罐节省一滴焊接剂，一年就能为公司节约5亿美元的开支！年轻的洛克菲勒就此迈出了走向成功的第一步。

启示：海尔集团总裁张瑞敏说："什么叫作不简单？能够把简单的事情天天做好，就是不简单；什么叫作不平凡？大家公认的、非常平凡的事情，非常认真地做好它，就是不平凡。"

唯有用心，才能够把平凡的事情做得不平凡！积极思考，用心工作，学会创造性地工作，那么终将成就不平凡！

四、新形势下大学生职业素养

(一)"中国制造2025"背景分析

2015年5月我国实施制造强国战略《中国制造2025》,这是我国第一个十年行动纲领,旨在提高我国制造业国际化发展水平,增强国际竞争力,实现四个转变:中国制造向中国创造的转变,中国速度向中国质量的转变,中国产品向中国品牌的转变,制造大国向制造强国的转变。

当今世界经济暗潮涌动,新一轮科技革命正在兴起,新一轮信息技术与工业制造深度融合,极大地推动了"智能化"新工业时代的到来,大量新的生产方式、产业形态、商业模式和经济增长点应运而生。全球产业竞争加剧,国际产业分工格局面临重大调整。我国制造业面临发达国家的"双向挤压"。发达国家提出实施"再工业化"战略,如德国的"工业4.0"计划、美国的"再工业化战略"、英国的"重振制造业战略"、法国的"工业振兴规划"、日本的"再兴战略",以及韩国的"新增动力战略"。一些发展中国家也要求参加全球产业再分工,逐步拓展国际市场空间,这为我国制造业转型升级、创新发展迎来重大机遇和严峻挑战。

我国是世界第一制造大国,2010年中国制造业占全球制造业的比重达19.8%,高于美国的19.4%。但是我们也要清醒地看到,与世界制造强国相比,中国制造还存在较大差距,主要表现在:我国经济发展进入新常态,受资源环境、劳动力成本上升、投资出口放缓等因素的影响,调整结构、转型升级、提质增效已势在必行。我国制造业已取得巨大成就,但是"大而不强",如自主创新能力弱,产品档次不高,环境污染问题较为严重,产业结构不合理,高端装备制造业和生产性服务业发展滞后,信息化与工业化融合深度不够,产业国际化程度不高,企业全球化经营能力不足。

(二)"中国制造2025"要义

1. 主要内容

以促进制造业创新发展为主题,以提质增效为中心,以加快新一代信息技术与制造业深度融合为主线,以推进智能制造为主攻方向,以满足经济社会发展和国防建设对重大技术装备的需求为目标,强化工业基础能力,提高综合集成水平,完善多层次多类型人才培养体系,促进产业转型升级,培育有中国特色的制造文化。

2. 五个方针

(1) 创新驱动。坚持把创新摆在核心位置,完善制度环境,推动跨领域跨行业协同创新,突破一批重点领域关键共性技术,促进制造业数字化、网络化、智能化,走创新驱动的发展道路。

(2) 质量为先。坚持把质量作为建设制造强国的生命线,强化企业质量主体责任,加强质量技术攻关、自主品牌培育。建设法规标准体系、质量监管体系、先进质量文化，营造诚信经营的市场环境，走以质取胜的发展道路。

（3）绿色发展。坚持把可持续发展作为建设制造强国的重要着力点，全面推行清洁生产。发展循环经济，构建绿色制造体系，走生态文明的发展道路。

（4）结构优化。坚持把结构调整作为关键环节，大力发展先进制造业，改造提升传统产业，推动生产型制造向服务型制造转变。培育一批具有核心竞争力的产业集群和企业群体，走提质增效的发展道路。

（5）人才为本。坚持把人才作为建设制造强国的根本，建立健全科学合理的选人、用人、育人机制，加快培养急需的专业技术人才、经营管理人才、技能人才。营造大众创业、万众创新的氛围，建设一支素质优良、结构合理的制造业人才队伍，走人才引领的发展道路。

3. "三步走"战略目标

一是力争用十年时间迈入制造强国行列；到 2020 年，基本实现工业化。到 2025 年，制造业整体素质大幅度提升，创新能力显著增强，全员劳动生产率明显提高，"两化"（工业化和信息化）融合迈上新台阶。

二是到 2035 年，制造业整体达到世界制造强国阵营中等水平，全面实现工业化。

三是中华人民共和国成立 100 周年时，制造业大国地位更加巩固，综合实力进入世界制造强国前列，建成全球领先的技术体系和产业体系。

4. 九项战略任务

九项战略任务是：一是提高国家制造业创新能力；二是推进信息化与工业化深度融合；三是强化工业基础能力；四是加强质量品牌建设；五是全面推行绿色制造；六是大力推动重点领域突破发展；七是深入推进制造业结构调整；八是积极发展服务型制造和生产性服务业；九是提高制造业国际化发展水平。

5. 十大重点领域

十大重点领域包括：新一代信息技术、高档数控机床和机器人、航空航天装备、海洋工程装备及高技术传播、先进轨道交通装备、节能与新能源汽车、电力装备、农机装备、新材料、生物医药及高性能医疗设备。

(三)"中国制造2025"对职业素养的需求

许多国家把发展高质量、终身化、创新性的职业教育，以及建立一流的技能体系，作为应对挑战最重要的策略。

欧盟在《欧洲 2020 战略》中提出，通过在整个生命圈内发展个体的技能，实现在经济社会发展中的更有效匹配。英国制定了《新挑战、新机会——继续教育和技能体系改革计划：建立世界一流的技能体系》，提出要在 2020 年实现世界一流技能体系的工作目标。美国于 2009 年和 2012 年分别发布了《技能战略：确保美国工人和行业形成具有竞争力的技能》《投资美国的未来：生涯和技术改革蓝图》，提出对职业教育进行投资是对未来长期经济发展进行投资的重要部分，是增强美国经济竞争力的关键因素。澳大利亚于2011年发布了《为了繁荣的技能——澳大利亚职业教育与培训路线图》，提出把提高全社会的技能水平作为经济社会繁荣的重要驱动力。德国发布《职业教育与培训现代化和结构完善指南》，提出促使职业教育与培训结构进一步完善，以有效应对新的人口、经济、科技及国际发展挑战。韩国于2009年发布《2020年目标：全民职业教育》，提出为了实现"先进韩国"目标，建设工作-学习-生活归一的教育体系。

刘占山认为，"发达国家高度重视发展职业教育的战略主要集中在三个方面：第一，建设开放、灵活、层次完善的职业教育与培训体系是各国打造技能强国战略的核心内容；第二，把面向全民的技能培养作为经济社会发展的重要任务；第三，把加强多方合作伙伴关系，以及提高人才培养的社会适应性作为改革的重点举措。从整体上看，这些国家正在引导和推动职业教育从传统模式向现代模式转型"。

为此，我们要加快构建支撑制造强国战略的人才培养体系，加快培养制造业发展急需的专业技术人才、经营管理人才、技能人才，建设规模宏大、结构合理、素质优良的制造业人才队伍。其中的关键是让现代职业教育成为助推"中国制造2025"的利器。[①]

"中国制造2025"是工业化与信息化的深度融合，核心是制造业创新驱动、转型升级迈向中高端；生产手段智能化、生产方式绿色化、生产组织扁平化、资源配置全球化和发展格局全球化等是第四次世界工业革命的主要特征。其重要变革在于：科技创新、智能制造、品牌质量、绿色制造和制造业的服务化等，在很多方面相对传统制造业是颠覆性创新[②]。

刘占山认为产业升级必然带来人才需求结构的变化。低科技含量的传统产业部门与业态将被高科技含量的新兴产业部门与业态所替代，这个过程中需要大量科学研究人才和创新创业型人才作为支撑；在价值链低端聚集的产业将向"制造业微笑曲线"两端攀升，这个过程需要大量技术研发和营销管理类人才作为支撑；制造环节将注重用精细化生产和流程优化提升加工制造的品质，这个过程需要大量的现场工程师和技术技能人才作为支撑。

世界银行的资料表明，到2025年，欧洲高技能工人的比例将由目前占技能人才总量的31%增加到38%，低技能工人将从目前的22%降至14%；美国也具有同样的变化趋势，到2025年，大部分就业机会的增长主要集中在商业和服务业领域，并且都需要高技能资质。而我国有关研究也指出，我国工业化进程完成之后，在普及高中阶段教育、高等教育

---

① 翟帆，产教融合，共铸制造强国利器［N］.中国教育报，2016年8月2日.
② 胡迟."十二五"时期制造业转型升级成效分析与对策［J］.经济纵横，2015（6）.

笔记区

进入大众化阶段的背景下，人力资本积累将进入高等教育驱动阶段，并向终身教育驱动阶段迈进。"我国职业教育的发展重心，要向高中后职业教育转移。"①

周明认为随着产业升级，未来从事简单重复性劳动的低端人才将大幅度减少，而生产服务业、电子信息产业将容纳大量的就业人员。

"未来对技术技能型人才的复合性要求越来越高，软件编程、CAD软件应用等将成为必备的技术技能，同时还要具备较强的创新意识和较强的学习能力。"

总趋势是从事简单重复的岗位和具备简单技术的劳动者将会被知识型技术技能劳动者与智能机械设备逐步替代；具备较高综合素养且跨学科、一专多能、有一定国际视野的劳动者将备受青睐。因此，在此背景下，对职业素养的要求将越来越高，其作用日益凸显，呈现出新的特征。

（四）"创新驱动"需要创新精神

"中国制造 2025"强调"创新"在驱动现代制造业中的重要作用，并指出要坚持把创新摆在制造业发展全局的核心位置。我国大部分工业制造缺乏核心技术。核心基础零部件、关键基础材料、先进基础工艺等主要依赖进口，"中国制造"面临"缺芯少魂"的局面。例如，高档工程机械的液压件、乘用汽车的自动变速器、高速列车的自动制动装置、机器人的 RV 齿轮减速器、风电装备的密封件等基本上依赖进口①。

在"大众创业、万众创新"的今天，这就需要未来的人才适应时代需要，具有较强的创新素养和创新设计能力，具备关键核心技术的研发能力，走创新驱动的发展之路。

（五）"智能制造"和"高端制造"需要智慧品质

"中国制造 2025"强调加快推进现代信息技术与制造业的深度融合，将"智能制造"作为二者融合的主攻方向，应着力发展智能装备和智能产品，推进生产过程智能化，培育新型生产方式，全面提升企业研发、生产、管理和服务的智能化水平。

坚持结构调整，推动传统制造业的优化升级，向中高端产业迈进，进一步优化制造业布局；要大力推进十大重点领域的突破发展。

随着新技术的发展，新的生产方式、产业形态层出不穷。要求技能技术人才要具备很强的适应性，具备"即插即用"能力，面对高新技术和设备，能够短时间内读懂并掌握设备说明书和高新技术文件，具有灵活驾驭高集成化设备的应用能力，能够准确应用相关技术技能提高工作效率，逐渐立足于新职业。

具有在职业链上的职业迁移能力。"智能制造"和"高端制造"使工作模式、生产过程整体性，以及生产组织扁平化和团队化。技术技能人才需要了解研发与生产的全过程，熟悉全产业链的相关知识。因此，

---

① 苗圩. 大力实施中国制造 2025 加快推进制造强国建设[J]. 党委中心组学习，2015（3）.

要具备跨学科、跨专业的技术知识和工作能力，以及较强的组织管理、社交沟通协作等复合型能力。

（六）"绿色制造"需要绿色素养

"中国制造2025"要坚持把可持续发展作为建设制造强国的重要着力点，加大先进节能环保技术、工艺和装备的研发力度，加快制造业绿色改造升级；积极推行低碳化、循环化和集约化，提高制造业资源利用效率；强化产品全生命周期绿色管理，努力构建高效、清洁、低碳、循环的绿色制造。

因此，技术技能型人才要具备较强的生态伦理、环保意识、绿色意识，培养绿色技能，参与绿色制造，推动绿色制造。

（七）"品牌制造"和"以质取胜"需要工匠精神

"中国制造2025"要求坚持把质量作为建设制造强国的生命线，营造品牌文化，走以质取胜的发展道路，打造一批特色鲜明、竞争力强、市场信誉良好的产业集群区域品牌，树立中国制造品牌的良好形象。

质量是企业的生命，品牌是企业的灵魂。我国产品质量整体水平不高，缺乏世界品牌，质量品牌建设滞后。在某些国家和地区"中国制造"成为低端产品的代名词。制造业每年直接质量损失超过2 000亿元，间接损失超过万亿元。我国通用零件的产品寿命一般为国外同类产品的30%~60%，模具产品使用寿命较国外低30%~50%。很多企业宁愿花3倍的价格从国外进口，也不愿使用国产零部件。由于产品质量整体不高，所以经常出现海外抢购和代购的现象。我国消费者出国购买的商品已经从皮具、腕表、珠宝等奢侈品，扩展到化妆品、马桶盖，甚至奶粉、药品、牙膏等日常生活用品[1]。

当前我国大部分工业缺乏品牌优势，是典型的产品大国、品牌小国。例如，2016年全球最具价值的十大品牌中，美国占8家。苹果公司的品牌价值为1 459亿元，谷歌为942亿元。

走以质取胜，打造中国品牌之路，不仅需要技能技术人才掌握高端技术，还需要他们具有刻苦钻研、精益求精、追求卓越的工匠精神，同时通晓国际质量安全标准，树立品牌至上的理念，能够创造具有自主知识产权的名牌产品。

（八）"引进来、走出去"战略需要跨文化素养

"中国制造2025"不但立足国内，还放眼全球，坚持扩大开放，要求加强产业全球布局和国际交流合作，实施引进来与走出去战略，落实"一带一路"倡议部署，加快与周边国家的产业合作，支持企业走出国门，参与国际竞争，引导企业融入当地文化。这就要求技能技术人才具备较强的涉外能力，通晓国际规则、国际标准，具有国际技术水平、适

---

[1] 苗圩. 大力实施中国制造2025 加快推进制造强国建设[J]. 党委中心组学习, 2015 (3).

笔记区

应跨文化流动的国际化职业素养。

德国教育家洪堡指出，一个全面发展的人不只是"掌握了丰富的知识"，更不只是"一台在某个狭窄领域中精准工作的机器"，而是一件"艺术品"。作为现代制造业岗位中的职业人，要全面地参与职业世界、适应工作岗位的不断变化，必须具有聪颖的智慧和灵活的创新能力；要深度感知职业世界及其与人类的关系，必须具备生态观照的伦理素养；要追求卓越的职业世界、提高产品的世界影响力，必须具备高端的技术品格和负责任的职业态度，这就是职业教育应培养的"艺术品格"。

第三节 大学生职业素养提升路径和方法

2015年7月颁布的《教育部关于深化职业教育教学改革 全面提高人才培养质量的若干意见》提出，职业教育要以增强学生就业创业能力为核心，加强思想道德、人文素养和技术技能培养，要以服务发展为宗旨，关注学生职业生涯和可持续发展的需要。

一、大学生职业素养提升路径

（一）以社会主流文化为主线

中华民族历史文化传统和社会主义时代精神内涵为大学生职业素养提供了丰富的给养。职业素养必须与时俱进地紧贴社会主流文化，以社会主义核心价值观为核心，弘扬劳动光荣、技能宝贵、创造伟大的时代精神。

20世纪初我国的职教先驱就已经提出了德技双修、以德为先的思想，有着非常现实的指导意义。

张謇提出了"首重道德，次则学术""学术不可不精，而道德尤不可不讲""德行必兼艺而重"的思想①。

中国近现代职业教育的奠基人黄炎培（1878—1965年）提出，"职业教育，将使受教育者各得一技之长……同时更注意于共同之大目标，即养成青年自求知识之能力、巩固之意志、优美之感情，不唯以应用于职业，且能进而协助社会、国家，为其健全优良之分子也"。他还提出了"灵肉双修"主义的总教育方针，即"一面注重职业的智能训练，一面注重公民道德、服务道德和民族精神的培养"②。

黄炎培认为还要培养学生"敬业乐群"的职业道德。"对所习之职业具嗜好心，所任之事业具责任心"谓之"敬业"，"具优美和乐之情操及共同协作精神"谓之"乐群"。

《〈国家中长期教育改革和发展规划纲要〉职业教育专题规划》

---

① 曹从坡，杨桐．张謇全集（第4卷）[M]．南京：江苏古籍出版社，1994．
② 江问渔．中华职业教育社二十周年纪念感言[J]．教育与职业，1937（6）：433-436．

（2010—2020年）中明确提出，职业院校要……将社会主义核心价值观融入职业教育全过程，突出以诚信敬业和社会责任感为重点的职业道德教育。职业教育应该按照各行各业的具体职业道德规范特点和要求，加强学生的职业道德意识教育、加强职业道德规范教育、加强职业道德行为引导教育，使学生具备一定的职业道德素养，能自觉遵守职业规范，实现未来的职业发展。

（二）融入工匠精神教育

工匠精神是工匠长期工作过程中形成的一种高贵品质，以及高水平职业素养的重要体现，现在已经被赋予了新的内涵，具体表述为："精于工、匠于心、品于行、化于文。"

精于工，它是一种坚持和执着的精神，即对产品精雕细琢，对工作精益求精，把事情做到极致，终生就做这一件事情。

匠于心，它是一种创新。工匠们要善于将经验技艺与先进科技相结合，积极推陈出新，勇于攻坚克难，敢于在探索中不断进步。

品于行，它是一种品行。就是在平凡的岗位上，吃苦耐劳、勤勤恳恳、尽力尽职，努力提高生产中工艺精细化水平。工匠精神外化到行为层面，主要表现为对工艺的用心钻研、及时反思、反复改进、总结升华，提升产品质量。

化于文，它是一种文化。当前国家大力提倡工匠精神，就是要让工匠精神在全社会受到爱戴与尊崇，让精益求精的精神成为社会发展的准则。工匠精神上升到社会层面，会使企业经济效益和社会效益整体提升，形成良性竞争，推动社会可持续发展[1]。

工匠精神本质上属于态度和价值观教育，与社会主义核心价值观中"敬业"是一致的。因此，学校坚持把工匠精神融入学生教育培养的过程中，将社会主义核心价值观与工匠精神有机结合，在潜移默化中对学生开展教育，帮助学生树立崇高的职业理想和正确的职业态度。

【案例分析】

两个抄写员的故事

黎锦熙是我国著名的国学大师，民国时期他曾在湖南办报，当时帮他誊写文稿的有三人。

第一个抄写员沉默寡言，只是老老实实地抄写文稿，错字别字也照抄不误，后来这个人一直默默无闻。

第二个抄写员则非常认真，对每份文稿都进行认真仔细的检查，然后才抄写，遇到错字、病句都要改正过来。后来，这个抄写员写了一首歌词，经聂耳谱曲后命名为《义勇军进行曲》。他就是田汉。

---

[1] 王靖高.关于高职院校培育工匠精神的几点思考［J］.职业技术教育，2016（36）：62-64.

笔记区

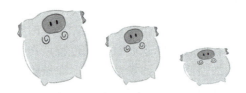

启示：工作有四个层次。

平平庸庸，浑浑噩噩，经常出错；

老老实实，按部就班，不越雷池；

认认真真，全力以赴，积极工作；

用心思考，深思熟虑，有强烈的创造欲望和自信心。

这是四个层次的工作和人生态度。不同的态度，自然就会有不同的人生。

(三) 日常行为养成职业素养

(1) 日常行为养成职业基本素养。结合学生的实际和专业特点，组织建设好班集体，做好个别教育工作，培养良好的班风、学风；促进学生全面发展；发挥学生的主动性、创造性，培养学生自我教育、自我管理能力。

在学生日常管理活动中，引进企业的管理模式，如把"5S管理模式"应用于学生日常学习和生活管理，要求学生把自己的各种物品分为有用和无用物品，将无用物品清除出现场。把整理后的物品依规定摆放整齐，明确标示。

(2) 开展活动，发挥团体性教育作用。要开展形式多样的教育活动，积极开展适合学生特点、喜闻乐见、健康有益的活动，充分发挥学生自我教育、自我管理、自我服务的德育作用。

积极开展团队素质训练、模拟职业面试、技术创新竞赛、创业竞赛等渗透企业文化元素的活动，营造学本领、练技术的浓厚氛围，让学生在校园文化中接受职业素养的熏陶。

(3) 要密切联系家长，充分利用家长、用人单位、行业及社区等各种教育资源对学生进行教育。家庭对学生行为习惯的培养和形成、个性的发展有重要影响。学校要通过家访、家长会、家长接待日、开展家庭教育咨询等多种方式，与家长密切联系，改进家庭教育的方法。

(四) 课程教育渗透职业素养

开设职业指导课程，设为各专业学生必修课，对学生进行思想政治教育、法制教育、职业道德和职业指导教育、创业教育及心理健康教育。

其他课程应结合职业特点和专业发展的需要，充分发掘本课程蕴含的职业素养因素，有机地渗透职业素养因素，对学生进行职业理想、职业意识、职业道德与创业精神教育。例如，在专业课程教学中通过分组竞争活动培养学生的合作精神，在学业上培养学生的敬业精神，学生衣着整洁，注重礼仪等，让学生养成守纪和举止文明的良好习惯。同时，还应开展人文素养教育，积极开设美育、音乐、文学、书法等选修课程，或通过社团等形式丰富发展校园文化生活，促进学生在德智体方面的全面发展。

（五）实训实践体验职业教育

实训、实习是强化学生职业技能、提高综合职业能力和职业素养的重要教学环节，也是培养学生职业素养的重要途径。实训为学生提供了认识职业的要求；学生在实践中获得关于职业素养的感性认识，经过反复积累，上升到理性认识，形成较为系统的职业素养。

实训、实习过程中，加强对学生进行品德教育、纪律教育、法制教育和岗位职业道德规范教育及其养成训练。

实训室要尽量模仿现实车间，实行严格的工作管理制度。在仿真的职业环境中，让学生"身临其境"，接受训练和熏陶。例如，要求穿工作服，佩戴胸卡，打卡上下班。设置"主管""班组长""技术员""工艺员""安全员"等工作岗位。每天上班前，"车间主任"把"班组长"召集起来，布置当天的"工作"任务。要对车间内的"员工"进行每天例行的"班前三分钟安全教育"。工作开始后，"技术员""工艺员"巡回指导。每天实训结束后，"班组长"要对当天的生产情况进行总结。

（六）产教融合升华职业素养

在职业素养的培育过程中，学生需要进入企业了解生产和管理，"产教融合，校企合作育人"是一个非常好的途径。目前的工学结合、现代学徒制等人才培养模式，采用工学交替、实岗培养等手段，让学生参与到企业的真实生产中。学生进入企业后，可以零距离感受企业生产的氛围，感受企业有形的规章制度、运作流程、岗位职责，以及对员工在职业素养方面的要求，使学生能够主动加强自身的责任意识和团队意识，提升自己的职业素养，转化为实际的职业习惯。

加强校园文化建设，营造职业氛围。校园文化建设融入产业元素、行业元素、职业元素，体现专业特色和工匠精神。例如，布置国内外知名企业家寄语、优秀毕业生图片、灯箱等，突出先进的企业理念、管理规范、行业质量标准、专业的特点等内容宣传。

运用"互联网+"的思维，通过校园网站、微信、电子校报等网络方式，经常性地展示优秀案例，可开设网上专题栏目互动讨论交流。要根据专业实际，邀请相关行业、企业专家，共同深入研讨不同专业职业素养培育的着力点，探索相关要求和措施，制定相应的职业素养实施办法。

事实证明，只有真正有效地推进"产教融合，校企合作"的制度，才能让学生深刻理解和了解企业的生产、管理、企业文化的重要性与必要性，成为学生未来提升其职业素养的动力。

笔记区

笔记区

（七）自我教育，提升个人修养

提升大学生职业素养是一个自我提高和完善的过程，是一个批判自我、挑战自我、超越自我的过程。应充分尊重学生的主体地位，在教育者引导下充分调动自我教育的主动性，使其通过自我教育实现自我发展和提升，引导受学生积极参与职业素养的学习和实践，正确地认识自我，恰当地评价自我，科学地设计自我，形成自我教育能力。

【案例分析】

勇敢面对

海上台风来袭时，海浪往往像铜墙铁壁，从很远的地方冲过来，气势夺人，令人恐惧。有一位经验丰富的船长对刚到船上工作的新水手说道："航海几十年，我经历过很多危险，尤其是遇到台风。有一次，差点把命送掉，当时有三条路可以选择：第一条路就是掉转船头逃走，但是行不通，因为台风的风速比任何轮船都跑得快，一下子就追上来了；第二条路则是右转或左转以避开台风，也不行，因为一转弯，船的受风面积就会增大，风一吹，船就容易翻倒；第三条路就是关紧门窗，加足马力，全速对准风向的位置冲过去，因为台风风势最强的地方，就是距离最短的地方，唯有如此，才能有机会脱离台风的威胁。事实证明，我们战胜了台风。"

启示：勇气和智慧是战胜困难并且最终获得成功的两大因素。有勇气，则不慌乱；有智慧，则能找到克敌制胜的方法。面对困难，我们首先要有勇气。不经历风雨，哪能见彩虹，没有谁能够轻轻松松地获得成功。面对困难，我们更需要智慧。讲勇气不是蛮干，勇气不是不计后果，不是随心所欲，更不是主观武断，独断专行，胆大妄为。常言道："大智才能大勇。"真正的勇气来自真正的智慧，真正的勇气来自对情况的熟悉了解和科学的分析判断。

二、职业素养培养方法

（一）榜样示范法

榜样示范法也称为典型示范法，是指通过典型意义的人或事的示范引导、警示警戒作用引导受教育者提高思想认识，以及规范自身行为的方法。榜样要有可学性、易辨识性、权威性、有吸引力等基本特征，以便于理解和效法。

恰当的榜样会打动人心，产生良好的效果。榜样要先进而真实，避免拔高和夸大。尽可能让先进人物现身说法，要恰当地运用正反两方面典型开展教育。例如，邀请企业的优秀员工、优秀校友和社会成功人士给学生作励志创业报告，以他们自身的经历为学生灌输爱岗敬业、乐于奉献的正能量。

（二）咨询辅导法

咨询辅导法是指教育者运用相关知识和咨询指导的专门技术，通过语言、文字等形式与受教育者进行沟通交流，对其思想、心理和行为等给予帮助、启发与引导的方法。此方法的本质是疏导，以引导和帮助受教育者自主地做出判断与选择，从而促进受教育者的健康成长。

清华大学的樊富珉教授认为，中国有69%~80%的大学生对未来职业没有规划、就业时容易感到压力。

根据学生身心发展的特点和职业发展的需要，针对成长、学习、生活和求职就业等方面的实际需要进行教学、咨询、辅导和援助，可以提高全体学生的心理素质和心理健康水平。

职业指导是职业学校德育的重要途径。通过加强职业意识、职业理想、职业纪律和创业教育，引导学生树立正确的择业观，养成良好的职业道德行为，掌握择业技巧。

（三）情感陶冶法

让学生在富有情感色彩的情境中，自然地受到感染和熏陶，产生积极的心理体验，从而产生积极的行为倾向。

情感陶冶法使用以下方法：恰当表扬和批评能够使学生产生愉悦或羞耻的情绪，从而促进思考；利用优秀的文学艺术作品，如诗歌、散文、小说、电影、绘画、音乐等引发情感共鸣；美化环境，在整洁、和谐的氛围中接受熏陶。

（四）行为矫正法

行为矫正法的基本理论是人的不良行为是通过学习而来的，为此也可以通过学习而消除或减轻，主要做法是厌恶疗法。厌恶疗法就是通过合适的不愉快刺激或惩罚性刺激，与要戒除的不良行为结合在一起，以戒除不良行为。行为矫正法在使用过程中需要注意以下几个要点：最终要达到的目标，实现目标所需要塑造的行为，设定好步骤和阶段目标，确定有效的目标强化物。

（五）行为训练法

行为训练法是一种让学生在日常学习、生活和工作中履行职业道德规范，经受锻炼，并形成职业素养的方法。具有符合职业道德规范的行为是良好职业素养形成的重要的标志。

1. 组织活动

通过组织以培养职业素养为主的活动，让学生扮演一定的角色，这

笔记区

样他们可以更好地认识角色的职业规范，感受角色的职业价值，从而实施角色的职业活动。

2. 行为规范

将学生的日常行为纳入职业素养的范畴，使其按照职业素养的要求做事学习等，从而认识自己的言行，自觉控制个人行为，并且使之符合职业素养的要求。

3. 评价考核

采用表扬、批评或奖惩等评价方法，按照一定的标准评定学生在活动中的职业素养，及时、客观、中肯地帮助学生认识自己的优点和缺点。

（六）自我修养

本章所探讨的职业素养方面的自我修养是指学生在教育者引导下进行的自我教育、自我陶冶、自我改造、自我提高和完善的过程，是不断克服错误的过程，是批判自我、挑战自我、超越自我的过程。

1. 模仿

模仿是个体自觉或不自觉地重复他人的行为的过程。正面的榜样示范可以强化学生良好的行为模式，反之，如果是学生所反感或厌恶的模仿对象，则强化了学生不良的行为模式，起到消极作用。

2. 内省

内省又称"省察克治"，是明代思想家王阳明提出的内省方法，是通过自我反省加强道德修养的方法。内省强调发挥人的主观能动作用，即在良好的道德认知和道德情感已经养成的前提下进行自我教育。

3. 慎独

慎独是指在无人监督的时候，仍自觉地严格要求自己遵循一定的道德准则行动，这是道德自我修养的最高境界。当人们独处的时候，最容易放松道德警戒而恣意妄为。通过教育，学生可以逐步做到诚实正直、表里如一、是非分明、严于律己、不断修身，最终达到慎独的自我境界。

【快乐猪有话说】

什么是主人？

什么是主人？能够自动自发地处理工作，并将工作做到最好的人。作为自己工作的主人，当遇到问题时，有令要行，没有命令也一定要行！

◆ 你是否有意识地去主动了解、接纳，甚至改变你的上级，是否想过要为自己的工作赢得一个主动的工作环境？

◆ 当领导不在的时候，公司一般会有三种员工：第一种，积极自律，比领导在的时候更加认真负责工作；第二种，严谨慎重，领导在与不在一个样；第三种，两面三刀，领导在时是龙，领导不在时是虫。

不管领导在与不在，不管别人有没有看到，自己一定要努力，因为这样做了以后，收获最大的将是自己。

◆ 如果永远只等着领导安排任务，那么你就永远处在"不推不走、不打不动"的状态，相信不论哪个领导、公司都不喜欢这样的员工。

◈ 每个人都明白没有付出就不会有收获的道理，想成功，就要先把你的工作成绩拿出来，先走一步付出，才能先一步到位。

◈ 你认定的事就做下去，报酬会随着你的投入滚滚而来。要明白，你工作的目的不仅仅是为了报酬，斤斤计较的人是不会有大发展的。

◈ 一个没有长远目光的人，整天只想着解决温饱，那他永远只能达到温饱。

笔记区

第五章

职业生涯规划的实现

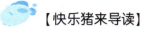【快乐猪来导读】

一位甘肃高分考生的请求

2017年6月26日,"大美甘肃"微信公众号刊发文章《一位甘肃高分(648分)考生的请求》,甘肃考生魏祥致信报考院校清华大学,希望为母亲和身患残疾的他解决一间宿舍,受到广泛关注。清华大学回复,将为魏祥提供一切尽可能的资助,不让任何一位优秀学生因为经济原因而辍学。《一位甘肃高分(648分)考生的请求》以及清华大学公开回信《人生实苦,但请你足够相信》原文如下。

一位甘肃高分考生的请求:

我叫魏祥,男,汉族,现年19岁,家住苦甲天下的甘肃定西,定西一中高三毕业生。

本人因先天性脊柱裂、椎管内囊肿,出生后双下肢运动功能丧失,大小便失禁,爸爸妈妈在我半岁、两岁时先后奔赴定西市医院、西安西京医院,寻求专家为我手术治疗疾病,但两次手术病情均未见好转,身体残疾情况没有得到改善,更不幸的是下岗多年的爸爸又身患不治之症,医治无效于2005年去世,留下年幼无知身体残疾的我和年轻无助的妈妈。

坚强伟大的妈妈在悲痛欲绝的日子里,不但没有放弃过对我细心无微的照顾,反而更加疼爱我,竭尽全力为我付出,并省吃俭用,除供我上学之外,她将少得可怜的工资多一分都舍不得花积攒下来,为我治病。于2008年6月,妈妈再次背着我踏上了北去的火车,寻求北京天坛医院神经外科专家,为我实施第三次手术治疗。1个多月的住院治疗,我和妈妈相依为命,身心深受煎熬,我的身体几经折磨,痛不欲生,妈妈的精神濒临奔(崩)溃,孤零零的她没了爸爸的陪伴和支撑,可怜无比,更使我再次深感妈妈的艰辛不易与伟大。可是不争气的我,3次手术都未能改善我的身体状况,残疾依旧,且随着年龄增长残疾日趋严重。

钢铁般坚强的妈妈,擦干了眼泪,一如既往,风雨无阻背我上学。从小学中学到高中,12年如一日,妈妈的背影穿梭于小学中学到高中的大街小巷、校门、教室,好像她从来不知疲倦;12年的妈妈不仅仅是一名医院上班的护士,更是一位残疾少年求学路上的陪读者,守护神;12年的妈妈身教残儿志不残,历尽沧桑终不悔;12年的我竭尽全力,克服身体残障,刻苦求学,完成了中小学阶段的基础教育,今日以648的高考成绩,给了我深爱的妈妈一份殷殷的报恩之礼,同时也给了不断关心呵护我,鼓励我,培养我的各阶段的恩师一份比较满意的答卷。

今有幸遇见举世闻名的清华大学老师,且有意备录我圆大学之梦,得此喜讯,我母子俩狂喜之余,又新添愁云,由于我的身体原因,无论我走到哪里,这辈子都离不开亲人的随身陪护,以照顾我的衣食住行,生活起居,妈妈为了陪我上学无奈放弃工作,仅有的经济来源将要斩断……在此,我恳切希望贵校在接纳我的同时,能够给我母子俩帮助解决

笔记区

一间陋宿,仅供我娘儿俩济(跻)身而已,学生我将万分感谢!

清华回信:

人生实苦,但请你足够相信

亲爱的魏祥同学:

见字如面。

首先恭喜你即将来到清华大学,继续你的学习和生活。我们看到了你写给清华大学的文章《一位甘肃高分考生的请求》,相信你早已具备了清华人自强不息、厚德载物的品质,我们代表清华园欢迎来自甘肃定西的你!

《繁星·春水》中有这样一首小诗:"童年啊,是梦中的真,是真中的梦,是回忆时含泪的微笑。"想来这句话应该符合你的童年记忆吧。在梦一般的年华里,却要承受含泪的记忆,这泪水不包含欢喜,不代表留恋。不幸的人生,各有各的悲苦。但万幸的是,你在经历疾病和丧亲之痛后,依然选择了坚强和努力,活成了让我们都尊敬和崇拜的样子。你说"一个多月的住院治疗,我和妈妈相依为命,身心深受煎熬,我的身体几经折磨,痛不欲生,妈妈的精神濒临崩溃,孤零零的她没了爸爸的陪伴和支撑,可怜无比。"只言片语,我们知晓你母亲道阻且长的育子之路,更深切地感受到了你作为儿子对母亲深沉的爱和歉疚。但正如你所说,今日以高分佳绩考入清华,就是给了妈妈一份殷殷的报恩之礼!

邱勇校长在2015级新生开学典礼上曾说:"我是1983年进入清华的。我知道,无论那时还是现在,能够来到清华上学都是不容易的,你们在成长过程中一定遇到过各种各样的困难和挑战。"同样,对于你来说,来路或许不易,命运或许不公,人生或许悲苦,但是请你足够相信,相信清华,相信这个园子里的每一位师生,因为我们都在为一种莫名的东西付出,我想这应该就是情怀。党委书记陈旭老师也曾寄语自强计划的学生:"自强就要做到自主,大学能收获什么取决于自己怎么去努力。"所以也请你相信自己,可以在清华园里找到热爱,追求卓越。

读到你的来信后,清华大学招生办公室主任刘震老师在该微信文章下留言道"魏祥同学已经报考我校。我校老师已经与他取得联系,为他提供一切尽可能的资助!清华不会让任何一位优秀学生因为经济原因而辍学!"确实,清华大学多有与你有同样经历的学子,在家庭经济与身体因素的双重压力下,依然奋发图强。他们或携笔从戎,守护家国平安;或回馈基层,在公益组织中施展才能;或致知穷理,一举夺得清华大学本科生特等奖学金的殊荣……

现在,你的情况受到了清华师生、校友和社会各界的关注。昨天深夜,邱勇校长专门打来电话,关心你的录取情况和入校后的生活安排情况;陈旭老师也请学生部门第一时间对接,妥善安排解决你的后顾之忧。清华大学学生资助管理中心的老师也极力配合,在你被确认录取后会立刻开始资助。清华大学多位校友也在看到消息的第一时间，主动提出资助和协助你治疗的意愿，后续学校相关部门都会跟进落实。请你相信，校内外有足够多的支持，清华不会错过任何一位优秀学子！冰心赠葛洛的一首诗中说"爱在左，情在右，在生命的两旁，随时撒种，随时开花，将这一径长途点缀得花香弥漫，使得穿花拂叶的行人，踏着荆棘，不觉痛苦，有泪可挥，不觉悲凉。"在清华园里的所有学子，无论是生活困顿，抑或身体抱恙，都会有"爱"与"情"相伴。相信未来的你，也会和活跃在各领域的清华学子们一样，穿花拂叶，除却一身困顿，成就自己的不同凡响。

感谢社会各界人士对魏祥同学和我校本科招生工作的关注和关心。在此，我们想对在求学路上荆棘丛生的学子们说：人生实苦，但请你足够相信！

清华大学招生办公室
2017 年 6 月 27 日

笔记区

∽思考1∽ 结合这两封信，你认为实现梦想最重要的是什么？这与哪些因素息息相关？

第一节　职业生涯规划的计划实施

【快乐猪有话说】

任何事情，好的计划是成功的一半。但只有一个好的计划，并不能保证事情的成功，比计划更重要的是实施，是脚踏实地一步一个脚印朝着目标方向前进，不断坚持并努力。职业生涯规划的实施是职业生涯规划落地生根的关键，是最终决定职业生涯规划能顺利实现或终是一份纸本的关键制胜因素。职业生涯规划包括前期的职业发展规划（大学生学涯规划）到毕业一直持续到退休，是整个职业生命周期结束的完整规划。职业发展规划一般是指职业生涯规划的前几年，如职业教育大学三年期间的规划，以及本科院校大学四年甚至延续整个本硕博连读期间近十年

笔记区

的规划，这只是职业生涯规划的一部分，可以理解为职业生涯规划的童年期和青春期。

感受图5-1，要求自己每天进步一点点！

(a)　　　　　　　　　　　　　　(b)

图 5-1

一、行动计划的制订

职业生涯规划计划实施的前提是已经确定了职业生涯规划的目标，并选择了职业（职业选择）和相应的职业生涯路线。

通过目标管理、目标分解和组合的相关知识的前期积累，目标的分类可简单分为近期目标、中期目标和长期目标。职业生涯规划中的任何一个目标都必须与大目标保持一致，最终都是为了大目标的实现。近期目标是中期目标和长期目标的一部分，也是中期目标的具体细分。中期目标是长期目标的一部分，也是长期目标的具体细化。短期目标到达之前，中长期目标"滚动式发展"分解为更具有可行性的新的短期目标和中期目标，如图5-2所示。

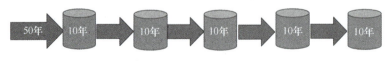

图 5-2

随着社会环境的不断发展变化，退休时间逐步延迟，职业生涯规划总体上以50年为限。50年的总计划（总目标）分解为5个10年，再把每个10年分解为一年，一年分解为四个季度或者12个月。如有需要，可继续分解为每周和每天的计划。

职业生涯规划的目标和路线确定以后，需要按照目标的要求，制订详细的行动计划与措施。行动计划分为十年计划、五年计划、三年计划、一年计划（明年计划）等，制订日计划（下月计划）、周计划（下周计划）、日计划（明日计划），如图5-3所示。制订好计划之后，从一日、一周、一月计划开始实施下去，直到实现一年目标、三年目标、五年目标、十年目标。

笔记区

图 5-3

二、职业生涯规划的实施

（一）计划的实施

职业生涯是一个长期的过程，几乎贯穿成年到垂暮的整个时期。制订一个好的职业规划行动计划固然重要，但更重要的在于其具体实施并取得成效。在漫长的实施过程中，目标和计划随时都可能受到各方面因素的影响。对于这一点，每个人都要有足够的认识和充分的心理准备。在突发困难、不良影响来临时，要保持冷静清醒的头脑，及时面对、分析眼前的问题，并快速果断地拿出应对方案。对于正在发生的事情，能够挽救则尽量挽救，不能挽救，则要采取积极措施，以便做出最好的调整。如此一来，即使所作所为和目标有所偏差，也不会相距甚远。冷静地分析处理问题的能力，需要有意识地锻炼或学习培训才能不断提升。

在职业生涯规划的具体实施中，一定要排除一切干扰计划实现的因素，坚持不懈地为实现自己的生涯目标而努力。

【案例分析】

名片

秘书恭敬地把名片交给董事长，像往常一样，董事长非常厌烦地把名片丢回去，厌倦地说着"又来了"……

秘书很无奈地把名片退给站在门外尴尬的业务员。业务员却再次不以为忤地把名片递给秘书，并说道："没关系，我下次再来拜访，所以还是请董事长留下名片。"

执拗不过业务员的坚持，秘书硬着头皮再次走进办公室，董事长发火了，嗤的一声将名片一撕两半，丢给秘书。

秘书懵懂无措，董事长更火，从口袋里扔出 10 元，不屑地说："10元买他一张名片，够了吧！"

秘书把撕坏的名片和钞票还给了业务员。业务员一点也不难过，反而兴高采烈地大声说"请您跟董事长说，10 元可以买我的两张名片，我还欠他一张"。随即又掏出了一张名片递给了秘书。

突然，办公室传来一阵大笑，董事长走了出来："这样的业务员，我不跟你谈生意，我还找谁谈。"

(二) 实施的策略（以高职高专为例）

> ∽思考2∽ 同是大专毕业，有的人毕业时找到了很好的单位，职位薪资都比较满意，刚毕业能拿到6 000元以上的工资……有的人一份工作都干不下去，这山望着那山高，不停地跳槽，却一份像样的工作都无法维持……甚或者，有的同学连一张大专毕业证都拿不到……请思考，这是为什么？
>
>

或许很多人刚进入大学的时候，都是壮志满满，有着自己的目标，或者不断地变换目标，但真正实施了计划并且朝着目标努力的人不多（图5-4）。

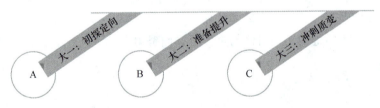

图5-4

下面，大家一起将第一章所谈到的"大学生学涯规划"的相关概念，再重新复习一次。

大学一年级，初探及定向期：

【阶段目标】

进入大学，要迅速完成中学生（高中生）到大学生的角色转换，适应大学生活，适应长期远离亲人的状态，适应宿舍集体生活……

根据自己的意向选定未来的主要发展方向，在专业的基础上和拓展目标上提高所需的相关知识能力；积极参加各类社团、学生会；增强兼职、实习的职业相关性，积累职业实战经验；等等。

大学二年级，准备及提升期：

【阶段目标】

构建合理的知识结构，参加基础的技能考试；尤其注意预期发展行业的专业知识的积累；开启兼职、实习之路。如果你是校企合作、工学结合班级的学生，适应企业，在企业实习中坚持下来，将对你大有裨益。

考取与职业目标相关的职业资格证书；扩大人际交往，提前关注校园招聘信息；了解简历的制作、面试等方面的技巧；查缺补漏，为毕业时迈向目标中的职业努力。

大学三年级，冲刺实现期：

【阶段目标】

留意各类招聘渠道，关注相关的招聘信息；选择应用性高的毕业设计题目，证明自己有为企业带来经济效益的能力；了解相关的就业政策和法规，懂得保护自己的劳动权益；不攀比，不冒进，找自己目前能匹配的职业岗位。

笔记区

一勤天下无难事，快乐猪们加油！感受图5-5！

图5-5

 生涯幻游小游戏！

伴随着舒缓的背景音乐，大家调整到一个自己舒服的坐姿，坐好，一二三深呼吸，慢慢地放松。然后，跟随一位引导者缓慢轻柔的指引语言，慢慢地展开自己的想象。

闭上眼睛，想象着现在的你已经乘坐上时空穿梭机，来到了五年后的一个平常的工作日。正好是清晨，你刚醒来，是睡到自然醒还是被闹钟吵醒的，现在是几点钟？你在哪？观察一下四周是什么样子的，你看到了什么？闻到了什么？听到了什么……

起床后的第一件事情做什么……洗漱完你正在考虑要穿什么衣服去上班，你最后决定穿什么衣服……想象你正站在镜子前面装扮自己。当你想到今天的工作时你的感觉怎样？是平静、激动、厌倦还是害怕……

你现在正在吃早饭，有人和你一起吃？还是你一个人吃……现在你

笔记区

准备去上班，出门后回头看看你住的房子，它是什么样子的……

好，现在出发。你用什么交通工具去单位？有人和你一起吗？如果有的话，是谁呢？当你走时注意周围的一切……单位有多远？……到达单位了，想象一下单位是什么样子的，它在哪里？看起来怎么样？

现在你走进工作的地方，那儿都有些什么人？多少人跟你一起工作？他们在做什么？单位的人都是怎么称呼你的……你的办公室是什么样子的？接下来你要做什么……

想象一下你上午的工作都做了些什么？你是用你的思想在工作还是做一些简单的事务性工作。你跟别人一起工作？还是你主要是独自工作？是在户外还是室内工作……

现在上午的工作结束，你该吃午饭了，你去哪里吃饭？跟谁一起吃饭？你们谈些什么？

现在回到工作中来，下午的工作与上午的工作有什么不同吗？你一天的工作结束了，这一天让你感觉到满足还是沮丧？为什么？

今天你还想去别的地方吗？在这一天当中，你还想做的是什么……

现在，你回家了，有人欢迎你吗？回家的感觉怎样？你如何与家人分享这一天所做的事……

你准备去睡觉了。回想这一天，你感觉如何？你希望明天也是如此吗？你对这种生活感觉究竟如何……

过一会儿，我将要求你回到现在。

好了，你回来了。看看周围的一切，欢迎你旅游归来。喜欢你幻游的生活吗？喜欢的话可以分享你的经历。

◎ 请说明下列问题：

（1）我在进行幻游过程中，印象最深刻的画面是＿＿＿＿＿＿。

（2）我在进行幻游后，对比与现在环境最大的不同点是＿＿＿＿＿＿。

（3）我在进行幻游后，最深的感受是＿＿＿＿＿＿。

◎ 进行幻游后，你觉得未来的生涯发展会是怎样的？

（1）你认为自己未来会从事＿＿＿＿＿＿职业。

（2）你认为自己的未来会与幻游过程相关吗？

（3）你认为幻游对自己是不是有帮助？□是　　□不是　　□其他

三、职业生涯规划实施成功的标准

职业生涯目标的最终实现，表明职业生涯通过实践取得成功。职业生涯的成功，让人产生自我满足和实现感，进一步促进个人素质的提高和潜能的发挥。判断成功的标准，千变万化，因人而异，具体可参照下列五种判断标准及四种评价体系作为评价成功与否的依据。

(1) 五种判断标准如图 5-6 所示。

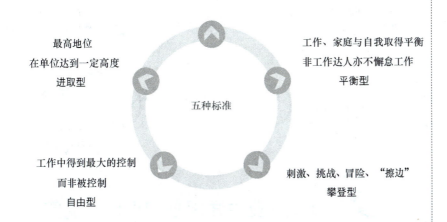

图 5-6

(2) 四种评价体系如表 5-1 所示。

表 5-1 职业生涯规划成功与否的评价体系

评价方式	评价者	评价内容	评价标准
自我评价	自己	A. 自己的才能充分施展与否 B. 对自己的集体、社会贡献满意与否 C. 职称、职务、薪资待遇满意与否 D. 职业生涯规划与其他个人活动的结果满意与否	个人价值观、知识、水平和能力等
亲友评价	主要近亲属（父母、子女、配偶等）	A. 能否理解与肯定 B. 能否给予支持和帮助	家庭文化
组织评价	上级 平级 下级	A. 下级、平级同时赞赏与否 B. 上级肯定表扬与否 C. 职称职务晋升与否 D. 工资待遇提升与否	组织文化 组织成效
社会评价	社会舆论 社会组织	A. 社会舆论支持与好评与否 B. 社会组织的承认与奖励与否	社会文明程度 社会进步程度

四、职业生涯规划实施中的注意事项

职业生涯规划实施中的注意事项，如图 5-7 所示。
(1) 学业是基础，实践是途经。

笔记区

（2）计划严格执行，轻重缓急分清。
（3）资源多多借力，行动保持效率。
（4）总结及时进行，循环促进良性。

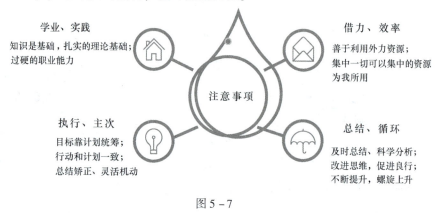

图 5-7

第二节 职业生涯规划的评估与调整

一、评估与调整的概念

"计划没有变化快"，当今社会更是如此，外界环境变化之快常常令大家始料未及，或者自身因素遇到了一些突发性的改变，都会致使原来制订的职业生涯目标和规划显得不合实际，这就需要人们人为地及时对职业生涯规划的具体内容做出适当评估，并拿出相应的对策，进行合理的调整。职业生涯规划的评估、调整过程一般会伴随整个职业生涯周期。

职业生涯的评估与调整是指在生涯规划实施的过程中，根据实际情况，对规划目标本身和职业是否需要重新选择、目标实现的时限是否需要调整，以及策略方案、路线的有效性与可行性是否能达成等方面，通过职场的信息反馈，不断地调整、修改，从而使之适应现实情况，并为下一阶段规划的顺利实施提供借鉴与参考。

二、评估与调整的方法

职业生涯规划实施的过程中，评估一个人的职业生涯规划是否有效，以及调整和反馈的方式方法一般有 PDCA 循环法、MBO 目标管理法、目标风险意识管理法（问题意识和目的意识）。

（一）PDCA 循环法

PDCA 循环又称质量环，是管理学中的一个通用模型，最早由休哈特于 1930 年提出构想，后来被美国质量管理专家戴明博士于 1950 年再度挖掘出来，所以也称为戴明循环。PDCA 循环规则是 Plan, Do, Check, Action, 每一项工作，都是一个 PDCA 循环，分析现状，分析问题中各种影响因素；找出影响问题的主要原因；针对主要原因，提出解决的措施并执行；检查执行结果是否达到了预定的目标；把成功的经验总结出来，制定相应的标准，将没有解决或新出现的问题转入下一个 PDCA 循环中进行解决。只有在日积月累的渐进改善中，才可能会有质的飞跃，才可能完善每一项工作，进而完善自己的人生。循环过程如图 5-8 所示。

图 5-8

（二）MBO 目标管理法

目标管理（Management by Objectives，MBO）源于美国管理学家彼得·德鲁克，他在 1954 年出版的《管理的实践》一书中，首先提出了"目标管理和自我控制的主张"，之后被广泛应用。在职业生涯规划管理中，同样需要目标管理法对人生目标及阶段性目标进行管理，以确保自己的行动朝着目标方向不断前进。职业生涯发展目标管理主要包括四个方面的内容，如图 5-9 所示。

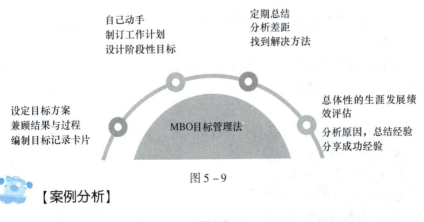

图 5-9

【案例分析】

菜单

郑先生在某高级酒店用餐时，服务员递上一本菜单，换走了桌面上原来放着的那本。为什么换呢？服务员解释说"后面的菜单是新的，加了一些新的菜肴"。同一餐厅使用两种菜单，显然是不合适的。

> **思考3** 为什么新的菜单出来已经有一段时间了，酒店还存在这种现象？员工或老板意识到问题了吗？
>
>

三、评估与调整的内容

评估与调整会一直伴随着职业生涯规划的全过程。评估和调整的内容如下：第一，自我条件重新剖析，在最新的状况下，重新认识自己、分析自己，找到自己的优势与不足；第二，生涯机会重新评估，结合现在的社会经济和组织环境，分析自己未来发展的空间及可能性；第三，职业生涯目标修订，重新思考并确定自己的人生与职业发展目标；第四，调整生涯发展策略措施，重新制订和调整生涯发展策略措施，强化优势，弥补不足；第五，落实生涯规划的调整，实行新的职业生涯规划方案，进入新的规划、实施、评估与调整期。

处世能力小测试！

下面每一个问题设计了一种具体的社会生活情景，并且列出了四个备选方案。

请你设身处地地考虑一下，如果你面临这种情境，你的表现将与哪一个方案更符合，请把它前面的字母代号圈出来。注意要用事实判断，而不要用价值判断。

（1）在聚餐会上，如果你与多数同桌的人素不相识，你怎么办？

A．显得心神不定，左顾右盼。

B．静听别人的谈话。

C．只与相识的人高谈阔论。

D．神态自如地参与大家的谈论。

（2）觉得自己与协同工作的人在性格和想法方面合不来，你怎么办？

A．委曲求全，尽量凑合下去。

B．故意找事由，与他吵架，迫使领导解决。

C. 向领导汇报他的短处，要求领导调离他。

D. 尽量谅解，实在不行，向领导如实说明，等候机会解决。

（3）在公共汽车上，你无意踩了别人一脚，别人对你骂个不停，你怎么办？

A. 只当没听见，任他去骂。

B. 与他对骂，不惜大吵一架。

C. 推说别人挤了自己才踩到他的，不应该怪罪自己。

D. 请他原谅，同时提醒他骂人是不文明的。

（4）在影剧院看电影时，你的邻座旁若无人地讲话，使你感到讨厌，你怎么办？

A. 希望别人能出面向他们提意见或他们自己停止。

B. 严厉地指责他们。

C. 叫服务员来制止他们。

D. 有礼貌地请他们别讲话。

（5）你辛苦地干完工作，自以为干得很不错，不料领导很不满意，你怎么办？

A. 不作声地听领导埋怨，但心中十分委屈。

B. 拂袖而去，认为自己不应受埋怨。

C. 解释说因客观条件限制，自己无法做得更好。

D. 注意自己做得不够的地方，以便今后改正。

（6）你买了一架崭新的照相机，自己还未用过，但有朋友向你借，你怎么办？

A. 给他，但是满腹牢骚。

B. 脸色很难看，使得朋友不得不改口。

C. 骗他说已经借给别人了。

D. 告诉他自己要试拍一下，检查了照相机的性能后再借给他。

（7）当你正埋头干一件急事时，一位朋友上门来找你倾诉苦恼，你怎么办？

A. 放下手中工作，耐心倾听。

B. 很不耐烦，流露出不想听的神态。

C. 似听非听，脑子里还在想自己的事情。

D. 向他解释，同他另约时间。

（8）在你知道了别人的一些隐私之后，你怎么办？

A. 觉得好奇，但绝不传给其他人听。

B. 忍不住，会很快告诉其他人。

C. 当其他人谈论起的时候，也会附和着一起谈。

D. 根本没有想要让其他人也知道。

（9）星期天，你忙了一整天，把房间全部打扫干净，你的爱人下班

笔记区

回家后，却指责你没及时烧晚饭，你怎么办？

　　A. 心里很气，但仍勉强地去烧饭。

　　B. 发脾气，骂爱人自私，要爱人自己去烧饭。

　　C. 气得当晚不吃饭。

　　D. 向爱人解释，然后邀请爱人一起出去吃饭。

（10）当你搬到一个新的住处，周围邻居都不认识，显得较冷淡，你怎么办？

　　A. 尽量避免与邻居交往。

　　B. 故意显出自己是很强硬的，让邻居有种敬畏感。

　　C. 视邻居以后对自己的态度再行事。

　　D. 主动与邻居打招呼，表现出友好的姿态。

（11）如果有人经常麻烦你做一些事，你却很忙，你怎么办？

　　A. 尽量避开他。

　　B. 告诉他自己很忙，不要再来麻烦了。

　　C. 敷衍他。

　　D. 尽自己能力提供帮助，有困难时则向他说明情况。

（12）一位朋友向你借了几元钱，但后来没还，好像不记得这回事了，你怎么办？

　　A. 今后再也不借钱给他。

　　B. 提醒他曾借过钱。

　　C. 向他借同等数额的钱，作为抵消。

　　D. 就当没这回事。

（13）在餐馆你买了一份饭菜，但发现味道太咸，你怎么办？

　　A. 向同桌人发牢骚。

　　B. 粗略地责骂厨师无能。

　　C. 默默地吃下去。

　　D. 平静地问服务员，能否变淡些，如不能，则吃不下去。

（14）一位热情的售货员为了使你买到满意的东西，向你介绍了一些东西，但你都不满意，你怎么办？

　　A. 买一件你并不想买的东西。

　　B. 说这些商品质量不好，是卖不掉的商品。

　　C. 向他道歉，说是朋友托买的东西，一定要朋友满意的才能买。

　　D. 说一声谢谢，然后离去。

　　计分与评价：统计你所圈各个字母的次数，找出自己选择次数最多的字母代号。

　　如果你选择答案 A 的次数最多，说明你的处世态度过于消极，凡事与世无争，实际上心中并不一定服气，对任何有争论性的事，你都不愿意表态，希望他人做决定或承担责任。但人们了解你的时候，也许会同情你，但以后又会产生反感。

如果你选择答案 B 的次数最多，说明你的处世能力较差，不善于待人接物，往往属于好斗型，遇到不顺利的事容易暴跳如雷，甚至粗鲁地骂人。表面看来，你颇能占上风，其实得不到他人对你的尊重，结果是使人们憎恶你或害怕和疏远你。

如果你选择答案 C 的次数最多，说明你具有一定的处世所需要的克制力，能把怨气或不满意的情绪隐藏起来，比前面两种人更善于处理人与人之间的关系，只是有时为人不够真诚坦率，结果是使人们感到你有时表现得比较虚伪或不能完全理解你。

如果你选择答案 D 的次数最多，说明你有积极而理智的处世态度，遇事表现出较强的克制能力。尊重他人，对人诚恳坦率，不喜欢虚假和装模作样。结果是人们尊重你，愿意和你交往，建立友情关系。

第三节　职业生涯规划书的设计与写作

【案例分析】

两只蚂蚁

有两只寻找食物的蚂蚁，爬到一堵墙下，二者都想翻过墙，去墙的对面寻找更充足的食物。一只蚂蚁来到墙角，毫不犹豫奋力地向上爬，爬一次，跌落一次，一次，两次，三次……，爬几次，跌落几次，它已经数不清自己爬了多久，爬了多少次，疲惫了，劳累了，它仍然不气馁不后退，只是不断地调整自己的心态，重新向上爬。

另一只蚂蚁并没有立即选择爬墙，而是自己认真观察、反复思考了一会儿，选择了墙的一端，爬行着绕过去，并很快寻找到了新的食物，美滋滋地享用起来。而第一只蚂蚁仍在墙的另一面，不断重复着攀爬跌落。

☜思考4☞　你觉得哪只小蚂蚁更值得借鉴，从中领悟到了什么？

笔记区

一、职业生涯规划书的基本内容

按照职业生涯目前的研究现状,规划书的基本内容一般分成七个板块,主要有事业与职业志向、外部环境分析、自身素质分析、现有资源分析、SWOT 分析与决策、职业发展目标与计划措施,以及评估、反馈、调整与修订,如图 5-10 和表 5-2 所示。

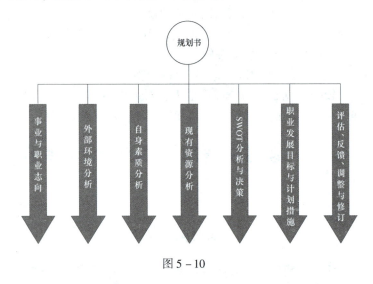

图 5-10

表 5-2 规划书的基本内容

基本内容	计划措施
事业与职业志向	人生观与价值观
	事业愿景与方向
	职业理想与总目标
外部环境分析	政治环境分析
	相关就业政策
	行业发展趋势
	职业发展状况
	应聘企业的经营管理状况
自身素质分析	职业态度
	知识经验盘点
	天赋个性测评结果
	岗位胜任符合程度

续表

基本内容	计划措施
现有资源分析	家庭经济条件
	现有人脉关系
	父母与家族的期望
	恋爱婚姻家庭设想
SWOT 分析与决策	优势、劣势、机会与威胁
	SWOT 组合对策
	决策平衡单
职业发展目标与计划措施	职业生涯目标与战略
	十年职业生涯发展目标与计划措施
	三年职业生涯发展目标与计划措施（大学三年职业发展目标与策略）
	第一年职业发展计划与计划措施
评估、反馈、调整与修订	内外部变化的因素分析
	职业、路线的重新选择
	规划书的修订与更新

> 🎵思考5🎵 报考大学时，好的大学、好的专业、好的城市等方面，你选择了什么？你的父母选择了什么？到这里是你得偿所愿，还是服从了父母的期许？将来毕业时，选择留下还是回到老家？哪些因素会影响你的选择？
>
>

二、职业生涯规划书的设计

（一）整体层面的基本要求

规划书整体层面的基本要求，如图 5-11 所示。

笔记区

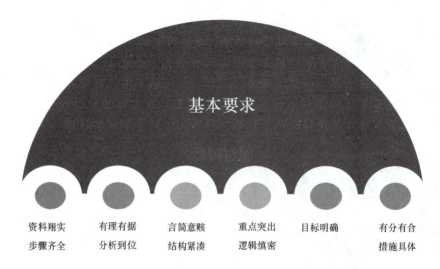

图 5-11

(二) 规划书的版面格式

一篇完整的职业生涯规划书常常是一篇长文档,长文档的编辑和排版都有一定的要求,这是为了适应读者的阅读习惯和审美需求。

版面格式是指规划的版式(格式),具体包括纸张方向、开本、版心、页边距、页眉、页脚,正文中的字体、字号、排版形式,字数排列地位,以及目录、标题、注释、表格、图名、图注、标点符号、页码等项目的具体排法。规划书的版面格式需要经过一定的设计,在既定开本的基础上对原稿的体例、结构、标题的层次和图表、注释等内容进行艺术的科学设计。本小节主要介绍常用的版面元素以作为参考。

【小百科】

开本小常识

开本一般情况下也叫开数,是指书刊幅面的规格大小,即一张全开的印刷用纸裁切成多少页。通常把一张按国家标准分切好的平板原纸称为全开纸。在以不浪费纸张、便于印刷和装订生产作业的前提下,把全开纸裁切成面积相等的若干小张称之为多少开数;将它们装订成册,则称为多少开本。常见的有 32 开(多用于一般书籍)、16 开(多用于杂志)、64 开(多用于中小型字典、连环画)。

1. 开本尺寸

开本尺寸是指按规定的幅面,经装订裁切后的书刊幅面实际尺寸。开本尺寸根据国家标准的规定允许误差为 ±1 mm。

国家规定的开本尺寸采用的是国际标准系列,现已定入国家行业标准 GB/T 788—1999 内在全国执行。

书刊本册现行开本尺寸主要是 A 系列规格,有以下几种:A4(16 开),297 mm×210 mm;A5(32 开),210 mm×148 mm;A6(64 开),

144 mm×105 mm；A3（8开）尺寸尚未定入，但普遍用 420 mm×297 mm。

平时常见的图书均为16开以下的，因为只有不超过16开的书才能方便读者阅读。在实际工作中，由于各印刷厂的技术条件不同，常有略大、略小的现象。在实践中，同一种开本，由于纸张和印刷装订条件的不同，会设计成不同的形状，如方长开本、正偏开本、横竖开本等。同样的开本，因纸张的不同所形成的形状也不同，有的偏长，有的呈方。

2. 开本类型

（1）马列著作等政治理论类图书严肃端庄，篇幅较多，一般放在桌子上阅读，开本较大，常用大32开。

（2）高等学校教材一般采用大开本，多用16开。

（3）文学书籍常为方便读者而使用32开。诗集、散文集开本更小，通常选择42开、36开等。

（4）工具书中的《百科全书》《辞海》等厚重渊博，一般用大开本，如16开。小字典、手册之类可用较小开本，如64开。

（5）印刷画册的排印要将大小横竖不同的作品安排得当，又要充分利用纸张，故常用近似正方形的开本，如6开、12开、20开、24开等，如果是中国画，还要考虑其独特的狭长幅面而采用长方形开本。

（6）篇幅多的图书开本较大，否则页数太多，不易装订。

（三）页面设置

页面设置包括纸张方向、页边距、版式（页眉页脚）和分栏等。职业生涯规划书按照阅读习惯一般是纵向排版。如果考虑装订，一般左侧多留0.5 cm；如不考虑装订，一般选择上下左右各3 cm。

打印规划书一般采用单面打印，采取左侧装订方式，常见为"圈"装和"册"装（图5-12）。

(a)

(b)

图 5-12

笔记区

1. 封面、标题和目录

封面，犹如人的颜面，有点要求的规划书都是必不可少的。一个适逢其意或画龙点睛的好封面，能让阅读者瞬间增加对规划书作者的好感，进而增强阅读的兴趣（图 5-13）。封面多采用质量精美的彩色纸、刚古纸、铜版纸（250 g）或皮纹纸打印。

(a)　　　　　　　　　(b)

图 5-13

标题一般分为大标题和小标题。规划书上的大标题为"职业生涯规划"，副标题可以灵活自拟，可采用"某某某2020—2070年职业生涯规划书"字样。大标题一般占据纸张一半的宽度或高度为宜。副标题在大标题之下（之右），如采用横向宽度与大标题左右对齐较为美观。

目录，常用的论文、报告、书籍，目录都安排在正文第一页。规划书也不例外。目录页应单独一页，内容上下左右居中，可稍加设计装饰。目录级别下分为一级、二级，字号适中，字体可参考四号或小四号。

【小百科】

纸张小常识

纸的类型按照用途常分为以下几种。

（1）双胶纸，就是平时使用的复印纸。比较常用的是70 g及80 g，亦有100 g和120 g。

（2）照片纸，就是质感很像照片的纸张，也可以用来打印数码相机拍的照片。

（3）刚古纸，比普通纸硬一些，可以用来打印封面。

（4）彩色纸，有各种颜色，能够满足各种需求。

（5）玻璃纸，多用来包装。

（6）磨砂胶片纸，可以用来附在封面外面，用于一些重要的文件。

（7）铜版纸，摸起来两面都很光滑的纸，比较硬，是在原纸上涂布一层涂料液，经超级压光制成。定量为 90～250 g，有双面铜版与单面铜版纸之分。铜版纸克重是指每平方米纸的重量。

（8）皮纹纸上面有纹路，比较厚，通常是彩色的，可以用来加厚封面。有纯木浆的和杂浆的，纯木浆造出来的颜色比较正，纸质比较挺括，而且比较细腻，纹理清晰；杂浆造出来的纸颜色暗淡，色彩不均匀，纸质松软，看起来粗糙。

2. 页眉、页脚

比较正规的文本都要求设置页眉页脚。页眉页脚属于特殊区域，不能和正文同时复制。页眉常用来显示文档的附加信息，如插入时间、日期、页码、徽标、单位名称等信息，也可用来添加文档注释等内容，用作提示信息，可以通过页码和页数快速定位需要查找的页面。页眉在页面的顶部，页脚在页面的底部。同时，页眉页脚属于特殊区域，不能和正文同时复制。

3. 字体字号

规划书的一级标题常选用黑体或者宋体加粗，三号。二级以及以下标题可以选择四号或小四号，如果内容较多，常选用五号，宋体或者仿宋体，可加粗，要求与正文选择的字体一致。

4. 段距与行距

段距即段间距，段间距主要是指 Microsoft office Word 或 WPS 软件中段落与段落之间的距离。每个段落之间的距离，通常选择 10 磅以上为宜。行距即行间距，主要是指 Microsoft office Word 或 WPS 软件中行与行之间的距离，通常选择 1 倍行距以上或固定值 20 磅以上，可根据具体要求进行调整。值得注意的是，一级标题和二级标题的字号选择较大，可适当调大段前距离。

5. 常用插入功能

规划书的制作过程中，常常用到插入图表、图画、文字等功能。

（四）规划书的基本类型

职业生涯规划作为个人的发展计划，具有鲜明的个性特征，写作上没有严格的统一格式。只要能反映规划的具体内容，符合自身的要求即可。常用的有三种，即文本式、表格式、档案式。

文本式没有统一的格式，具有较大的自主发挥的空间，一般采用自我规划五步法、三段式分析法及阐述法；表格式主要包括表头（规划人的基本信息）和内容栏（规划目标和实施要点）；档案式一般由多个表格和文本规划书组成，详细记录了职业生涯规划的制订过程，类似于史料。一份完整的职业生涯规划档案就是一个人相应阶段的成长历程。

职业生涯规划书范例

笔记区

第六章

求职准备

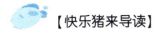

【快乐猪来导读】

信息时代的求职准备

新时代的大学生，站在了信息时代的前沿。在当今市场经济条件下，信息是一种重要的资源，从某种意义上来说，决定了一个人的发展。当今社会是一个信息社会，一个人拥有信息量的多寡，往往成为决定事业成功与否的关键。谁拥有更多的就业信息，谁就会在就业竞争中取得主动权。有了充分的求职信息，可以对目前的形势、政策做到心中有数，可以针对社会用人单位对本专业人才的要求，及时补充知识，提高能力，增强个人的竞争优势。

当大学生毕业季来临之时，完成在校阶段的职业生涯规划和就业准备后，就进入求职就业的具体操作阶段。面对"纷繁复杂，多如牛毛"的就业信息，常常会令人感到无所适从。在就业形势严峻的今天，就业不仅是实力的竞争，也是信息的竞争。纵观历年来的毕业生就业情况，凡是求职择业比较顺利，对就业单位感到满意的毕业生，绝大多数拥有一定数量的求职信息；反之，对于就业态度不积极，未掌握必要求职信息的毕业生，求职择业确实是"难于上青天"。因此，毕业生在就业过程中，一定要高度重视求职信息的作用。

第一节　知识建构

李政道曾说过："我是学物理的，不过我读的书不是只有物理相关的书，我会博览各类书籍。读的书多了，知识面就广，头脑也就会变得灵活。"因此，大学生建立知识结构，不能只关注专业内的理论知识，而是要能够根据职业和社会不断发展的具体要求，将已有的知识做科学及有机的组合，形成合理及坚固的知识结构，只有这样才能在自己理想的岗位上最大限度地展现出个人的整体效能。

一、大学生知识结构的概念

知识结构，是指一个人的知识构成状况，也就是外在的知识体系经过主题的输入、储存、加工，在头脑中内化形成的智力因素联系起来的多要素、多系列、多层次的动态综合体。任何知识结构，都应该是一个不断进行调节、完善、优化，使之不断趋于合理的动态结构。所谓合理的知识结构，就是既有精深的专门知识，又有广博的知识层面，具有事业发展实际需要的最合理、最优化的知识体系。现代社会的职业岗位，所需要的是知识结构合理，能根据当今社会发展和职业的具体要求，将自己所学到的各类知识组合起来，成为社会需要的人才。

笔记区

二、大学生知识结构的内容

(一) 基础知识结构

不同的专业需要不同的基础知识。对某一专业的大学生而言，基础知识应包含学习本专业所必须掌握的基础理论（含基本概念、基本定律等）、基本技能和基本方法。基础知识的功能主要包括以下几点：第一，用以理解专业知识，这对专业知识的学习尤其重要；第二，用以更新知识，当一个学生到了工作岗位，需要攻读新知识时，就能深刻体会到，因为新知识总是在原有的基础知识的基础上建立起来的；第三，给学生以科学的思维方法和自然观的训练，这一功能在系统地学习了几门基础课之后就会体会到，而且要在自身的学习时间中有意识地培养才能逐渐形成。对一个要求成才的大学生而言，在大学学到的知识是很有限的，工作岗位上需要的知识不可能在大学完全学到。据有关资料记载，大学生在校学习期间只能获得今后工作所需知识的10%左右。因此，上大学，不仅仅是学习专业知识，还要培养持久学习与自学的能力。

> ∽思考1∽ 就大学生所学习的专业而言，有哪些是必备的基础知识（课程）？
>
>

基础知识在维持持久学习和自学能力中占据着举足轻重的地位。这是因为基础知识具有如下三个特点。

（1）基础知识是进行思考的要素，是思维的因子，掌握了它就可举一反三。举一反三的过程就是基础知识转化为智力的过程。

（2）面对知识量剧增、知识老化周期缩短和世界新技术革命的严峻形势，相对于专业知识而言，基础知识却是相对稳定的，且对一个人的学习和工作起长期的作用。

（3）基础知识是共性和一般性的知识，它具有较普遍的适用性，覆盖面较大。一个人的基础知识越扎实宽厚，解决问题的能力就会越强。人们平时所说的触类旁通实际上就是知识的迁移。因此，大学期间学习的基础知识不仅不会过时，而且还是终身学习及更新知识的基础。大学里基础好的学生工作后常常显得有"后劲"，就是因为具有了持久学习与自学的能力，所以知识不断更新和丰富才能适应新形势。

（二）专业知识结构

专业是学科赖以生存和发展的基础，通常都是专业知识和基础知识的融合。大学毕业生对自己所要从事的专业知识和技术，需要掌握一定的深度与范围。同时，对其专业邻近领域的知识也要有所了解和熟悉，善于将其所学专业知识领域与其他相关领域紧密结合起来，以提升自身的就业竞争力。

第二节 就业前的心理准备

一、大学生毕业前的心理准备

（一）正视就业形势，端正就业认知

国际劳工组织的相关研究报告显示：全世界30亿经济活动人口中，失业人口有1亿~5亿，不充分就业人口有7.5亿~9亿。中国作为发展中国家，与其他大部分发展中国家一样，就业形势依然严峻。

目前，部分大学生不能正视就业形势，容易产生心理恐慌，加上一些外在因素的干扰，直接影响大学生顺利择业和就业。只有认清就业形势，正视就业现状和就业压力，大学生才会积极行动起来，产生求职的心理和行动。缺少社会经验的大学生，对选择职业这一人生大课题产生焦虑心理属于正常现象，而且适度的心理焦虑能够使大学生产生压力，这种压力可以变成动力，它是对大学生自身惰性的进攻，可增强大学生的进取心。但是，如果心理过度焦躁、不安，自己又不能在一定时间内调整这些情绪，这些情绪就会成为心理障碍或者心理疾病，从而影响大学生主观能动性的发挥，甚至会埋没大学生的潜能，给就业带来额外的困难。另外，大学生要清醒地认识到，在现实社会中，在校期间的表现固然重要，但招聘单位更关注的是形象、气质、逻辑思维能力、语言表达能力等方面。

（二）正确评估自己，精准定位岗位

在求职过程中，自信固然很重要，但不能盲目自信，自信必须建立在正确认识自我的基础之上。正确的自我认识、自我剖析、自我超越是成功的必然之路。只有充分了解自己，才能正确选择未来。

认识自我是一个很难的过程。俗话说："知人难，知己更难。"但是，只有真正认识自我，大学生才能更准确地评价自己，为自己确定适合的就业目标，选择合适的就业单位。

在认识自己的过程中，不要过高地估计自己，认为专业热门、成绩优秀、能力很强、荣誉证书成堆，就把自己的就业标准定得过高，非"大"（大企业、大城市）不去，非"高"（工资）不迈。要知道，天外

笔记区

笔记区

有天，人外有人，不要自以为是。有些大学毕业生在选择单位时期望值太高，反而导致求职容易失败。

当然，也不必过于低估自己，有些学生自信心不足。自己在校期间的成绩或是某一方面不太好便过于自卑，认为自己什么都不如别人，就业时畏首畏尾，不敢应聘好的工作单位，导致错失良机。因此，只有正确、客观地认识自己，才能为自己奠定找到理想工作的基础。

大学生择业前要对自己的知识结构、能力、薪资期望、心理承受力等进行全面分析，做出比较准确的定位。不悲观，以免把自己定位过低；更不要高估自己，导致期望值过高，一旦不能如愿，失望就越大。不要过分在意公司的名气、规模的大小、薪资的高低，只要这家公司、这个岗位适合自己，是自己所向往和追求的，就应该勇于尝试，争取被录用。确立从基层做起，逐步积累经验、循序渐进、谋求发展的思想理念，可能对毕业生一生都有益。

> ❧思考2❧ 马上就要顶岗实习了，你心目中合适的工作岗位又是什么呢？
>
>

二、当代大学生就业常见的不良心理

（一）盲目自大，脱离现实的求高心理

不少大学毕业生自认为上了大学，毕业后就应该从事人人仰慕的管理层工作，伸手就可以出成果，轻松自由地就可以获得高收入。因此，择业时，极容易出现"高不成、低不就"的现象，"不合我兴趣的工作我不干"，自然择业困难。部分大学生受旧观念的影响，以为考上大学即登"龙门"，十年寒窗即脱离"苦海"，理应得到丰厚的待遇。还有的大学生在校担任学生干部，平时参加的社会活动较多，接触面较广，无形之中形成了一种优越感。因为这种心理的支配，大学生在择业过程中总是一副洋洋自得的神情，自以为是，好高骛远，看不上这个单位，瞧不起那种职业，表现出一种盲目的心态，很少考虑自己择业期望值是否过

高、是否符合实际，选择的单位是否有利于自己未来的发展。大学毕业生选择就业单位时，通常是用自己身边同学的择业标准来定位自己的就业标准。在这种心理作用下，即使某单位非常适合自身发展，但可能因某个方面比不上同学选择的就业单位，就选择放弃，事后才后悔万分。部分大学生单向考虑自己的就业理想，要求用人单位十全十美，工资、住房、福利、地理位置、工作环境无不在其考虑范围内，却忽视了如此完美的单位能否接纳自己，从不掂量自己的才学，不给自己合理定位而盲目求高，导致不少大学生与适合自己的用人单位失之交臂。

(二) 不够主动，依赖心理强

现代社会关系网络十分复杂，许多大学毕业生在临近毕业时把就业的希望寄托在家长、学校以及亲朋好友的身上，将家庭和学校当成避风港，极少主动接触和了解社会，缺乏独立意识，依赖心理严重。随着就业压力越来越大，临近毕业，父母亲友齐上阵，挖空心思找"门路"。还有一些大学毕业生靠讨好老师，请领导吃饭，等待学校安排。这些大学毕业生缺乏择业主动性、积极性和竞争意识，在"双向选择"过程中不能向用人单位展示自己、推销自己，因此，往往更容易择业失败。有部分大学毕业生，虽然接受了大学教育，但在很多事情上还是缺乏应有的分析能力和解决问题的能力。这些大学毕业生在择业、就业时，对一个单位是否适合自己，并不是凭自身思考来决断的，而是依靠父母师长之意进行取舍，表现出强烈的依赖性。车尔尼雪夫斯基有句名言："假如一个人总想着'我办不到'，那他必然会办不到。"其实每个人的生活中都会遇到困难和挫折，一个人的自信心并不是与生俱来的，而是在不断战胜困难中逐渐培养起来的。

(三) 追求享受，性情孤傲

追求享受的求职心理在受过高等教育的大学生身上常常可以看到。一方面，求职或择业的动机既有为国家、为社会、为人民做出贡献的强烈愿望；另一方面，也有获取高收入、高地位的渴求，许多大学毕业生涌向三资企业，或者是开创民办科、工、贸一体的公司，往往出于"追求享受，性情孤傲"的心理。据有关部门对北京高校 2 000 多名学生的调查中，大学生将"工作条件好、有利于发挥才能"排在第一位，将"经济收入高"排在第二位，将"社会地位高"排在第三位。大学生求职时过多考虑物质条件，不仅要求月薪高、生活条件好，还讲究住房、奖金、休闲活动等各种物质享受。如果用人单位稍不满足他们的要求，他们便潇洒地跳槽。一位企业老总说："企业竞争也是人才竞争，我们公司急需几个具有经济管理才能的大学生，可是他们太傲，动辄讲待遇，眼光这么高，我还敢用他们吗？"另外，有的大学毕业生认为自己接受了大学教育，理所应当比没上过大学的同龄人有更好的工作，于是在选择工作时对用人单位各种挑剔，或是对收入不满，或是认为干这行太屈才，最终贻误战机，只好将就凑合。大学生求职过程中的这种孤傲心理正是

笔记区

笔记区

大学生不成熟的表现，有的学生经过数年的学习经历，一味地孤芳自赏、自以为是，结果只能在就业竞争中四处碰壁，无法实现自己的理想和人生目标。

（四）消极懈怠，自卑心理

"我一无是处，我肯定完了""女大学生，不能干什么大事"等都属自卑的表现。自卑，是一种常见的心理现象。

自卑心理表现为低估自己的能力，自信心不足。在竞争激烈的求职场上，部分高职毕业生因所学专业不景气，或因自己专业知识、专业技能及综合素质不如其他学生，或因求职屡次受挫，产生强烈的自卑感，并进而转化为自卑心理。这种心理对人的思维活动、创造活动有明显的抑制作用，有这种心理的高职毕业生往往没有信心和勇气面对用人单位，对自身的素质和就业竞争能力评价过低，不敢主动向用人单位推销自己，不敢主动参与就业竞争，在求职过程中缺乏自信心。高职毕业生往往不敢正视现实，对自己的长处估计不足，缺乏竞争的勇气，从而严重影响了其就业与择业。

【案例分析】

自信的力量

1960年，美国哈佛大学罗森塔尔博士曾在加州一所学校中做过一个著名的实验。新学年开始时，他让校长将三位老师请进办公室，并对他们说："根据过去三四年来的教学表现，你们是本校最好的老师。为了奖励你们，今年我们特别挑选了三个班的学生让你们教，他们是全校最聪明的学生，这些学生的智商比同龄孩子都要高，希望你们能有更好的成绩。"老师们表现出掩饰不住的喜悦。临出门时，校长又叮咛：要像平常一样教他们，不要让孩子或家长知道他们是被特意挑选出来的，一年之后，这三个班学生的成绩是整个学区中最优秀的，比平均分数值高出两三成。这时候校长才告诉老师们真相：这些学生并不是选出来的优秀学生，而只是抽选出来的普通学生，这个结果正是罗森塔尔博士所预料的结果。这三位教师都认为自己是最优秀的，并且学生也都是高智商，因此，对教学工作充满了信心，工作自然非常卖力，结果也就非同一般。

【快乐猪有话说】

世界500强企业员工的12条核心标准

1. 敬业精神

一个人的工作是他生存的基本权利，有没有权利在这个社会上生存，看他能不能认真地对待工作。能力不是主要的，能力差一点儿，只要有敬业精神，能力是会提高的。如果一个人的本职工作做不好只是应付工作，最终失去的是信誉，再找别的工作、做其他事情都没有可信度。如果认真做好一项工作，那么往往还有更好的、更重要的工作等着自己去做，这也是职场上的良性发展。

2. 忠诚

忠诚建立信任，忠诚建立亲密。只有忠诚的人，周围的人才会接近自己。企业在招聘员工的时候，绝对不会招聘一个不忠诚的人；客户购买商品或服务的时候，绝对不会把钱交给一个不忠诚的人；与人共事时，也没有人愿意与一个不忠诚的人合作。

3. 良好的人际关系

良好的人际关系会成为自己这一生中最珍贵的资产。在必要的时候会对自己产生巨大的帮助，就像银行存款一样，时不时地少量地存，积少成多，有急需时便可派上用场。正如，美国石油大正洛克菲勒所说："我愿意付出比天底下得到其他本领更大的代价来获取与人相处的本领。"

4. 团队精神

在知识经济时代，单打独斗的时代已经过去，竞争已不再是单独的个体之间的斗争，而是团队与团队的竞争、组织与组织的竞争，许许多多困难的克服和挫折的平复，都不能仅凭一个人的勇敢和力量，而必须依靠整个团队。作为一个独立的员工，必须与公司制订的长期计划保持步调一致。员工需要关注其终生的努力方向，如提高自身及同事的能力，这就是团队精神的具体表现。

5. 自动自发地工作

充分了解工作的意义和目的，了解公司战略意图和上司的想法，了解作为一个组织成员应有的精神和态度，了解自己的工作与其他同事工作的关系，并时刻注意环境的变化，自动自发地工作，而不是当一个木偶式的员工。

6. 注重细节，追求完美

每个人都要用搞艺术的态度开展工作，要把自己所做的工作看作一件艺术品，对自己的工作精雕细刻。只有这样，自己的工作才是一件优秀的艺术品，也才能经得起人们细心地观赏和品味。注重细节，追求完美，细节体现艺术，也只有细节的表现力最强。

7. 不找任何借口

不管遭遇什么样的环境，都必须学会对自己的一切行为负责。属于自己的事情就应该千方百计地把它做好。只要自己还是企业的一员，就应该不找任何借口，投入自己的忠诚和责任心。将身心彻底融入企业，尽职尽责，处处为自己所在的企业着想。

8. 具有较强的执行力

具有较强的执行力的人在每个阶段、每个环节都力求卓越，切实执行。具有较强的执行力的人就是能把事情做成，并且做到自己认为最好结果的人。

9. 找方法提高工作效率

遇到问题就自己想办法去解决，碰到困难就自己想办法去克服，找方法提高工作效率。在企业，没有任何一件事情能够比一个员工处理和解决问题，更能表现出他的责任感、主动性和独当一面的能力。

10. 为企业提供好的建议

为企业提供好的建议，能给企业带来巨大的效益，同时也能给自己更多的发展机会。为了做到这一点，自己应尽量学习了解公司业务运作的经济原理。例如，为什么公司业务会这样运作？公司的业务模式是什么？如何才能盈利？同时，自己还应该关注整个市场动态，分析、总结竞争对手的错误症结，不要让思维固守在以前的模式与状态。

11. 维护企业形象

企业形象不仅靠企业各项硬件设施建设和软件条件开发，更要靠每位员工从自身做起，塑造良好的自身形象。因为员工的一言一行直接影响企业的外在形象，员工的综合素质就是企业形象的一种表现形式，员工的形象代表着企业的形象，员工应该随时随地维护企业的形象。

12. 与企业共命运

企业的成功不仅仅意味着这是领导者的成功，更意味着每个员工的成功。只有企业发展壮大了，自己才能够有更大的发展。企业和自己的关系就是"一荣俱荣，一损俱损"，不管最开始是自己选择了这家企业，还是这家企业选择了自己，自己既然成为这家企业的员工，就应该时时刻刻竭尽全力为企业做出贡献，与企业共命运。

三、求职心理调适

【快乐猪有话说】

做好心理准备

求职并不是一项悠然自得的活动，要实现理想的岗位目标，需要付出艰辛的劳动，甚至要历经种种曲折。作为一名大学毕业生，调整求职心态，做好充分的心理准备，在求职过程中是十分重要的。下面快乐猪将提示你求职过程中常见的心理问题，希望大学毕业生能提前做好各项心理准备，朝气蓬勃、自信十足地迈向工作岗位。

1. 焦虑

焦虑主要表现为恐惧、不安、忧虑及某些生理反应。引起毕业生焦虑的主要原因有以下几点：自己的理想是否能够实现；是否能够找到一个适合自己特长且环境优越的单位；用人单位是否能选中自己；屡屡被用人单位拒绝怎么办？自己看中的单位，父母、恋人不同意怎么办？尤其是一些长线专业，或来自边远地区，或性格内向，或有生理缺陷，或成绩不佳，或是女大学生，表现得更为焦虑。有些大学生在屡遭挫折之后，甚至产生了恐惧感，一提到就业就心理紧张。大学生择业焦虑心理的一种特殊表现就是焦躁。急着要找单位，急着签约，急着办各种手续。尤其是在规定时间内未落实就业单位的学生，表现得更为焦躁，甚至表现出失控情绪，在对用人单位信息掌握较少或不完全了解用人单位的情况下，就匆匆签约，常常事倍功半，甚至事与愿违。

2. 怯懦

怯懦是一种胆小、脆弱的性格特征，多见于一些女大学生，性格内向或抑郁气质类型的大学生。怯懦主要表现为在面试时语无伦次、张口结舌、支支吾吾、答非所问，从而影响了面试的效果，进而影响择业。

3. 孤傲

孤傲心理是缺乏客观的自我分析和自我评价的表现，主要表现为有些大学生对自己估计过高，认为自己学习了很多知识，各方面条件也不错，哪个用人单位录用了自己是其荣幸；或者看不起这个单位，瞧不起那种职业。一旦有了这些心理，很容易脱离实际，以幻想代替现实，使自己的择业目标和现实产生极大的反差，最终可能无法正常就业。

4. 冷漠

冷漠是遇到挫折后的一种消极心理反应，是逃避现实、缺乏斗志的表现。其主要表现为受到挫折后，感到无能为力、失去信心，甚至不思进取、情绪低落、情感淡漠、意志脆弱、听天由命。

5. 问题行为

问题行为，即违背社会行为规范的不良行为。毕业前，一些大学生因某些需要不能得到满足，或遭受了强度较大的挫折，加之平日缺乏应有的品德与个人修养，可能发生各种各样的问题行为。常见的有逃课、损坏东西、对抗、报复、迁怒于人、拒绝交往、进行不良交往、过度消费、嗜烟、嗜酒等。问题行为的存在，不仅会影响学生顺利择业，严重的还可能导致违纪与违法。

6. 生理化症状

生理化症状也称择业综合征，是心理压力和生活方式导致的异常的生理反应。毕业前，大学生由于心理冲突强度大、挫折体验多，加之一部分大学生在性格上本来就不够健全，所以容易出现头痛、头昏、血压不正常、消化紊乱、背痛、肌肉酸痛、口干、心慌、睡眠障碍等生理化症状。

笔记区

天无绝人之路！同学们，不管遇到任何挫折，都要立刻振作起来，一切都只是成功前的过程！

心理调适的方法主要包括以下几种。

(一）转化法

有些时候，不良情绪是不易控制的。这时可以采取迂回的办法，把自己的情感和精力转移到其他活动中。例如，学习一种新的技能，参加有兴趣的活动，使自己没有时间沉浸在不良情绪中，以求得心理平衡，保护自己。

（二）沟通法

当对择业感到茫然时，可以找老师、同学、亲友沟通，说出自己的一些想法，让他们提供一些建议和看法。

（三）安慰法

安慰法也称阿 Q 精神胜利法。人不可能事事顺心，在择业过程中遇到困难和挫折，虽已尽了全部努力仍无法改变时，可说服自己适当让步，不必苛求，找一个自己可以接受的理由让自己保持内心的安宁，承认并接受现实，以求得解脱。

（四）松弛法

在出现焦虑、恐惧、紧张、心理冲突、入睡困难、血压增加、头痛等身体症状时，可以在有关人员的指导下进行放松练习。通过练习学会在心理上和身体上放松的方法，可以减轻或消除各种不良的身心反应。

（五）宣泄法

因挫折造成焦虑和紧张时，可以选择打球、爬山等运动量较大的活动（图 6-1），以宣泄情绪。但是宣泄一定要注意场合、身份、气氛，注意适度并确保对他人无破坏性。

图 6-1

第三节　求职信息准备

求职信息在大学毕业生就业过程中起着重要的作用。它是大学毕业生就职择业的基石，是与用人单位连接的桥梁，是职业选择的重要依据，更是顺利就业的可靠保证。

一、有效求职信息的特征

(一) 真实性

由于信息的来源渠道不同,传递方式不一,大量信息扑面而来,难免造成信息的真实程度不一。在当前人才市场监管尚不十分健全的情况下,假信息或不太准确的信息层出不穷,导致有些大学毕业生求职不成,甚至造成人财两空,贻误求职的最佳时机。

> 认真分析、判断,增强识别求职信息真实性的能力。

(二) 时效性

信息的一个特别重要的特点就是时效性,即信息都有时间要求,在规定时间内是有效的,过了一定的时间,就失去了它的意义和作用。因此,毕业生在收集、整理、处理求职信息时一定要注意信息的有效时间,争取及早对信息做出应有的反应,而不致使重要的求职信息在自己手上成为"明日黄花"。"机不可失,时不再来"用在大学毕业生求职择业上也是具有现实意义的。

(三) 准确性

求职信息必须能够真实、全面、准确地反映用人单位的意图,不能含糊其词,模棱两可,否则容易对求职者造成误导,产生错觉。因此,要从简单的求职信息中认真琢磨,仔细体会,对于一些不是十分清楚的求职信息要及时与用人单位取得联系或请教别人,搞清用人单位的准确信息,以免与所求职位相差太远,甚至上当受骗。求职信息不准确,也会使求职者浪费许多精力、财力,从而贻误时机。

(四) 针对性

用人单位所要求人才的层次、专业、性别、能力等方面千差万别、五花八门。求职信息本身必须能够说明它所适用的对象,以及该对象所应具备的具体条件,否则就容易让人产生自己都能适合、都能胜任的错觉。因此,必须注意求职信息的针对性,不能盲目追求当下都看好的职位。适合自己的信息定要予以重视,不适合自己的求职信息也一定要果断地摒弃,减少求职择业的盲目性和盲从性。

二、求职信息的内容

求职信息是对与就业有关的所有信息的统称。这里所说的求职信息主要是指与大学毕业生求职就业有关的信息,主要包括以下几点。

笔记区

笔记区

（1）各种用人单位的招工、招聘信息。这是直接反映社会用人需求状况的信息，这类信息有直接利用价值。同时，它还是预测社会人员需求趋势的重要参数。

（2）当前大学生就业市场的供需形势，主要包括社会经济发展形势、社会各行业、各类企事业单位经营状况和对毕业生的需求等。尤其要重点了解本校、本专业的社会需求情况，以及用人单位对毕业生的基本要求等。

（3）社会经济发展信息。这类信息一般不直接反映社会需求状况，但会促使就业结构产生变化，从而间接地反映社会劳动力的流向和需求的变动趋势，起到预测社会人员需求的作用。例如，某地区提出产业结构调整，重点发展建材、纺织材料等轻工业，或某地区建铁路、公路、发展旅游产业等。

（4）国家和地区颁布的劳动与就业相关的政策、法规。这类信息属于国家或地方政府所属职能部门发布的行政命令或政府规定。其中，有些可直接、间接影响劳动就业。特别是就业政策方面的信息，当年国家和各地方、各部门以及学校针对毕业生就业的一些政策、规定，是毕业生求职择业的前提和基础。因此，一定要仔细学习、认真领会这些信息的精华，为择业提供政策依据。例如，国家及学校有关毕业生就业政策及规定，包括《中华人民共和国劳动法》《中华人民共和国劳动合同法》《中华人民共和国反不正当竞争法》等。

（5）就业活动安排信息。例如，什么时候召开企业说明会，什么时候举办就业招聘会或供需洽谈会（图6-2）。

(a)   (b)

图6-2

（6）成功择业的经验、教训的信息。往届大学毕业生的求职经验、教训，就业指导教师的体会和建议等，都能为大学生的成功择业助一臂之力。

（7）用人单位信息。用人单位地理环境、生产经营状况、企业文化、发展前景、发展规模、经济效益、管理体制、岗位设置、工作条件、硬件设施、福利待遇，以及用人单位所需专业、岗位对人才要求、对大学毕业生的具体安排及晋升管道等。

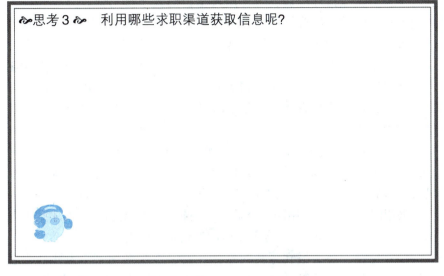

思考3　利用哪些求职渠道获取信息呢？

三、就业信息的类别

（1）按信息的作用划分，可分为有效信息、低效信息和无效信息。真实的信息不一定是有效的，信息的有效性是因人而异的。例如，某公司招聘酒店管理类专业毕业生相应岗位的信息，对于物流专业毕业生而言，就是低效或者是无效的。

（2）按信息的内容划分，可分为就业背景信息和岗位信息。背景信息是指有关就业的背景资料、政策规定、就业形势等。例如，各省（自治区、直辖市）对接收高校毕业生的规定，选拔高校毕业生到基层任职的规定、要求和办理流程，鼓励高校毕业生到西部地区就业的政策；高校毕业生应征入伍的有关规定，高校毕业生报考国家公务员的规定、流程和要求等。岗位信息是指与岗位直接有关的岗位需求、应聘条件、待遇等方面的信息，如用人单位或人才中介机构发布的招聘信息。

（3）按信息的真伪划分，可分为真实信息和虚假信息。求职信息的真实性是求职成功的根本保证，但是，目前也有一些不法分子经常编制出虚假信息来骗取求职者的钱财。因此，每位求职的大学毕业生都应提高防范意识，避免那些虚假信息的误导，乃至不慎落入求职陷阱中。

四、求职信息的收集

收集求职信息应力求做到"早""实""准"。所谓"早"，就是收集信息要及时，不能事到临头再去抱佛脚。"实"就是收集的信息要具体，用人单位的地点、环境、人员构成、生活待遇、发展前景、对新进人员的要求、联系电话等各方面信息，掌握得越具体越好。"准"就是要做到准确无误。

笔记区

（1）学校就业主管部门。各高校毕业生就业中心或办公室，是为大学毕业生服务的常设机构，一般有专门的负责人和工作人员，都有较为丰富的就业指导经验，与各用人单位的人事部门保持有效联系和长期合作。通常，学校就业主管部门会为大学毕业生提供与就业有关的政策咨询、前景分析、就业形势及用人单位的信息等。作为大学毕业生就业的重要中介机构，与各省（自治区、直辖市）的毕业生就业主管部门以及有关用人单位保持着经常、密切的联系。用人单位通常也会把各种招聘信息直接传递给学校的就业相关部门，要求学校协助推荐所需人才。

（2）政府劳动、人事主管部门。例如，创办于1999年的昆山人才网（http://www.kshr.com.cn）隶属于昆山人力资源市场，是昆山地区规模最大、影响力最广，并且具有政府官方信誉的综合性招聘网站。常年提供网络招聘、事业单位招聘、公益性岗位招聘、校园招聘、人才政策咨询等服务，为企业和各类人才第一时间实现精准匹配。

（3）电视广播、报刊等新闻媒介。大学毕业生就业作为社会普遍关注的热点问题，近年来引起了新闻界的普遍重视，不少地方的电视、广播纷纷安排频道提供发布就业信息的服务，不少用人单位也会通过电视广播等手段介绍用人单位的经营现状、发展前景和人才需求等，大学毕业生也可根据这些线索进行求职。另外，周末的报纸及就业类的报刊，如教育部学生司和毕业生就业指导中心主办的《中国大学生就业》以及各地人才市场报等，都是比较重要的就业信息来源，可以由此了解有关就业政策、招聘信息。

（4）社会关系。社会关系主要包括家长、亲戚、父辈的同学、同事及朋友、邻居、熟人、同学，以前或现在的老师、校友、领导、专家、其他求职者等。人是社会的人，良好的人际关系不仅可以提高生活质量，有时还能帮助大学毕业生找到一个适合的工作，为将来的成功奠定坚实的基础。一般来说，亲朋好友对大学毕业生本人比较了解，不管是个性、兴趣、能力还是对未来单位和岗位的期望，他们都很清楚。因此亲朋好友的推荐往往比较能够兼顾求职者与岗位双方面的需求。同时，来自亲朋好友的就业信息相对来说其真实性和有效性也更高。

（5）自我活动。自我活动的主要形式有电话咨询、登门求访、信函询问、社会实践、毕业实习、社会服务、业余兼职等。

（6）就业市场（人才交流中心、职介所）。就业市场拥有大量的职业需求信息，这些信息主要包括以下几种：一是岗位空缺信息；二是职业供求分析及预测信息；三是最新的劳动就业政策法规；四是职业培训信息；五是其他就业市场信息。

（7）各级各类"双选会"。各地通常都有固定的人才市场，大学毕业生可以由此了解到就业形势、薪资行情等。但这类人才市场所提供的岗位一般是招聘有工作经验的，或具有一定社会经验的人才，因而它所提供的岗位不一定适合大学毕业生。面临顶岗实习的学生,应该多参加由各地政府和人事部门举办的毕业生"双向选择"招聘会。这种专门面向毕业生的招聘会,有全国性的、省级的和地方性的,还有一个或者几个学校联合举办的。毕业生参加这种招聘会的好处是显而易见的:一是用人单位数量较多,可以提供较多的工作岗位;二是这些单位和岗位都欢迎没有工作经验的大学毕业生;三是这些用人单位大多具备一定的资质,提供的岗位信息比较真实、有效。这类人才交流会在时间上多数安排在秋、冬、春三季,毕业生在参加此类招聘会前应充分准备好有关推荐材料,届时与用人单位直接见面,不仅可以直接获取许多就业信息,有时还可以当场拍板,签订就业协议,比较直接有效。

(8)互联网。随着互联网的进一步发展和广泛应用,互联网已经成为获取招聘信息的有效途径之一。据有关数据显示,企业招聘员工的渠道有87%从网络获取,加之各级政府部门对大学毕业生就业工作的高度重视,近几年出现了包括中国高等教育学生信息网(学信网)(http://www.chsi.com.cn)、中国教育在线就业频道(http://www.eol.cn)等在内的就业信息网站,能及时地发布大量可供大学毕业生选择的就业需求信息。通过网络搜索查询就业信息正成为大学毕业生获取就业信息的一个重要途径。

【快乐猪有话说】

常用的就业网站

中国人才热线:http://www.cjol.com
网易社会招聘:http://hr.163.com
无忧工作网:http://www.51job.com
中国人力资源网:http://www.hr.com.cn
中国人才网:http://www.chinatalent.com.cn
昆山人才网:http://www.kshr.com.cn
苏州人才网:http://www.szrc.cn

五、求职信息的处理过程

(1)掌握重点。求职者在全面收集信息后,需要根据自身的求职需要对其进行一定的筛选,把重点信息选出、标明并注意留存,一般信息则仅作为参考。

(2)善于对比。当从不同的渠道收集到大量的需求信息后,按其行业、薪资、前景、兴趣等进行归类整理,必要时可赋予各岗位信息不同的分值,最好能做成相应的数据表格,然后进行比较,最后确定适合自己的就业岗位。

（3）不耻下问。对于那些已经筛选过的信息，为了弄清信息的可靠程度，应当通过各种办法，找有关人士打听、澄清，以确定信息的可靠程度，以此来修正和补充有关就业信息。

（4）了解透彻。对于重要的信息要顺藤摸瓜、寻根究底，务求了解透彻，不能一知半解。要全面掌握情况，全面了解信息的中心内容。

（5）避免盲从。获取用人信息以后，不能一味盲从，那种认为亲友告诉你的信息一定可靠、报刊上传播的信息肯定没问题的想法是不可取的。绝不要未经筛选就轻率地做出选择，这样往往会错过良机或耽误自身时间。

（6）适合自己。一切信息都要进行对照衡量，看是否适合自己。要清楚自己的兴趣爱好、性格特征、基本素质、专业知识、技术能力等，千万不要好高骛远，挑选不适合自己的工作岗位。

【快乐猪有话说】

互联网求职易出现的错误

（1）漫不经心地到处张贴。一些大学毕业生喜欢尽可能多地在网上张贴自己的简历，以为"广种薄收"，反"引"来一些企图利用网络骗钱的不法分子。

（2）把所有的希望都寄托在网络上。把所有的"蛋"都放在网络这个"篮子"里，而忽视了其他更权威、更有效的信息渠道。

（3）在一家公司应征数个职位。这与填高考志愿时"服从专业调剂"类似。这样，不仅让公司重复阅读相同的简历会引起反感，而且会得出应聘者没有思想的结论。

六、求职信息应避免的问题

（1）从众行为。缺乏主见，人云亦云。在实际工作中，常见"别人说哪里好就往哪里跑，别人往哪里走，就往哪里凑"的求职现象。

（2）模棱两可、举棋不定。即陷入大量信息的旋涡中不能自拔，在另人眼花缭乱的信息面前，左思右想，犹犹豫豫，拿不定主意，其结果便是"竹篮打水一场空"。

（3）避免信息陷阱。

①信息陷阱的类型主要包括骗财类陷阱、骗色类陷阱、知识产权类陷阱、合同类陷阱、违法类陷阱。

②避免就业信息陷阱的方法：加强对劳动法律法规和大学生就业政策的学习，通过正规渠道获取招聘信息，不要缴纳诸如报名费、培训费等费用，不要被职位的名称所迷惑，加强自我保护意识，防止个人资料泄密。

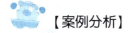
【案例分析】

求职陷阱

小赵，22 岁，2018 年 7 月刚从某网络信息学院毕业。他看着周围的同学都已找到了满意的工作，自己几个月来却一直处于失业的状态，心中十分着急。应聘了多家单位，但单位均以没有工作经验为由而婉拒他。

某日，他看到了某网络公司招聘网络管理员岗位，并在介绍中说明"无经验亦可"，小赵不假思索就到这家公司填写了登记表，并对招聘公司的背景一概不问，面试人员跟他说什么他都答应，面试人员在面试过程中便提出要收取报名费、培训费等一系列费用，小赵由于急于想得到这份工作，便交了钱，也没留下任何票据，听从面试人员的话语，回家等消息。

但一个月之后该公司仍然没有给他任何回信，他来到公司要求退钱，由于拿不出任何凭据，最后只能无奈走人，工作没找到，连钱也被骗了不少。

应届毕业生求职旺季，不少大学生求职心切，疯狂"海投"简历，对于所应聘单位的背景资料也不了解就盲目前往。甚至不少大学生为了表示自己应聘的诚意，对企业提出的一些近乎苛刻的要求也照单全收。一些不法企业正是利用了大学毕业生的这种心理，设下各种圈套。

第四节　撰写就业材料

在求职择业过程中，简历材料有着举足轻重的作用。简历材料是求职者与用人单位沟通的重要桥梁，推荐面试、录用都离不开它。凭借它，每个求职者都可以尽情展示自己的才华和风采，表达自己的愿望和心声；凭借简历材料，用人单位可以了解求职者的能力和水平，寻找他们渴求的人才。因此，材料的好坏直接影响就业。

求职材料包括毕业生推荐表和自荐材料。其中，自荐材料又由求职信、个人简介、自传及其他各类求职证明材料等组成。

一、毕业生推荐表

毕业生推荐表是学校向用人单位介绍、推荐本校毕业生的一种书面材料。用人单位鉴于对学校的信任，往往认为该表有较大的可靠性，所以易于得到认可。毕业生推荐表是由各院校自己印制的，所以式样不尽相同。

笔记区

(1) 毕业生推荐表，无论是哪种形式，其内容一般分学生自我填写和学校填写两部分。填写项目主要有个人简历、学习成绩、奖惩情况、自我鉴定、辅导员意见、学校意见等。

(2) 自我填写要求要实事求是填写自己的基本情况，尤其是学习成绩、奖惩情况等。如果弄虚作假，则不仅影响毕业生自己的求职形象，而且会损害学校的声誉。学业成绩可到学校有关管理部门查询、打印，打印的学生成绩单应真实可靠。奖惩一栏，如果没有获奖经历，可将自己参加的一些有代表性的、能反映个人才华的活动填上（有的表上有备注栏也可填），如主持过什么样的大型文艺晚会、参加过什么社团等。当然，这些活动显示的才华应有利于自己所求的工作岗位。

毕业生推荐表中的自我鉴定应根据社会对人才的要求来衡量自己，针对自己对工作的意愿来展示自己，有所选择，如实地鉴定自己。

在自我鉴定涉及的内容上，除了工作、学习、生活方面外，还可表明自己的人生价值观、求职观、人际观、金钱观及自己的实际工作能力等。

总之，在书写毕业生推荐表中的自我鉴定时，必须始终明确一个目的：要向用人单位展示自己适合某种职位所具备的各种能力和潜质。

(3) 充分发挥备注栏的作用。备注栏是补充毕业生推荐表栏目不足的地方，如计算机等级考试达到什么水平，以及有何种技能等级证书或辅修什么专业等。

二、自荐材料

(一) 自荐材料的作用

(1) 自我评估，做出择业取向。编写自荐材料过程中，毕业生会逐渐清楚自己的实际情况，能对自身的情况做出全面的分析和评价，明确自己的专长和爱好，把职业的要求和自己的个性、特征、实际才能结合起来，理性思考，做出明智的择业取向。

(2) 宣传接洽，通往成功就业的阶梯。通过自荐材料，用人单位不仅可以了解应聘者的个人简历，而且了解应聘者的知识能力以及特长、爱好，并能为求职者争取到面试机会。

(3) 重要依据。自荐材料是用人单位面试后做出取舍的主要依据。

(二) 编写自荐材料的要领

(1) 目标明确。编自荐材料的大目标和大方向就是为了就业，凡有利于就业的各种材料、各种组织编写方法都可以加以运用。

(2) 针对性强。编自荐材料时应根据大致的就业意向，以及应聘的行业、职业或单位特点，进行材料的合理组织、安排和撰写。要做到有针对性，尽量做到"知己知彼，投其所好"。

(3) 客观实用。在编自荐材料的过程中要采取客观真实的思想态度，一旦用人单位发现自荐材料有假，轻者失去理想的就业机会，重者可能会为人生留下不好的记录。在文体上，切不可过分追求文笔超脱，言辞华丽，而舍本逐末。

（三）求职信撰写

求职信又称自荐信，是一种介绍性、自我推荐的信件，是求职者在了解就业信息后，有目的地向用人单位进行的自我介绍。它通过表述求职意向和对自身能力的概述，引起对方的重视和兴趣。一般来说，打开自荐材料，首先看到的便是求职信。正是有了求职信，阅读者才会对应聘者的简历中所写的经历与业绩感兴趣。因此，无论在文体上还是内容上，求职信都必须给阅读者留下好印象。

1. 求职信的内容

（1）称呼。求职信的称呼往往比一般书信的称呼正规一些，在实际书写时要区别对待：如果写给国家机关、事业单位的人事处领导，用"尊敬的××处长（科长等）"称呼；如果求职三资企业，则用"尊敬的××董事长（总经理）先生"；如果是写给企业厂长的，则可以称之为"尊敬的××厂长（或经理）"；如果写给大学校长或人事处的求职信，则称之为"尊敬的××教授（或校长、老师等）"，而不要使用"××老前辈""××师傅"等不正规的称呼。当然，有些求职信也可以不写姓名，如"尊敬的负责同志""尊敬的董事长先生"等。求职信开始之前，首先要用"您好"之类的问候语，如果知道信件最终将送到谁的手里，信的开头可直接尊称，视对方的身份而定。

（2）正文。这是求职信的中心部分，其形式多种多样，一般要求说明求职信息的来源、应聘岗位、本人基本情况、工作成绩等内容。

①本人情况和信息来源：说明本人基本情况和求职的信息来源。扼要说明招聘信息的来源、何时注意到该公司。如果公司中有人为你推荐职位，可巧妙地将此事写入求职信中，但千万不要给人自我炫耀的印象。

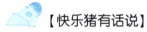
【快乐猪有话说】

千万千万不要这样表达（一）

"贵公司的某某总经理要我直接写信给你""某某厅长是我叔叔，某某是我表哥，希望贵公司能录取我"或者"中央某某领导很关心我的求职问题，特让我写信给你，请多关照"。这种求职信，人事部门看了通常会很反感。

②求职目标：说明应聘岗位和能胜任本岗位工作的各种能力。简单地书写求职信的理由，讲明要到什么单位任职，任何种职务。如果初次谋职，不妨先预定出自己的理想目标和满意目标，乃至最低目标，再根据具体情况及实现目标的可能性，对目标进行灵活调整。更重要的是表明"你能给公司什么，如果公司录用你，你能为公司做出什么贡献"。

【快乐猪有话说】

千万千万不要这样表达（二）

"现已有多家公司要聘我，所以请贵公司从速答复。"这实际上是在威胁人家，好像在说："我可是一位人才，别的公司都抢着要录用我，你不聘我，就是不爱才、不识才、不用才，所以从速答复。"这样往往会"弄巧成拙"，激怒用人单位。

③求职条件：介绍自己的潜力。要针对自己求职的目标，扬长避短，具体陈述自己的主要成绩、专业优势、技术特长、年龄优势，还可以讲明自己的有关爱好、业余兴趣，自己取得的成果及所受奖励。对某些问题和难题的看法、解决办法或方案，参加过哪些有成就的社会工作等。总之，要力求"立体展示"，突出优势。不要夸夸其谈，漫无边际，也不要卑怯谦恭，唯唯诺诺。

④本人愿望：表示希望得到答复面试的机会。最好向招聘者说明"何时""何地""怎样"与你联系，当然联系办法越简单越好。

禁忌内容："本人谨以最诚挚的心情，应聘贵公司的工程师一职，因为贵公司一贯尊重人才，所以盼望得到贵公司的考虑和录用。"

这种写法，事实上是在强迫用人单位，因为这句话的实际含义："你如果不录用我，就是对我不尊重；我是人才，你必须录用我，这样才能体现出贵公司一贯尊重人才。"

【快乐猪有话说】

千万千万不要这样表达（三）

"本人于6月5日要放假回家，敬请人事经理务必于6月1日前复信为盼。"表面上看，好像很客气，却在限定时间给对方下命令，容易让人不快。

（3）结尾。结尾一般应写明希望对方给予答复，并盼望能有机会参加面试及简短的表示敬意、祝愿之类的祝词，如"祝公司兴旺发达""顺候安康""深表谢意"等，也可以用"此致敬礼"之类的通用词。

（4）署名。署名应注意与信首的"称呼"一致。一般都在署名前加上一些"您诚恳的××""您信赖的××""您忠实的××"之类的词语，也可以写成"您的学生××"，也可以什么都不写，直接签上自己的姓名。

（5）日期。日期一般写在署名右下方，最好用阿拉伯数字书写，并写上年、月、日。

（6）联系方式。"如你能在百忙中抽出时间回复我，给我机会，我将不胜荣幸。

若需联系请打电话：××××××××××。

感谢您阅读我的自荐材料。"

(7) 附件。附件最好有附件目录，这样既方便招聘单位的审核，同时也能给对方留下一个"有条不紊、很负责任、办事周到"的好印象。

2. 求职信的写作技巧

(1) 真实客观，不含水分。

求职信一定要按照实际情况填写，任何虚假的内容都不要写。但也不要过分谦虚，有的同学在信里特别注明自己某项能力不强，这就是过分谦虚，实际上不写这些并不代表说假话。

(2) 文字简短，不出错误。

求职信要保证你的求职信会使招聘者在 30 秒之内决定是否聘用你，通常只要 1 页纸就足够了，一般在 1 200 字以内，文字不要出错。用人单位最不能容忍的事是内容上出现错别字，切忌有错字、别字、病句、文理欠通顺等现象的发生，以及语法和标点符号方面的低级错误。写完之后要通读几篇，仔细检查已成文的个人简历，用词造句要精雕细琢，惜墨如金。

(3) 整体美观，讲究排版。

注意不要把求职信折叠得皱皱巴巴、有污点，这会让用人单位认为连自己求职这样的事都不用心，那工作上也不会用心。

(4) 富于个性，有的放矢。

要突出自己的"名、优、特"。

所谓"名"，即名气。例如，在同行中，你的名气如何？取得了哪些骄人的业绩？别人是如何评价的？可用一两个事例概述你在本行业中的业绩、名气、表现，包括你的个人研究、技术革新成果、发表的理论研究文章、获得的荣誉证书等。

所谓"优"，即优点、长处。别人所没有的而招聘单位又需要的本领、技术特长与优势，包括工作、生活、团队精神、职业道德、工作纪律、钻研精神等方面的优点，主要突出别人所没有的优点。一个人的优点越多，他就能将工作做得越好。任何一个单位都要求员工能按要求完成交给的工作，但任何一个单位都希望员工能将工作完成得比要求的更好。如果你有这方面的优点，不妨表现出来，这肯定受人欢迎。

所谓"特"，即特别的技术，特别的本领，与众不同。别人不能解决的困难你能解决；别人想不出的方法、技巧，你能设计出来，这就是"特"。如果有与众不同的技术、本领，就能为单位带来与众不同的效益，带来别人所不能带来的成果，当然会大受欢迎。

(5) 以情动人，以诚感人。

语言有情，会更有助于交流思想，传递信息，感动对方，写求职信更要注意这一点。那么怎样做到以"情"动人呢？关键在于摸透对方的

笔记区

心理，然后根据你与对方的关系采取相应的对策。在注重以情动人的同时，还要以"诚"感人，以"诚"取信。即要态度诚恳、诚实，言出肺腑，内容实事求是，言而可信，优点要突出，缺点不隐瞒，恭敬而不恭维，自信而不自大。只有"诚"才能得到用人单位的重视。

（6）使用强势语言，少写弱势语言。

①强势语言包括：计划、选择、监督、设计、预算、编辑、建立、领导。

②弱势语言包括：参与了、协助了、被赋予了……责任、由……领导。

【快乐猪有话说】

求职信切忌六点

☆长篇累牍，无的放矢；

☆错字连篇，主次不分；

☆篇幅过短，缺乏信息；

☆逻辑混乱，阅读困难；

☆过于自负，不合实际；

☆过于怪异，用词生僻。

【案例分析】

求职信一（错误格式）

杰出电脑公司人事部经理

您好！

在报纸里看到你们公司的招聘启事，我对营销主管一职很感兴趣。我现年23岁，今年毕业于××外国语大学国际贸易系。大学期间，我的成绩非常好，每年都能拿到奖学金。业余时间，我还积极参加社会实践，暑假经常在一家贸易公司打工。另外，我一直对计算机感兴趣，曾参加过计算机课程的学习。相信根据我的经验和努力，一定能给你们公司带来效益。希望你们给我这样的机会，如能被录用，我将非常感谢。我的电话是：0111312456，电子邮箱是：wanl2@hotmail.con，希望你们快点儿回答。

信的后面有简历一份和复印好的获奖证书。

工作顺利

海涛

2018－5－6

> **◇思考 4 ◇** 请同学们展开讨论,认为这封信中有哪些错误?

笔记区

【案例分析】

求职信二(错误格式)

尊敬的各位领导:

众所周知,你们招聘人才的时候,从自身的长远发展考虑,往往把眼光锁定本科生,并寄予厚望,我不反对,也没有权利和资格反对。但是这却不幸地忽略专科生的长处!为什么你们就能那么坚信:只不过多在学校读了一年书的本科生就一定会比我们这些专科生,高明好多呢?

就拿我来说吧,是一个很有自信的人(不然也没有必要给各位领导先生们写这种自荐信了)。学历低已经是无可奈何命中注定的事了,能力再低就未免太说不过去了(这是我进专科大门后起的第一个反应)。抱着这种态度,我努力地提高着自己的能力,在学校里除了学好专业课以外,还积极地参加各种社团活动,培养并提高了自己的交际能力,进了院报,当了名学生记者,实现了"记者"的心愿。

毋庸讳言,计算机在我们陶瓷学院众多专业中,的确算不上主流。然而放眼整个学院,无疑也算是给我们营造了一个良好的学习氛围,齐全的图书资料,充足的自学空间。才得以让我可以在简历中的主学课程栏里,尽情书写!啰唆了这么久,无非只是想告诉您们:三年的时间,要想学好一门谋生的技能,并非不可能!

我不敢自夸专业学得非常好,毕竟对计算机的应用,在这个时代和社会太普遍了,人的精力非常有限,很难做到一网打尽,全部都学会。而我开始又偏偏没有看透这点,趁着年轻气盛,血气方刚,拼命地自学了许多内容,以致太杂,辜负了专科的"专"字了!

但无论如何,现在能在毕业的时候,觉得自己居然会为读了专科而没有脸红,甚至还能自觉问心无愧,相当难得了!

本人知道像我这样一个经验不足的应届毛头小伙子,仅凭三言两语很难打动你们的心。所幸的是,你们给了我一个月的试用期作为缓和阶段。由此,可以促进我们彼此之间的相互了解,加大进一步合作的可能

笔记区

性。至于待遇，不是关键，只是希望它能切实地同我的实际能力紧密地联系起来。同时，为了安全起见，我也殷切地希望，你们能帮我解决一下住宿问题，不胜感谢！

保证的话全是徒劳，重点要看我试用期的表现吧！

一个纯粹的求职者

> ☞思考5☜　请同学们展开讨论，认为这封信中有哪些错误呢？
>
>

【案例分析】

求职信三（规范格式）

尊敬的刘老师：（称谓）

　　您好！（问候语）

　　我叫王××，女，1996年5月出生。现就读于××大学××学院汉语言文学专业，今年7月毕业。看到贵校刊登在×月××日《××日报》上的"招聘教师启事"，我认为自己的条件符合贵校的要求，为此不揣冒昧，向您寄上我的求职信。（正文·连接语）

　　在过去的三年半时间里，我各门课程的成绩均为优秀，连续三次获得学校的奖学金。同时，我也积极热情地参加学校及学院组织的各项活动，因表现突出，多次受到表彰奖励。

　　虽然我就读的是非师范专业，但我自入学起就对中学语文教育感兴趣，为此我选修了"教育学""心理学"等教师必需的专业性课程内容，并取得优秀成绩；苦练普通话并获得一级乙等证书；结合自己针对语文教育工作进行定向性学习的体会；已在有关报刊上发表了两篇中学语文教育方面的文章；在四年级第一学期的课余时间，到我校附属中学进行了半年的见习。可以说，我为做一名合格的中学语文教师，已经在理论与实践等方面有了一定的准备。（正文·主体）

　　贵校教学严谨，学风纯正，多年来已为国家培养出众多的人才。只盼我能在贵校圆自己的教师梦。可否面试，静候佳音。（正文·结束语）

　　恭祝

　　教祺（祝颂语）

附件：（附件）
1. 个人简历
2. 学习成绩单
3. 英语六级证书复印件
4. 普通话一级乙等证书复印件
5. 各项获奖证书复印件（×件）
6. 已发表论文复印件（2篇）

              王××（落款）
           2018年5月16日（写信日期）

通信地址：××市××路××大学××学院××级王××
邮编：××××××
电话：××××—××××××××
手机：138××××××××
电子邮箱：×××××××

3. 个人简历撰写

个人简历是毕业生自己生活、学习、工作、经历、成绩的概括集锦。它一般不单独使用，而是作为求职材料的附件呈送给用人单位。个人简历的真正目的是让用人单位全面了解自己，从而为自己创造面试的机会，最终达到就业的目的。而所谓好简历的标准，简单来说就是让招聘者从上百份简历中把你的这份抽出来。

（1）个人简历的形式。个人简历一般有三种形式，即表格式、时间顺序式、学习工作经历式。表格式是用表格的形式列出自己的基本情况和学习、工作的经历，使人一目了然；时间顺序式是按年月顺序，列出自己的学习、工作经历，条理清楚；学习工作经历式是根据需要有选择地列出自己的学习、工作经历，充分表现自己的技能、品德。对于即将毕业的大学生来说，宜采用表格式和时间顺序式。

（2）个人简历的内容通常包括以下几点。

①个人资料：姓名、性别、出生年月、籍贯、政治面貌、婚姻状况、身体状况、兴趣、爱好、性格以及联系方式等；

②学业有关内容：毕业学校、所学专业、学位、主要课程成绩、外语、计算机掌握的程度、各种资格证书等；

③本人经历：大学以来的简单经历，主要是学习和担任社会工作的经历等，个别的还可以从毕业的高中写起；

④自我评价：总结大学阶段的表现，并由辅导员或学院主管部门填写意见；

⑤所获荣誉：包括三好学生、优秀团员、优秀学生干部及奖学金等方面所获荣誉；

⑥本人愿望：根据自己的爱好、兴趣和特长，选择适合从事的工作。

（3）撰写简历的两大原则。

笔记区

①十秒钟原则。一般情况下，简历的长度以一张 A4 纸为限；简历越长，被认真阅读的可能性越小。高级人才在某些时候可以准备 2 页以上的简历，但是也需要在简历的开头部分有简洁清楚的资历概述，以方便阅读者在较短时间内掌握基本情况，产生进一步仔细阅读的愿望。

当简历写完以后，权衡一下，是否能够在 10 秒钟内看完所有你认为重要的内容，这就是通常所说的 10 秒钟原则。

②真实性与择优原则。工作经历是企业招聘者注重的一点，对于此模块，特别要注重真实性、客观性，否则将来面试时，恐怕会被问得张口结舌，也会对企业留下应聘者不踏实的印象。我们在写工作经历时，要尽量针对企业的类别、应聘的岗位来罗列相关的工作经历。例如，您如果在应聘一个营销岗位，那您在学校是否参加或组织一些关于口才、方案设计的活动，如果与应聘岗位的针对性不强，那就挑选自己特别成功或者优秀的经历着重写、详细写，对于成绩不是很显著的工作经历，则可以一笔带过，甚至可以不写。

（4）撰写简历的三大技巧。

①扬长避短，强调优势。重点强调社会活动经历、教育背景。

②简历一定要"量身定做"。应聘不同职位，突出不同特长，重点强调和该职位相适应的某项特别技能。简历最好不要是投之四海而皆可用的类型，应该根据应聘的不同企业做出一定修改，可以在其中有意识地写入一些适合企业文化的内容，或者可以表现出自己适合企业某方向需求的特点。

③语言要简洁精练，最好不要超过一页纸。

【快乐猪有话说】

投其所好

要想将自己顺利推销出去，就要学会"投其所好"。写简历时，不要浪费大量的财力、物力，用自己的语言和经历，写出人力资源经理最喜欢的简历。同时留意简历与自荐信的不同，简历是叙述求职者的客观情况，而自荐信则是主要反映求职者主观情况和求职意向。简历是一份材料，重在证明个人的身份详情、学习经历、生活经历、学习成绩以及工作经验等，其目的是用来支持自荐信，用以证明自己能适合担当所求职位的工作。

（5）撰写简历的七大细节。

①简历第一页一定要注明自己的姓名和联系方式；

②简历有两页纸即可，简历既不需要封皮，也不要在后面附上大量的证书复印件；

③简历不宜过于花哨；

④写明求职意向，最好不写薪水要求；

⑤突出对求职有用的兴趣特长；

⑥实践经验应具体明确；
⑦外地手机要注明。

【快乐猪有话说】

简历上的黄金布局法

（1）简历中的重要信息一定要出现在第一页。

（2）每页中重要的标题项尽量靠近页首或页尾。

（3）每个标题项中最重要的细节定要出现在第一项，次重要的细节出现在最后一项，其他信息安排在中间，从而避免给人以虎头蛇尾的感觉。

（4）删除那些无足轻重的细节，将内容重复的细节合并，使你提供的细节更简洁，内容更充实。

（5）如果想突出自己的实践经验，不妨给它们留出更宽松的格式，可以将它们纵向排列开来，还可以为它们添加更多的细节。

（6）简历页面是寸土寸金的，不要让姓名、性别、地址、电话等占据过大的空间，可将姓名作为标题，联系方式紧跟标题出现。

（7）如果使用两页的简历，千万要将第2页占满三分之二以上，不然就坚决选择一页的简历。

4. 附件

附件是指能证实自荐材料中所列的各方面情况的原始证明材料，它也是证明自荐材料的真实性和自荐人各种能力的有力佐证。为防止投递过程中丢失，可用复印件，一般用人单位决定录用后是要看原件的，所以原件一定要妥善保存。

附件应包括以下几项：

（1）学历证书，如毕业证书、学位证书、专业证书；

（2）等级证书，如外语等级证书、计算机等级证书、其他资格证书；

（3）获奖证明，如各类获奖证书、荣誉证书等；

（4）文章剪辑，如本人的论文、译文、发表的短文等，要注明出版社、报刊名、刊登时间等；

（5）推荐材料，如教师、专家、学者、名流对你写过的评语、推荐信等；

（6）其他，如活动照片、录音等。

5. 求职材料封面

作为外在形式，封面如同一个人的脸面，折射出一个人的喜好和素养。在众多各色各样的封面中，设计出色的简历封面，会格外引起人们注目。优秀的封面会带给求职人很大的自信心。这点是绝对物超所值的。试想一下，当求职者衣冠楚楚却拿着一份寒酸的简历，那是多么不和谐，更糟糕的是当求职者看到别人举着精心准备的、别致的简历，对求职者的自信心会造成多大的打击。粗糙不堪的简历，更会让招聘者感到求职

笔记区

笔记区

者做事不认真而失去录用机会。下面是提供的两点建议:

(1) 好的封面设计要有自己的特色,不能太大众化。

(2) 封面内容简单明了,重要信息突出。如果自己的学校非常著名,那就可以在简历封面显要的位置写上自己学校的校名,或者放上学校的校徽等。可以使用一些有创意的简历封面图,但对于大多数人而言,自己设计简历封面图是比较困难的,这时候可以借助于网络,借鉴别人的设计。

第七章

大学生创新创意

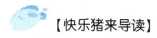

【快乐猪来导读】

创新与创意

创新与创意是互为表里、相互支撑的两条脉络，通俗的含义为创新是利用现有的知识和物质，在特定的环境及限制条件下，基于理想化需要或满足社会需求，而改进或创造新的事物、方法、元素、路径，并能获得一定有益效果的行为，较偏重系统性及实践性，如技术创新、科技创新等；创意是创新的特定形态，指向具有新颖性和创造性的想法，是在对事物的理解及认知的基础上，所衍生出的一种新的抽象思维和行为潜能，较偏重意识性及逻辑性，如广告创意、设计创意等。

第一节 大学生创新创意的内涵

1912年美国经济学家熊彼特首次提出了创新的概念。他认为"创新"就是把生产要素和生产条件的新组合引入生产体系，即"建立一种新的生产函数"，其目的是获取潜在的利润，熊彼特所讲的"创新"实际上是一种广泛意义上的企业创新，涉及技术创新、市场创新和组织创新等。近年来，更有专家学者将创新创意整合为如下公式"创新＝创意＋创造＋创收"。其中，创意是指比较新颖的观点、想法和思路，创造就是把想法变为产品或服务的过程，创收是指创意付诸创造投放市场后的收益。公式比较直观地表达出创新过程是一个由创意、创造和创收相加而成的链条，也可以称为创新价值链，重点是把整个创新过程视为集成理论和实践过程，同时也具有很强的实践指导作用，因为创新最重要的工作之一，是竭尽全力地把创意化为成果，并以此为基础衡量企业整体的创新能力。

放眼华夏五千多年的悠久历史，社会的每一次进步都离不开创新。党的十九大报告提出，创新是引领发展的第一动力，是建设现代化经济体系的战略支撑。报告中10余次提到科技、50余次强调创新。到2035年，我国跻身创新型国家前列的目标，将激励全社会积极实施创新驱动发展战略，擦亮中国创造、中国智造的闪亮名片。党的十九大报告指出"创新是引领发展的第一动力，是建设现代化经济体系的战略支撑。要瞄准世界科技前沿，强化基础研究，实现前瞻性基础研究、引领性原创成果重大突破。加强应用基础研究，拓展实施国家重大科技项目，突出关键共性技术、前沿引领技术、现代工程技术、颠覆性技术创新，为建设科技强国、质量强国、航天强国、网络强国、交通强国、数字中国、智慧社会提供有力支撑。"党的十九大报告对"加快建设创新型国家"提出明确要求。

笔记区

笔记区

总之，创新是一项复杂的系统性工程，现代人类文明的进步及企业的永续发展，不仅需要科技创新作支撑，也需要观念创新、制度创新、技术创新等作保障。而创意正是为创新提供这种新观念、新理念、新思维、新方法的核心要素之一。

第二节　大学生创意思维训练

【快乐猪有话说】

创意是什么？

创意来源于对生活的体会与感悟，创意来源于对常规性事物的破坏与解构，创意更来源于深度理性思维的再创造，从而进一步挖掘和激活资源组合方式，进而提升资源价值。很多同学认为创意无法摸索与掌握，其实它并不是与生俱来的天赋，而是可以靠后天训练及培养的，本章将提供四种创意思维训练方式，希望大学生能善加利用、多加琢磨，为人生创造出无限的可能性。

一、灵感记录法

"灵感"辞典中的解释为"灵感思维"，是指文艺、科技活动中瞬间产生的富有创造性的突发思维状态。弗朗西斯·培根曾说："不管想到什么都要立刻写下来，那些不请自来的想法通常也是最有价值的想法。"

所以灵感记录法的要点就是将所有"灵光一现"的一幅画面、一种想法甚或一种感觉，都在第一时间利用笔记本、手机简讯、录音、摄像等手段完整地记录下来。这些点子是否会发挥实质性作用在当下并不重要，重要的是记录灵感的过程，会让灵感在头脑中持续发酵，或许在某个时间点会转化成极富价值的构思。

同时为了让灵感源源不断地产生，同学们可以在课余之时，根据自己的兴趣与爱好，参加一些正当的课外活动，如体育锻炼、郊外旅游、野外拓展等，促使自我把动手与动脑、实践与探索、学习与创造等密切结合起来。透过这些过程让知识面更加广泛，人生体验更加丰富，灵感总会在某天"串联"起来等候你的采收。

二、逆向思考法

逆向思考法是一种站在当下问题的对立面，从外观、功能、结构等不同组成元素去思考、探索、突破的思维方法。

奔驰法（SCAMPER）是一种较常用的逆向思维方法，由美国心理学家罗伯特·艾伯尔（Robert F. Eberle）创作，他通过对现有产品、服务或者商业模式的改变来思考问题。SCAMPER 包含"替换、合并、调适、修改、挪作他用、去除、重新安排"等七种解决问题的逻辑，见表7-1。

表 7-1

简写	全名	意义
S	Substituted	即"替代",可用何种方法、材质、活动、人员等取代
C	Combined	即"合并",可与何种想法、目标、人员、材料等结合
A	Adapt	即"调适",是指改变功能或者部分结构等
M	Modify	即"调整、修改",放大、缩小、调整形状、规模、改变颜色、改变气味等
P	Put to other uses	即"挪作他用"/其他非传统的用途
E	Eliminate	即"去除、浓缩",包括简化、去掉部分功能或特征、凸显核心功能等
R	Rearrange	即"逆向操作、重新安排",包括里外对换、上下颠倒、逆转、重组等

【案例分析】

以不锈钢保温瓶（500 mL）为例

用奔驰法分析如表 7-2 所示。

表 7-2

意义	创意探索
替代	采用紫砂内胆,以保留茶的香气
调适	瓶口加装安全锁设计,防止儿童烫伤
修改	加大容量,可作为户外旅行壶
挪作他用	制作成焖烧杯,用来焖熟面条、稀饭、鸡蛋等
去除	去掉保温功能,增强防漏、防摔,设计制作成自行车专用水壶
重新安排	加装把手成为家用保温瓶

🎵思考2🎵 请在教师指导下另举一个实物,并尝试完成下述内容。

主题物：

替代：

合并：

调适：

修改：

挪作他用：

去除：

重新安排：

笔记区

一、思维导图法

(一) 神奇的脑细胞

在每个人的大脑中约有 1 万亿个脑细胞，其中负责思考的脑细胞约有 1 000 亿个。它们每个都具有很强大的微数据处理及传递系统。而每个脑细胞周围都有十根、百根或者上千根触须，从中央向四周发散，其中特别大且长的分支叫作轴突，其他的称为树突，它们都是信息的主要传递口，每个轴突和树突上都布满蘑菇一样的突起部分，称为实处小泡。它们比较形象的比喻就如同一颗参天大树，以树干为核心，向外长出大树枝、小树枝及树叶（图 7-1）。

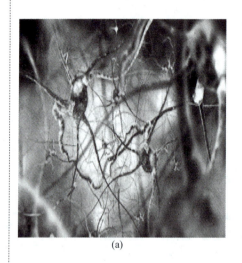

(a)   (b)

图 7-1

在人类建立"记忆轨道"或开发"创意概念"时（神经学上称为电脉冲），脑细胞中的实处小泡会与另一个脑细胞的实处小泡连接起来，也就是无数脑细胞之间产生了无限制的接触和拥抱，才使人们思维中无尽的关键词（观点）和图谱被创造出来。而思维导图的概念及逻辑，恰恰就符合上述脑细胞的运作过程，以发散性思维（从某个中心向四周辐射与联结）为核心，每个单词或图像都成为一个子中心或联想，且以无穷无尽的方式向外扩散，所以思维导图是一个天然思维工具，体现出了大脑的内部结构和秩序，并与大自然中万物生长的结构相符合。

(二) 思维导图介绍

思维导图既是一种可视图表，也是一种整体思维工具，可应用到人类所有的认知领域，如图 7-2 所示。此法主要以线条、图形、符号、颜色、文字、数字等各样方式，刺激大脑做出各方面的反应（想象、联想、可视化、空间感等），并将观点和意念快速记录下来。让使用者能自由地激发发散性思维，又能有层次地将各类想法组织起来，从而达到发挥全脑思考的目的和功能。

图 7-2

制作思维导图时，越有创意越好，使用者可不拘一格地利用上述各种方式进行丰富。同时也可以添加各种特征或特殊代码，使思维导图呈现出个性化的风格。大胆地赋予思维导图视觉上的冲击力及形象感，人脑对图片和颜色有极敏锐的反应能力。

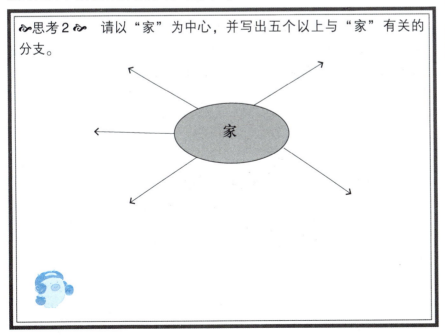

思考2 请以"家"为中心，并写出五个以上与"家"有关的分支。

笔记区

笔记区

【快乐猪有话说】

思维导图绘制注意事项

绘制完思维导图后,请注意下列要点。

(1) 记得将词汇书写在线条上,以方便记忆与联想。

(2) 你从"家"这个中心出去的词汇,通称为"一级分支",可以用较大的字号以及较粗的线条来标示,以突显出它们的重要性及层次感。

(3) 词汇可以用图片来表示,词汇下面的线条也可以搭配不同色彩,总之尽量将思维导图可视化(图7-3)。

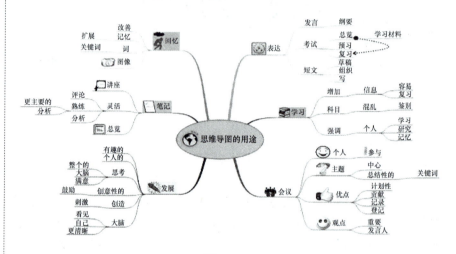

图7-3

(4) 任何一个"一级分支"皆可以进行自由联想再分出去,形成"二级分支",再由"二级分支"分出去完成"三级分支",思维导图中的连接越丰富,人们的记忆力与创造力便会越高级、越强大(图7-4)。

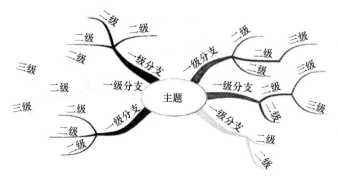

图7-4

(三) 思维导图的操作法则

1. 高度视觉化

（1）图像可以自动吸引大脑的注意力。它可以触发无数的联想，并且是帮助记忆的有效方式，所以不管人们会不会画图，请毫无拘束地以图像来显示其观点。另外，重点是要成为一名善用思维导图的创作家，而不是一名画家。

（2）利用一些小技巧或符号，增加思维导图的律动感，如设计出"■■■➡"的符号。

（3）字体、线条和图像的大小尽量多些变化，除表明层次外，也可起到突出重点的作用。

（4）加强对色彩的利用，它会刺激大脑进行组织、分类、梳理、分析和学习等思维能力。

2. 分支清晰化

（1）每条分支上只能写一个词，不要让思维导图看起来杂乱不堪，这样才能让大脑有充分的联想空间。

（2）线条的长度与词本身的长度保持一致，这样可以让分支与分支之间尽量靠近，有助于开展发散式思维。

（3）每一级分支自成体系，并设计成不同的形状，以最大限度地起到辅助记忆的效果。

(四) 思维导图的应用（以创造性思维为例）

在创造过程中，人的审美眼光与自我情绪尤其重要。思维导图强调大量运用色彩、图像、线条等美学元素，这也符合人类对可视化的需求。而无拘无束的制作过程会激发人类"爱玩"的天性，进而解放思维，开启创造无数观点的可能性。尤其在最终完成后，许多看似不相关的要素均联结在图中，更成为增加无数创造性联想及发现新联系的契机。通常将思维导图用于创造性过程时，会经历以下三个阶段。

1. 涌泉式的爆发

找张手边最大的纸，要求自己在 20 min 内大量且快速思考，并立即记录下来所有的点子。因为大脑高速运作，所以它会松开平常僵化的思考模式与逻辑。记得先不要对任何写出的念头做出判断，哪怕有些想法看起来会荒诞不经。

2. 重组和修正

让大脑停顿下来休息片刻，根据所绘制的内容，再次辨识出主次关系（一级分支、二级分支等），进而合并、归类，建立新的层次，重新修正（绘制）出一张新的思维导图。

3. 再次重组和修正

绘制出第二份思维导图后，让大脑再次停顿下来，这次时间要更长

笔记区

一些，然后对第一幅及第二幅导图进行审视。此时再架构出一张最终版的思维导图，这个动作不仅能巩固好新发明的创意点，也可能又促使人们萌发新的联想。

二、六顶思考帽法

六顶思考帽法，是英国学者爱德华·德博诺（Edward de Bono）博士开发的一种全面思考问题的思维训练模式，提倡的是"平行思维"的概念。所谓的平行思维是指从不同角度认知同一个问题的思考模式，当人们使用平行思维时，便能够跳出原有的认知模式和心理框架，通过转换思维角度和方向重新构建新概念与新认知。而与会者在同一时间使用同样的思维（思考帽）参与讨论，可使得原本混乱不一的思考角度变得极具针对性及清晰感，将团体中无意义的争论变成集思广益的创造，让每个人变得富有积极性及建设性。快乐猪将分别介绍不同颜色的思考帽所代表的定义与内涵（图7-5），以作为人们及创业团队需要创造性思维时的有力工具。

图7-5

【快乐猪有话说】

纵向思维与平行思维的区别

纵向思维是做选择，平行思维是促生成。在纵向思维中，重要的是正确性，而在平行思维中，重要的是丰富性。纵向思维通过排除其他路径来选择一条道路，平行思维不是选择路径而是试图开辟其他路径。平行思维涵盖了水平思考法、侧向思考法、横向思考法、逆向思考法等几种思考方法。运用平行思维，能够拓展人们的视野，促使人进行创造性思考和建设性思考，使人看到解决问题的更多的可能性。

（一）蓝色思考帽➡目标管理

蓝色象征着高高在上的天空，笼罩四野、总控一切，形象地比喻为对思考过程和其他思考帽的考察、控制与组织。

蓝帽通常由会议的领导人或主持者佩戴,他们就如同"大海航行中的船长",时时为讨论中的团队指引方向,同时在实际运作时,也允许与会者随时介入蓝帽评价或建议。蓝帽思考需要提供给思考者某种组织架构,确定具体的思考任务及过程规划,以指导会议的进行。

提示语句

——现在是黄帽时间,请提供一些积极的评估。
——请大家暂停下黑帽思考,进行绿帽思考。
——当前的重点是如何把销售业绩提升上来。

蓝帽帮助与会者聚焦,且通常是以"问题"的形式提出焦点的定义及范围,并监控任何偏离焦点的行为。为取得会议的有效性,蓝帽有权力随时对进行中的讨论插入任何思考帽,以进行不同角度的分析与讨论,也可以指定优先项目进行评估和列出限制条件。

提示语句

——我认为大家已经偏离会议的主题,请大家重新回到轨道上来。

蓝帽思考必须为每种情况单独设计定制软件,针对不同的会议主题定制不同的程序与形式,同时需要在会议中不定时地对思考结果加以总结,最后汇总和记录一份正式清单,以提供与会者选取出最好的"备选路线"。

提示语句

——针对这个主题,我们应该如何着手?应考虑哪些因素?
——所有讨论出的方案都已经汇总完毕,请大家讨论选取哪个方案。

【案例分析】

约法三章

秦朝末年天下大乱,秦二世重用奸臣赵高,导致百姓民不聊生、苦不堪言,到处都有人起兵反抗。当时刘邦和项羽是归属于楚怀王的起义部队。有一天,楚怀王对刘邦和项羽说:"你们谁要是先进入关中,谁就可以称王。"于是,刘邦和项羽分别带着军队向西路与北路出发。公元前206年,刘邦率领大军攻入关中,当刘邦进抵咸阳后,接受樊哙和张良的意见,下令封闭王宫并留下少数士兵保护藏有大量财宝的库房,随即还军灞上。

为了取得民心,刘邦把关中各县父老乡亲召集起来,向他们宣布:"秦朝的严刑苛法,把众位害苦了,应该全部废除。现在我和众位约定,不论是谁,都要遵守三条法律。这三条是杀人者要处死,伤人者要抵罪,盗窃者也要判罪!"父老乡亲们都竭诚表示拥护刘邦。然后,刘邦又派出大批人员,到各县各乡进行宣传,百姓们听了都热烈拥护,纷纷取了牛羊酒食来慰劳刘邦的军队。由于坚决执行约法三章,刘邦得到了百姓们的支持和爱戴,最后取得天下,建立了西汉王朝。

刘邦审时度势,根据当时天下"苦秦已久"的实际局势,经过幕僚讨论后颁布安定人心的"约法三章",完全符合蓝帽思考针对不同的主题定制不同程序与形式的要求。

集体讨论是人们在工作中常常使用的模式,各种建议、判定、批评、情感、数据同时混淆在一起,起着不同的思维变化,成为一个思考的大杂烩,而蓝帽思考法能够使其清晰化及程序化。总之,蓝帽要灵活主导,控制集体思维的方向,把思考过程安排得合理,以使共同思考的结果取得最好的效益。

(二) 白色思考帽 ➡ 信息管理

白色本身象征着中立。戴上白色思考帽时,要求仅仅关注信息本身,而信息包含事实与数据(表7-3)。在思考的过程中,要特别留意不要为了某个观点或想法,而截取对自己有利的事实进行陈述,这种方式叫作辩论。辩论会使得事实与数据无法真实呈现,谨记要以中立客观的角度出发,排除直觉、经验、感觉、印象等情感因素,将焦点建立在事实及数据分析的基础之上。

表7-3

客观描述	客观事实/白帽思考
今天很冷	今天温度是-10℃
公司人员流动很大	公司的流动率为30%

白帽思考可以用来评估信息的实用性和准确性,可以此为依据区分出事实和推测,并明确出还需要哪些信息进行补充。

【快乐猪有话说】

引导信息

在进行讨论时,可以利用下列问题引导出想要的信息:

(1) 现在有哪些信息?

(2) 还需要哪些信息?

(3) 这些信息是事实吗?

（4）如何获得所需要的信息？

（5）为确保问题的精准性，一次只提一个问题，并缩小问题的范围。

白帽思考要求随时提醒自己到底是在寻找事实，还是在为偏见（预设的观点）累积证据。

（三）红色思考帽➡情绪管理

红色本身象征着热情。红帽思考承认情感是思维的一部分，它给人们直接表达自我情感、情绪和非理性思维的机会，不需要证明也无须提供各种理由或解释。红帽思考的目的是描述出当下（此刻此时）的情感，而不会强迫任何人做出任何判断。同时也要求讨论某种确定的情况或观点时，思考者不可避而不答甚至改变关注的焦点。例如，在表达"对公司发展的感受时"，回答者就不可改变主题为"讨论公司现在的状况如何"。

❀思考3❀　请对看到图7-6的感受进行阐述。

图7-6

传统的观念认为情绪会干扰思考，好的思考者每时每刻都必须十分冷静与理智。但实际上，这是很难实现的，因为情绪和感情一直存在，只不过人们将其伪装在了逻辑中，然而在实际的工作和生活中，很多的事情或状况往往取决于人们的情感和价值观。借由戴上红帽的时刻，与会者把它们表达出来。人们在面对问题时，经常伴随着各式各样错综复杂的情绪，反而容易做出错误的决定。因此，关键的问题不在于回避情绪，而在于如何利用情绪帮助思考。

笔记区

思考 2 请选择一件事物，运用红色帽子思考法发表自己的看法。

主题：

看法：

红帽思考的特点是直接表达，不必合乎逻辑，也不用问“为什么”。

（四）黄色思考帽➡价值管理

黄色象征着阳光、光明和乐观。黄帽思考鼓励人们积极寻找各类意见、提议或想法中可能存在的价值或利益，是一种有建设性和启发性的思考方式，换而言之，就是对所有的意见、提议或想法从正面角度进行分析，最后以逻辑为基础产生具体的方案和建议，也就是找出最理想的情况，寻求最好的可能。这也是企业家成功的秘诀之一，他们往往能够从周边事务中提炼出他人看不见的价值和优点，以此获得成功的契机。

提示语句

——关于这次的品牌宣传案，大家还有什么建议或想法，请戴上黄色思考帽。

黄帽思考应竭尽全力使自己的正面思考符合逻辑性，在符合现实条件下使可能性转化为现实。但即便如此，当无法提供有力的支撑时，仍可以把“观点”当假设提供出来，以丰富人们的思考地图。黄帽可以是前瞻性的，力求寻找机会，也允许愿景和梦想的存在（透过设定一些问题建立可行性的基础），但需要留意强调的是美好的未来，而不是眼前的短期利益。

黄帽思考应该是具有建设性的。所谓建设性一定是改变了某些基础结构，甚至有时会导致组织架构的变化。只有建设性的思想才可能产生变革的效益，完善组织的目标以满足内部和外部顾客。然而积极思考也必须有某种范围的限制，那就关乎观察出价值或利益后的行动，如果行动是某些不切实际的妄想（如通过买彩票变成大富翁），那就代表积极思考用错了地方。

【快乐猪有话说】

引导价值

在进行讨论时，可以利用下列问题引导出价值或利益：

(1) 有什么价值/利益？
(2) 对谁有价值/利益？
(3) 有哪些积极的因素？
(4) 还有其他的价值/利益吗？

黄帽思考力求寻求"最好的可能"，不同于红帽思考的是，黄帽思考是逻辑的、理性的。也就是说，这种"最好的可能"在一定条件下是能够实现的。因此，运用思考法要注重其逻辑性和实现的条件，并且尽可能广泛地征求组织外的建议。另外，在具体运用的过程中，要注重根据情况协调好黄帽思考（积极）与黑帽思考（否定）的关系。

（五）黑色思考帽➡风险管理

黑色是压抑的颜色，代表着警示与批判。

黑帽思考事关谨慎。它要求人们对提出的某个提议、意见或想法，指出其中的风险、障碍、潜在的问题与陷阱，在符合逻辑的基础之上，尽量发表负面的意见，找出逻辑上的错误，以帮助人们做出最佳决策。就其评估作用而言，黑帽思考有助决定应该继续执行还是放弃决策。就其设计作用来说，黑帽思考能够指出某一提议有何缺点，并适时纠正它们。黑帽思考搭配黄帽思考，便是一组强大的评估机制。黑帽思考和绿帽思考搭配使用时，能够提供改进和解决问题的创意。

【快乐猪有话说】

风险评估

在进行讨论时，可以利用下列问题进行风险评估：

(1) 是否有足够的资源执行这一方案？
(2) 会遇到什么样的困难？
(3) 有哪些潜在的问题？
(4) 能创造更多的利润吗？

∽思考5∽　请选择一个论点，并运用黑色帽子思考法发表自己的看法。

　　主题：
　　看法：

笔记区

笔记区

黑帽思考可用于检查事物的逻辑性、可行性及适应性，但需要谨记黑帽思考绝对不是辩论，在讨论的过程中与会者需要高度的克制力，不要一味地批评及辩解，要立足于"最坏的可能"提出新的思考，找出新的可能，而不是不顾一切地否定，更不要成为某些人表现自我的舞台。

（六）绿色思考帽➡创意管理

绿色象征着欣欣向荣、丰饶、生意盎然。

绿帽思考让人们脱离逻辑的羁绊，运用假设、推理、想象等技巧提出各种"可能性"，在设计、研发、改良上进行不同选择及路径的探索。特意戴上绿帽思考，也就代表着人们愿意为"创造"挪出"时间"和"空间"，甚至有时可平衡黑帽思考的主导地位，从而克服黑帽思考所提出的障碍及困境。刚开始时可能想不出好的点子，但随着时间的积累及练习次数的增加，人们会发现自己能创造出的新意越来越多，这就会促使"创意思考"正式成为思考过程的一部分，更加能帮助到事业版图的维护与拓展。

绿帽思考有两个核心组成部分，它们分别是行动与激发。

行动是一个主动用语，在使用绿帽思考时，需要利用创意的行动取向，而不是判断取向，假如对一些异想天开的思想进行批评，就会把创意抹杀在摇篮之中。绿帽思考要通过对行动的摸索与设想，以激发出更多的创意，创意始终是为了前进，利用创意的前瞻效果，看看创意能将人带往何方。

激发可以帮助人从一种模式跨越到另一种模式，激发与行动是携手并进的，没有行动用语，就无法利用激发。爱德华给出了两个激发工具，即激发操作法和无序输入法。激发的目的就是迫使人们摆脱认知的习惯性或旧有模式，他利用"PO"（破）表示正在被作为激发或为其产生价值而提出的创意。

"PO"用于瓦解模式，用来打乱模式，并被当作催化剂将原本不相关的信息以某种方式聚合起来。快乐猪将引导学生练习"PO"的概念。

准备好了吗？

- "PO"（破）一下飞机倒着降落（奇思妙想形式）。
- "PO"（破）一下管理者可自己提拔自己（颠倒形式）。
- "PO"（破）一下取消公司的营销团队（夸大形式）。
- "PO"（破）一下改革部队的装备及作战方式（变形形式）。

【案例分析】

赵武灵王的胡服骑射

赵武灵王是战国时期赵国的一位奋发有为的国君。他为了抵御北方胡人的侵略，实行了"胡服骑射"的军事改革，表现了作为古代社会改革家的魄力和胆识。胡服骑射改革的中心内容是穿胡人的服装（胡服），学习胡人骑马射箭的作战方法（骑射）。在改革初期，赵武灵王遭到众多皇亲国戚的反对，他便驱车前往公子成（赵武灵王叔叔）的府第劝说，并赢得了他的支持。此后，在赵武灵王的领导下，赵国军事力量日益强大，西退胡人、北灭中山国，成为"战国七雄"之一。

笔记区

具体来说，"PO"的使用方法可以总结为下列几条：
（1）向既定模式的无畏挑战；
（2）对既定模式的正确性提出质疑；
（3）瓦解既定模式，解放出可以安排在一起组成新模式的那些信息，并鼓励寻求另外安排这些信息的方式。

无序输入法最简单的操作方式就是将想要产生创意的主题与某个词与串联起来思考，并且不受目前所有问题的羁绊，从而刺激思维来开辟出全新的路线。例如，以"窗户"为例，假设选取了一个名词"橘子"（通常名词比动词或其他类型的词好用），串联起来能有哪些创造性思维呢？

准备好了吗？

● 橘子是橙黄色，可以让窗户带有颜色，在平常时是透明的，遇到强光时便会改变颜色并具有遮光功能。
● 橘子要剥皮，在卖窗户时也可以开发出能够随时撕下来的贴纸，尤其适用于儿童房。

黄帽思考和绿帽思考之间的差别在于创新性。黄帽思考注重正面的、积极的、现有的结果，没有观念上的改变，只是一个好的结果，但不是一个出乎意料的结果；而绿帽思考强调的是创新，是一种突破常规的想法，"求新"和"求变"是其核心。

通常情况下，六项思考帽在团队中的应用步骤为：陈述问题事实（白帽）➡提出解决问题的方案（绿帽）➡评估该方案的优点（黄帽）➡列举该方案的缺点（黑帽）➡对该方案进行直觉判断（红帽）➡总结陈述，做出决策（蓝帽）。

【快乐猪有话说】

给大家做个小总结吧！

蓝帽➡一种有效且不可或缺的主持会议的技能。
白帽➡一种有效获取信息的技巧，强调客观的事实。
红帽➡讨论或决策时，情感、直觉和预感的释放。
黄帽➡在评估中使用逻辑正面探索价值或利益，强调积极、乐观的一面。

笔记区

黑帽➡评估中使用逻辑探索反面，探索风险或危机，强调负面、怀疑的态度。

绿帽➡设计出创造性的、解决问题的途径或工具。

第三节　创意与市场

当创意萌生之后，如何将创意带向市场？通过一系列创造的过程，创意才可以真正落地，而不仅仅是留存于人们的脑海之中，无法产生创新创业的主体及效益。在本节中，快乐猪将从如何找寻有市场潜力的创意、好创意的三大特点及如何评估创意的市场价值等三方面着手，指导人们如何"美梦成真"。

一、有市场潜力的创意

最有市场潜力的创意通常是那些能够帮助消费者解决日常问题，同时又能满足人们需求及欲望的点子，所以好的创意应该从生活点滴中萌发，善于运用人们的观察力再搭配想象力，重点关注消费者对使用各类产品后的抱怨，尝试着为产品带来一些细微的改造，或只是增添一些不同的功能，便能说服消费者购买可以改善他们生活的产品，为创意取得独特的市场价值。所以，不要认为寻找有市场潜力的创意是件很难做到的事，因为着眼点是为市场带来革新式的而非革命式的创意。例如，18 世纪 80 年代，联合利华的创始者威廉·哈斯凯斯·利华细心观察处于工业革命时期的英国城市民众，因为遍布各大城市中巨大烟囱排出的烟尘及污染物，人们往往要耗费很大的精力才能使自己及衣着保持洁静。威廉·哈斯凯斯·利华意识到当时人们最需要一块与众不同的"肥皂"，他开始潜心研究人们在家中使用肥皂的方式，并发现洗衣服对当时的家庭主妇是件很劳累的体力活。因此，他试着改变肥皂的生产工艺，并请来最好的化学家研发肥皂配方，数月后他拥有了更容易起泡、清洁力更强、味道也更好闻的"阳光牌肥皂"（Sunlight Soap），该产品于 1885 年开始生产并获得市场极大回应。"阳光牌肥皂"的案例说明，面向市场产生创意，生产出人们所迫切需要的新产品，是创意迈向市场的不二法门。

快乐猪将指导进行"简易式市场调查法"，从人们感兴趣的商品出发，运用一些比较简单的方法，面向目标市场做一些调研工作，使自己在思考和设计上多获得一些灵感，以节省时间及金钱上的耗费。

　　准备好了吗？

（1）通过浏览购物网站、微信朋友圈、公众论坛、商品目录、电视购物及各类消费报刊等了解并掌握最新的市场趋势。

（2）到沃尔玛、欧尚、永辉等大型超市，或玩具店、体育用品店等专卖店实地逛逛，询问服务人员哪些是新产品，哪些是畅销产品（也可以在特定的节日，如春节或中秋节后，询问哪些是热销产品）。

（3）重点关注展场货架上占据主要空间及突出位置的产品，或是在卖场顾客必经路线上的商品摊位。观察那些在市场流动的顾客最爱购买或咨询哪些产品。

对目标市场有初步概念后，再观察市场上的现有产品，评估它们独具的特性与优点是什么？有哪些地方可以改进？有哪些元素能够利用？试着运用前文提到的"替换、合并、调适、修改、挪作他用、去除、重新安排"等概念，看能否重新分解并设计出新产品？

【快乐猪有话说】

养成勤做记录的习惯

灵感往往会乍然而至，所以请大家在这段时期内一定要养成勤做记录的习惯，正所谓"好记性不如烂笔头"。当然你也可以利用现代化的信息手段，采用拍照及录音等方式，在第一时间留下宝贵的所思所得。

二、好创意的三大特点

（一）对消费者有独特的吸引力

好的创意自始至终都是在介绍一个新事物给潜在的消费者，所以要使创意具有最大的吸引力，必然是为大众解决了一个无法解决的明显问题，或者是看见了市场上的"匮乏"，想方设法来弥补这个空隙，重点是你解决或填补的层面越广，市场价值就会越大。从这个角度而言，人们必须时刻观察周围所处的环境，用最广泛的词语重新提炼并定义出问题，依循着市场趋势提供出最好的解决方案。例如，享誉全球的"牛仔大王"李维斯，当年他带着梦想前往美国西部追逐淘金热潮，在行进的路程中突然有一条大河挡住了他的去路，且有许多人也为之所苦。数日后有的人陆续开始向上游、下游绕道而行，也有人选择了打道回府，而李维斯静下心来之后默默思考，选择了一条"解决问题"的思路，研究出了解决方案——摆渡，为路过的行人组织渡船过河，并迅速地为获得了第一桶金。

此后，辗转到了淘金之地，李维斯又从"匮乏"的角度出发来审视当下所处的环境，猛然发现淘金的人们缺的不是"黄金"而是"水"。于是，李维斯顺应当时的市场趋势，开始红红火火地卖水。不久，李维斯又发现淘金客们的衣服极易磨破，同时观察到营地四周到处都有废弃的帐篷，于是李维斯又有了一个绝妙的好主意——把那些废弃的帐篷收

笔记区

集起来，洗净后重新缝制。就这样，他创造了世界上第一条牛仔裤！从此，李维斯的事业腾飞崛起，开创了属于 Levi's 的品牌神话，最终成为举世闻名的"牛仔大王"。

> **思考6** 请同学们试着列举一些可以改进日常生活的小创意，完成后互相交流讨论，一个能改变未来市场的新产品，说不定就会出现。

（二）对竞争对手的分析

竞争对手是指那些目标市场相同，销售同类产品或提供类似服务的竞争者。他们通常采用相同或相似的技术，生产相同或相似的产品，提供相同或相似的服务，最终会同时或陆续在市场上推出这些产品或服务。

瞄准好目标市场后，就要对重要的竞争对手做出尽可能深入及翔实的分析，汇总出竞争对手的优势所在，"扬长避短"以有利于扩大销售业绩，迅速占领市场份额。例如，名牌产品对低档价位可能不屑一顾，而擅打价格战的企业对其他企业的降价策略往往会迎头痛击。

 【案例分析】

成吉思汗的百战不殆

横跨欧亚两洲的蒙古汗国创建人成吉思汗，即是深入掌控敌情的典型范例。每次行军打仗前成吉思汗均对情报做了大量的组织工作，落实"知彼知己、百战不殆"的军事准备，从敌我力量对比的实际出发，采取灵活的战略战术以克敌制胜。著名的蒙金战争前，成吉思汗便充分利用各种渠道，刺探金朝的政治、军事等攸关战争成败的各类情报，还招纳金戍边将领作为内应，所以历经多次交锋，始终立于不败之地。

多加关注市面上现有的产品，既不要远离市场萌生创意，也不要害怕前期先去模仿他人，因为最终还是要全力确保在产品或服务上具有独特的差别优势，以吸引消费者的注意力。如果有可能，尽量选择一两位目标市场内的消费者（熟悉的朋友或亲戚），近距离跟随他们几天，观察自己的创意对他们而言是否需要及切实可行。当然，如果能利用产品创造出全新的品类,形成最大的"区隔效应",定义出新的市场,如 Apple 与 Uber,Apple 定义了"智能型手机",Uber 定义了分享经济服务模式,更能够将产品推向新的高峰。

(三) 现有商业环境下的可行性

不管多优秀的创意,必须要经过一系列的创造过程,才能接受市场竞争的考验。所以在投入市场前不仅要考虑创意的市场规模,同时也要思索产品创造的两大要素,即生产工艺与制造成本,据此评估出在现有商业环境下的可行性与操作性。

市场规模要同时考虑市场存量和市场增量,市场存量市场是指现在的市场有多大,市场增量是指在市场存量之上还能增量多少。市场规模主要是研究目标产品或行业的整体规模,可能包括目标产品或行业在指定时间内的产量、产值等,具体根据人口数量、人们的需求、年龄分布、地区的贫富度调查所得的结果。市场规模是市场需求的测量目标,市场需求是市场规模的推动力,两者相辅相成,通过对供应端、消费者或行业专家得到的信息和数据,反映市场的整体需求,从而确定市场的规模,并反向决定了是否要对该产品进行创新实验和投资。

斯蒂芬·奇在《创意就是你的提款机》书中指出,评估市场规模最简单的方式就是研究市场。观察产品是否处于一个增长的类别中、同类产品销售额是上升还是下降、大略了解产品和产品种类的情况以及主要竞争厂家有哪些。信息的来源可以是搜索引擎、购物或行业专家、贸易组织或协会、商业杂志等。

创意能否转化成产品,除需要考虑市场规模外,创新实践是否能顺利开展也是评估的关键。因此,不论是产品功能创新、外观创新、用户体验创新等(第八章详细介绍),都要思索两大核心元素——产品能否制造出来以及生产成本是多少,以完成最终的创新创业实体。

产品能否制造取决于材料、技术、生产设备及工艺流程等生产要素。例如,位于内布拉斯加州 Fort Calhoun 的威金森制造公司,把全美生产的玉米转换成与环境友善相容的塑料和纤维,用来制造床垫、高尔夫球衫、食品容器等环保产品,也就是替换掉了原先上述产品制作时的材料,并代之以新的生产技术、设备及工艺工序。

单就生产技术而言,新技术必须拥有稳定和可靠的成熟性、优于原有技术的先进性,以及满足厂商生产条件与环境的适应性,三者互为支撑、缺一不可。因此,创意要化为实体产品,关键因素是生产体系能否与以搭配,否则再好的创意也只能是镜花水月、空中楼阁,无法完好地呈现在消费者面前。

另外,生产成本也是创造过程的一大关键。生产成本是指企业为生产产品而发生的成本,包括各项直接支出和制造费用。直接支出是直接用于产品生产,构成产品实体的原材料、辅助材料、备品备件等材料成本,以及工资、福利费等人工支出。制造费用是指各项间接费用,包括固定资产折旧费、租赁费等。对于企业来说，创新不单单是创新一个新产品或技术，更不能为了创新而创新，创新不但是为客户创造出新的价值，企业在这个过程中也应获得自己的利益。

总之，上述所提及的并不是要求人们做掌控生产技术过程及成本效益的专家，而是在创意迈向市场的创新实践过程中，如果能对产品产出有一些大致的了解，那么将会有助于缩短产品上市的时间与人们所耗费的精力。

三、评估创意的市场价值

市场价值永远决定在消费者手中，所以谁会购买产品？愿意花多少钱购买？购买的目的为何？会通过哪些渠道购买？这些问题的核心导向只有一个——研究好目标市场。

所谓目标市场是指根据产品本身的特性，选定潜在市场中的某部分或几部分的消费者，作为综合运用各种市场策略所追求的销售目标，此目标即为目标市场。著名的市场营销学者麦肯锡提出应当把消费者看作一个特定的群体，而这个群体便称之为目标市场。

明确企业为哪一类用户服务，满足用户哪一种需求，符合用户哪一种心理上的认知。这是企业在运营时的核心关键。通常，目标市场选择的基本要求：

（1）组成目标市场的消费者群体具有类似的消费特性。

（2）目标市场尚未被竞争者控制、垄断，企业有足够进入市场的空间。

（3）目标市场内的消费者有一定的购买力。

要让目标市场内的消费者关注到产品。首先要做好产品或服务的定位。除了少数实力强大的跨国企业，如微软、可口可乐公司外，基本上某种商品或服务在面向市场时，一般只能满足社会中一部分人的需求，所以定位就目标市场而言，其独特的重要性不言而喻。

市场定位是指在目标市场中为产品找到一个与其他竞争产品相比，具有明确、独特优点而又恰当的位置。也就是说，市场定位要根据所选定目标市场上的竞争者产品所处的位置，并结合企业的自身条件，从各方面为企业和产品创造一定的特色，塑造并强化一定的市场形象，力求在目标顾客心目中拥有独特的形象和特殊的偏爱。例如，百事可乐面对可口可乐全市场覆盖的竞争策略时，历经多年的探索后把自身定位为属于"年轻人的可乐"，因为定位的精准有效，百事可乐的营业额从此迈上了腾飞之路。

快乐猪将从市面上已设计出的产品出发，从创新的角度指导大学生各类产品的设计思路与理念。

第四节　创新设计

一、产品功能创新

产品功能是指产品所具有的特定职能，包含产品特性、效能、可靠性等核心指标，以及质量保证、售后服务等附加价值。

（一）产品功能组合创新

组合创造法是指将两种或两种以上的学说、技术或产品的一部分进行适当的叠加和组合，以形成新学说、新技术或新产品的发明创造方法。在大学生的发明创造活动中，组合原理属于应用最多、效果最好的创造原理之一。

1. 同类功能组合创新

同类功能组合创新的主要模式是将数种不同功能但具有一定共性的项目结合在一起，并针对特定的商品主题发挥出"1＋1＞2"的功效性与实用性，制造出功能更强、性能更好的新产品。例如，九阳公司推出的高速破壁料理机，将厨房内的"液体料理"做了完美的整合，让料理机具有榨果汁、磨豆浆、制作鱼汤、奶昔等不同功能，同时还引进智能化手段，消费者可利用手机上的 APP 远程操控料理机。

2. 异类功能组合创新

异类组合是将两种或两种以上不同种类的事物加以串联，从研究对象的各个部分、各个方面和各种要素综合起来加以考虑，将原本不同的事物依据功能性、实用性、市场性加以组合，以形成一个全新的产品。

例如，2017 年的荷兰设计周，伦敦中央圣马丁学院的设计系毕业生 Florian Wegenast，展示了"开放花园"系列的作品。这是一系列结合植物栽培系统的家具，创作者希望能在高密度的城市环境中，为绿色植物寻求尽可能多的生存空间。整个系列包括凳子、长凳和桌子，并充分利用这些家具中的结合方式，设计出存储植物的空间，非常适合居住在没有花园的小空间型消费者（图 7-7）。

笔记区

笔记区

 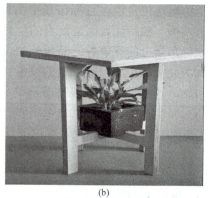

(a)   (b)

图 7-7   资料来源：Best Design 好奇心日报

（二）产品功能跨界创新

跨界最难跨越的不是技能之界，而是观念之界，确保思维跨越没有界限，跨界创新才能永无止境。巴菲特的合伙人查理·芒格，一直非常推崇跨界思维，他认为通过持续不断的学习，将所有的思想混搭互融、离合变异，才能产生一个新兴的文本，一个带来独特价值的对象，而这就是跨界创新的必由之路。

就产品功能跨界创新而言，是指将其他行业或应用领域中的产品或产品具备的功能，转移到一个新的行业或应用领域中使用，进而彰显出一种新颖的产品价值与审美方式，构建出一种全新的用户体验，以赢得消费者的好感。如图 7-8 所示，Frame 电视是由三星与一名瑞士设计师共同合作的跨界产品，消费者可根据自身的家装风格，另行定制木质的雕塑底座，为居家带来和谐高端的整体感及美学享受。此外，与传统关机便黑屏的电视不同，当用户将其调整至艺术模式（Art Mode）时，屏幕内置了包括景观、建筑、野生动物、行为艺术、绘画在内的 100 件经典定制绘画作品，令它看上去就像是一个悬挂的相框，巧妙地提升了房间或环境的时尚气质，不失为跨界设计中的代表之作。

图 7-8   资料来源：Best Design 好奇心日报

值得一提的是，产品跨界有时会在"差错"下发生，这就要求创作者必须具备"容错"的心理素质。例如，1977年，3M工程师亚瑟·傅莱（Arthur Fry）在教会诗班唱诗时，他的苦恼是书签会不停地滑落，使他无法很快地找到诗集中正确的页数。他注意到他的同事Spencer Silver博士早在1968年就发明了一种特殊粘结剂的配方，这种粘结剂可以重复粘结还不会留下残胶，但是欠缺粘结剂最重要的功能——强大的黏性。亚瑟·傅莱采用"跨界思考"的思路，将这种不太黏的粘结剂涂在纸条的背面，并经过后续不断改进，神奇的便利贴就此诞生。

二、产品外观创新

产品外观创新是指对产品的形状、图案、色彩和材质等构成要素，做出的富有美感并适合工业生产的新设计。面向各类产品相似度极高的现代市场，品牌与价格成为消费者购买与否的两大关键，如何设计出产品的差异化更成为品牌竞争力的核心指标，而产品外观创新便是打造产品差异化优势的最直接手段。

（一）产品外形创新

外形主要由形状、图案及色彩等三部分组成。形状是指对产品造型的设计，包含产品外部点、线、面的移动、变化、组合而呈现出的外表轮廓，也就是对产品的结构、体积、几何形状等进行设计。图案是指由线条、文字、符号、色块的不同排列或组合，综合构成产品表面的图形。色彩是指用于产品上的颜色或者颜色的有机组合。图7-9是由设计师Maria Chifflet设计的"Storm"烛台，它的基础结构与中国传统的灯笼样式类似，但创作者采用透明材质替代旧式较暗沉的色调，移除了多余的、无功能性的装饰性元素，使得整体外观更具有简约明晰的潮流感。提手的特殊设计，意味着这款烛台既可以放置在任何平面上，也可以挂在树上或消费者认为适合悬挂的地方。独具匠心的平底式玻璃花瓶外壳，以及手提式的黄铜手柄架，烘托出烛台本身优雅极简的不凡品味。

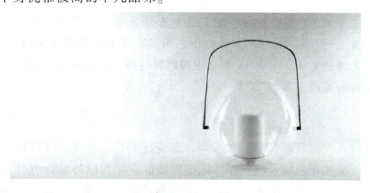

图7-9

笔记区

笔记区

外形创新除了体现在产品不同的设计风格外，也可就产品体积大小创造出新的变化。例如，数年前名噪一时的 Rubber Duck（大黄鸭），如图 7-10 所示。设计师霍夫曼从漂流了 15 年的"鸭子舰队"获得灵感，于 2007 年创作了首只体型超过一般人想象的"大黄鸭"。对于霍夫曼来说，他的创意理念为"大型的雕塑能让公众空间看起来有些不一样"，从而希望人们对环境重新进行观察和思考。在中国香港巡游时，他认为大黄鸭浸泡在维多利亚港湾中，就像是将其放进了一个大浴缸中，整个城市瞬间变化成为一个大房子，而城市中人与人之间疏远的距离，也在不知不觉中拉近了不少。

另外，由于很多人小时候经常在浴缸中放一只橡皮鸭。大黄鸭的横空出现似乎带领着大众一起回到了童年，去追寻那份最质朴、最简单的童心向往。由于造型的特殊性及内涵的人文价值，凡是霍夫曼带着它走过的国家，如澳大利亚、美国、新西兰、德国等，均引起群众热情的追捧，为当地带来不少商机。

图 7-10

【快乐猪有话说】

"鸭子舰队"的传奇

1992 年，一艘从中国出发的货轮，计划穿越太平洋抵达美国华盛顿州的塔科马港，但途中遇到强风暴，一个装满 2.9 万只浴盆玩具的货柜坠入大海并破裂，黄色鸭子、蓝色海龟和绿色青蛙漂浮到海面上，形成了一支庞大的"鸭子舰队"。这些小东西用微弱的浮力与坚韧的耐受力，在无边无际的大洋，费时 15 年从中国漂洋过海，历经千辛万苦终于分别登陆英国和美国海岸。

（二）卡通化

现代人面对着高竞争、快节奏、多变迁的社会环境，往往在身心上感受到沉重的焦虑感及挫折感，因而渴望能在工作以外的地方寻求对压力的解脱。而卡通化的产品设计，可以使产品具有活泼、开朗、亲切的情感特性，在极大程度上填补了消费者内心的失落感及空虚感。

卡通化产品通常在形态上加以表现，多融入简洁、可爱的卡通动植物与人物造型，尺寸上大多是小巧的，整体感觉是温暖的、圆润的。例如，世界知名化妆品公司 DHC，于 2017 年推出的爱丽丝梦游仙境限量款产品，以神秘华丽的冒险之旅为主题，采用全新的爱丽丝手绘风格插画，一座座美轮美奂的现代东方花园如诗如梦般，闪耀在 DHC 经典橄榄卸妆油的瓶身，令卸妆变得更趣味美妙，同时也满足了现代人对卡通化产品的情感需求（图 7-11）。

图 7-11

三、用户体验创新

用户体验是消费者接触产品后的心理体验与情绪感受，并随之衍生出对产品的印象取舍与价值判断，也就是产品如何与外界（消费者）发生联系并产生共鸣，促使人们愿意"亲近"和"购买"产品的过程。用户体验就是享受生活的代名词，给消费者一个积极、高效的体验，他们会持续关心和使用该产品，为企业带来更多的商机与收益。

（一）以消费者需求为核心

众所周知的 IT 业巨人乔布斯于 2007 年 6 月推出智能型 iPhone 手机，并同步搭载功能强大的 IOS 移动操作系统。众多革命性的新功能，使产品自推出后便彻底颠覆了手机市场，此后每次 iPhone 系列的手机上市，都引起全球苹果迷们极大的热情和销售佳绩。乔布斯成功的关键因素何在？研究此现象的专家们认为，产品创新的原动力完全来自消费者需求，而不局限于原创技术的创新突破，这也是手机大卖的核心因素。iPhone 系列的设计理念始终都是关注消费者需要什么，消费者在用这些产品的时候有什么问题，坚持从用户的消费心理学着手，不仅仅是在外观上打动消费者，更重要的是在内心深处撼动消费者的灵魂，让消费者找到自我心灵的归属感，使 iPhone 手机能创造出广大的市场版图及销售数量。

笔记区

(二) 以激发感官体验为导向

2018年1月，任天堂公布了重磅"黑科技"产品——Nintendo Labo。这款产品是采用简单的瓦楞纸制造游戏模板，配合Switch左右手柄和屏幕，消费者就可以透过虚拟现实系统感受到在客观物理世界中，"身临其境"的逼真性与临场感，享受在真实世界中无法亲身经历的用户体验。也可以说，Nintendo Labo重新定义了游戏，革新了游戏中用户和环境的互动方式，也大大增加了用户对Nintendo Labo的亲近性及趣味性，就创新来说它是一个非常可取的操作方向。如图7-12~图7-14所示，主机（Switch）旁的左右手柄可拆卸下来，玩家可以依照组合说明，将它们自行安插到一个个形状各异、组装简单的游戏纸盒中，从而实现不同的"视、听、力、动"游戏体验，如玩赛车、甩钓竿、弹钢琴等。

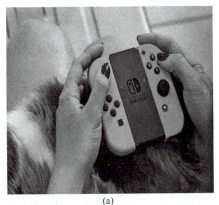
(a)

(b)

图 7-12

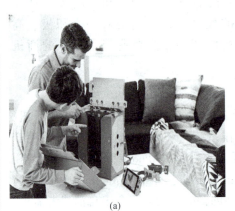
(a)

(b)

图 7-13

(a)   (b)

图 7-14

资料来源：Best Design 好奇心日报

四、商业模式创新

商业模式是指企业如何运作的。世界级管理学大师彼得·德鲁克说："当今企业之间的竞争，不是产品和服务之间的竞争，而是商业模式之间的竞争。"而好的商业模式应该能够回答彼得·德鲁克的几个经典问题：谁是我们的客户？客户认为什么对他们最有价值？我们在这个生意中如何赚钱？我们如何才能以合适的成本为客户提供价值？商业模式的创新就是要对现有商业模式的要素加以改变，最终体现在为顾客提供价值方面有更好的服务表现。

（一）分享经济

李克强总理在第九届夏季达沃斯论坛上指出，目前全球分享经济呈快速发展态势，是拉动经济增长的新路子，通过分享、协作方式搞创业创新，门槛更低、成本更小、速度更快。这有利于拓展我国分享经济的新领域，让更多的人参与进来。

处在分享经济的新时代，提倡的是共同拥有而不是占有，获取的是使用权，而放弃的是拥有权。分享经济的核心包括以下内容：一是解决社会剩余资源整合和高效利用的问题，是对传统的资源进行碎片化整合，重构价值、重构连接、重构体验的新的链接方式；二是逐步形成全新的利润分配规则，促进消费者蜕变为消费商（既是消费者又是经营者）的转型过程，彻底颠覆旧有的商业模式，带来了新一波的消费革命。

当前，我国的分享经济正从交通出行和住宿领域，拓展到个人消费的细分范畴。例如，苏州安且吉商务咨询有限公司利用互联网的资源聚集效应与倍放效应，以吉易购作为天猫和淘宝的第三方优惠政策推广平台，结合了当下主流的"分享经济+微商经济+互联网经济"。作为资源的整合者，吉易购让厂家开辟了直接连通消费者的新渠道，对接上众多购物迷茫的消费者。作为消费群体的分享者，除可以享受平台供应的优惠价格外,也可以透过吉易购参与到商品的利润分配中,让每一笔购物消费变成有回报的投资。

吉易购的 APP 利用淘宝和天猫商家制作的优惠券作为运营核心,另行开辟一条商家与消费者之间的直通车,错开商家在原有购物网站上无法取得消费者浏览机会的劣势,以薄利多销的市场策略,为竞争激烈的电商厂家增加阅览流量以促进交易机会。消费者可透过平台来搜索"优惠券",取得商家最新的优惠价格,也可免费加入合伙人,通过分享商品信息来盈利,为自己多赚取一份兼职的收入(图7-15和图7-16)。

图 7-15

图 7-16

在新时代的竞争过程中，越来越多的消费行为将不是由生产商来完成，也不是由流通商来完成，而是由消费商来完成。

(二) 定制化服务

如今人们的购买和消费越来越注重个性，从而对产品的需求存在很大差异。传统意义上大量生产、大量制造的运营模式，已无法满足消费者日益追求个性化的呼声。定制化服务是指按消费者要求，为其提供适合自身需求的，同时也是消费者满意的服务，而消费者可以在众多的服务项目中，自由选择部分或者全部服务。例如，位处昆山的碧桂园酒店，在"以客为尊的服务，以人为本的管理"经营理念下，不断提升精致化、人性化的个性化服务。在宴会服务方面，可根据客人需求布置婚房及生日房；VIP客人除能拥有床上四件套的专属刺绣签名外，酒店还会提供不同种类的枕头供客人选择，以带给顾客舒适、轻松、有尊贵感的消费体验。

第五节 企业案例分析

创新是企业家的具体工具，也就是他们借以利用变化作为开创一种新的实业和一项新的服务的机会的手段。……企业家们需要有意识地去寻找创新的源泉，去寻找表明存在进行成功创新机会的情况变化扩其征兆。他们还需要懂得进行成功的创新的原则并加以运用。

——世界级管理学大师彼得·德鲁克

一、新能源汽车——比亚迪（BYD）

当今社会全球能源和环境面临着巨大的挑战，汽车作为石油消耗和二氧化碳排放"大户"，迫切需要进行革命性的变革。为了减少二氧化碳的排放，发展新能源汽车已经在全球范围内达成了共识。从长期来看，包括纯电动、燃料电池技术在内的纯电驱动将是新能源汽车的主要技术方向。我国发展新能源汽车，是应对节能减排重大挑战的需要，同时也是汽车产业跨越式发展和提升国际竞争力的需要。欧美国家及日本都把发展新能源汽车作为战略制高点来考虑，国家投入力量加强产业的发展。

我国对新能源汽车发展高度关注，陆续出台了各种扶持培育政策，为产业的发展营造了良好的政策环境。自2001年开始，"863"项目共投入20亿元研发经费，形成了以纯电动、油电混合动力、燃料电池三条技术路线为"三纵"，以动力蓄电池、驱动电机、动力总成控制系统三种共性技术为"三横"的电动汽车研发格局。目前，我国汽车工业以纯电驱动作为技术转型的主要战略方向，重点突破电池、电机和电控技术，推进纯电动、燃料电池、插电式混合动力、油电混合动力等汽车产业化，实现汽车工业的跨越式发展。近期我国以混合动力汽车为重点，大力推广普及节能汽车，逐步提高我国汽车燃油经济性水平。预计到 2020 年，纯电动汽车和插电式混合动力汽车会实现产业化，市场保有量有望超过 500 万辆。

汽车行业中的一些企业，如比亚迪、郑州日产、奇瑞、长安、江淮等企业，也正在积极研发生产新的电动汽车，通过技术及工艺不断创新改革，挖掘可再生新能源以供应市场需求。例如，国内新能源汽车标杆企业之一，以"打造民族的世界级汽车品牌"为产业目标，立志振兴民族汽车产业的比亚迪（BYD）公司，自 2003 年收购西安秦川汽车有限责任公司（现为比亚迪汽车有限公司）后，正式进入汽车制造与销售领域，开始民族自主品牌汽车的发展征程。发展至今，比亚迪已拥有七大工业园，分别分布在深圳坪山、西安、北京、上海、惠州、长沙、韶关，在整车制造、模具研发、车型开发等方面都达到了国际领先水平，形成了集研发设计、整车生产、销售服务于一体的完整产业链，产业格局日渐完善并已迅速成长为中国最具创新的新锐品牌。汽车产品包括各种高、中、低端系列燃油轿车，以及汽车模具、汽车零部件、双模电动汽车及纯电动汽车等。

比亚迪始终遵循自主研发、自主生产、自主品牌的"自主创新"之路。通过自主创新，比亚迪从传统制造业走到世界的前沿，成为行业的先锋和翘楚；通过自主创新，比亚迪证明了"中国制造"不是"低端制造"；通过自主创新，比亚迪为中国奠定了"自主、奋发、图强"的企业基因。比亚迪在锐意革新、力求突破的过程中，专门设立了汽车工程研究院、电力科学研究院等部门，负责高科技产品和技术的研发，以及产业和市场的研究等，逐步形成了自身特色并具有国际水平的技术开发平台，强大兴盛的研发实力与苦干实干的经营理念。这也是比亚迪迅速发展的根本理由。

2018 年 2 月比亚迪在北京举办纯电动汽车全产品矩阵战略沟通会，正式宣布 2018 年将陆续推出 e5450、秦 EV 450、宋 EV 400、元 EV 360 四款新车型，构建全产品矩阵，以符合用户多元化需求。为了更好地满足消费者对于纯电动汽车的使用需求，同时带来更优质的驾驶感受，四款新车型将全部切换为三元锂电池，新车型在续航里程、充电效率、操控稳定性等方面都做了大幅优化提升。

从未来的趋势来看，选择新能源汽车的消费者会越来越多，因为不论从技术、成本还是驾驶体验方面，新能源汽车都会慢慢体现出其优势，吸引更多的消费人群。

二、智能家居——海尔 U + 智慧家庭

随着全球科技变革深入推进，云计算、物联网、大数据和人工智能，已然从高度技术化与学术化的殿堂中向外延伸，形成万物互联、万网互通的智能化新时代。创立于1984年的海尔集团，凭借完善的售后服务及过硬的产品质量，现已成为国内顶尖的家电企业，并利用企业自身的优势将产品面向全球扩展。海尔集团本着创新求变的企业文化，以观念创新为先导、以战略创新为方向、以组织创新为保障、以技术创新为手段、以市场创新为目标，伴随着海尔从无到有、从小到大、从大到强、从中国走向世界的成长过程。

在智能化席卷全球的浪潮下，海尔早在2006年3月就已经开始布局智能家居项目，凭借多年的技术积累，在对人工智能技术的导入方面走在了行业的最前沿。它以首个专为智能家庭定制的物联网操作系统 U - homeOS 为平台，让人、家电、服务三个界面串联起来，采用有线与无线网络相结合的方式，把所有设备通过信息传感设备与网络连接，为用户打造智慧客厅、智慧厨房、智慧卫浴、智慧卧室与智慧安防等家居智慧场景，陆续推出了智慧家庭、智慧社区、智慧酒店、智慧校园、智慧园区等不同的智慧解决方案，使智慧家庭真正得以实现全场景触发、全场景控制、全场景体验的强大能力，实现了以用户体验为目标、以用户价值为根本的经营理念，海尔智能家居使用户在世界的任何角落、任何时间，均可通过打电话、发短信、上网等方式与家中的电器设备互动。通过海尔 U + 平台，海尔智能家居成功开启了聚合海尔自身和产业界优秀资源的共创共赢产业生态圈，加快了智能家居产业的落地融合，引领着智能家居产业步入人工智能时代。

海尔 U + 智慧家庭通过物联网和大数据，将智能硬件、物联网云平台、运营商、地产物业家装等角色有机组织起来，形成完整的生态架构，从而满足消费者的"服务"需求，以完成"从卖产品到卖服务"的转型升级。目前，海尔已率先进入智慧家庭3.0的探索阶段，从安全、健康、便利、舒适的角度，结合智能安全、智能家居、智能家电等产品，建立千家万户在网器上的生活场景，实现网器主动为用户服务的核心功能与价值。例如，烟机可以根据灶具火力大小自动调节风速；在冰箱屏幕上选定烘焙食谱，烤箱便会按照食谱设定的温度、时间，自动匹配烘烤程序等智慧生活场景。以 U + 平台为基础，以物联网为联结，以智慧客厅、智慧厨房、智慧浴室、智慧卧室四大空间内的馨厨、魔镜等"网器"为交互控制中心，将空气、用水、美食等七大生态圈并联起来，已为全球超2亿个家庭提供跨场景、全流程的智慧生活体验。

以"创造世界名牌"为宗旨，海尔通过整合美国 GE Appliances、新

笔记区

西兰 Fisher & Paykel、卡萨帝、统帅、日本 AQUA 等品牌，形成了"世界第一家电品牌集群"，实现了从单一品牌的全球化到多品牌全球化的目标，"海尔系"品牌产品现已遍布全球 160 多个国家和地区，依托布局全球的研发中心、制造中心及营销中心，海尔更加速实现了产品本土化的过程。坚持以"用户为中心"的研发导向，促使海尔进行了工厂个性定制化的探索，通过众创汇等互联平台与用户进行交流或提供研发建议，服务专员在把握用户需求后进行定制，或将建议交由研发中心进行磋商，以为客户带来更好的便捷性与舒适性。

第八章

创业准备

君子任重而道远

向中国所有伟大的创业家们致敬！

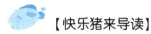【快乐猪来导读】

大学生创业的内涵

从范围上讲，创业有广义和狭义之分。广义的创业是指人类的创举活动，或指带有开拓、创新并有积极意义的社会活动，涉及政治、经济、军事、文化、科学、教育等各个方面。只要是人们以前没有做过的，能够对社会产生积极影响的事业，都可以说成是创业。例如，毛泽东领导中国人民推翻了压在中国人民身上的"三座大山"，建立了社会主义新中国，开创了中国的革命事业；邓小平、江泽民、胡锦涛、习近平等几代领导人领导中国人民建设中国特色的社会主义事业，使中国人民富裕起来，使中国强大起来，这更是创造了中国的千秋大业。

就狭义的创业来讲，不同学者给出了不同的定义。全球创业研究和创业教育的开拓者杰弗里·蒂蒙斯教授认为："创业是一种思考、推理和行为方式，这种行为方式是机会驱动、注重方法和与领导相平衡。创业导致价值的产生、增加、实现和更新，不只是为所有者，也为所有参与者和利益相关者。"当代管理大师彼德·德鲁克认为，"任何敢于面对决策的人，都可能通过学习成为一个创业者并具有创业精神。创业是一种行为，而不是个人性格特征。"创业是"一种可以组织，并且是需要组织的系统性的工作"。

本书在此所讲的"创业"是指狭义范围的创业。具体地说，就是创办企业，是针对大学生所讲的如何创办企业。大学生创业的内涵可概括为：大学生结合当前经济社会建设现状，根据国家有关大学生就业创业政策要求，通过所学的理论和技能，发现和捕捉市场商机、创造出新产品、服务或实现其潜在价值的过程。通俗地讲，大学生创业即大学生自谋职业，将知识产品推向市场，开办企业、开创事业的活动。

第一节 创业概述

一、大学生创业者的内涵与意义

（一）大学生创业者的内涵

"创业者"就是自主创业，在追求个人富足和自身价值实现的同时，创造社会财富和吸纳劳动力，切实为国家经济发展和社会进步做出积极贡献的群体。

大学生创业者的内涵包括三个方面：

（1）大学生创业者既是创新者，又是继承者。大学生创业者不论是创建新企业，还是在原有企业中采用新战略、开发新产品、开辟新市场、

笔记区

引进新技术或运用新资源，都是不同程度的创新活动，因而创业者首先是创新者，要具有创新的思维和能力。同时，任何创新活动都不能脱离实际。首先，要根据企业的原有条件、现实状况及未来发展方向展开；其次，创业活动也是创业者本人的知识、经验和文化观念的反映，因此创业具有传承性，创业者也是继承者。

（2）大学生创业者既是实践者，又是宣传者。创业是创建或运营经济实体，因而具有实践性。其生产的产品可以是有形的物质产品，也可以是无形的精神产品，但都应具有满足社会和人群某种需要的特性，否则，创业就是无价值的和无意义的，也就不能称之为"创业"。另外，创业既然是从事生产实践活动，那么创业者的行为就是一个模范、榜样。而创业过程是生产实践活动和宣传活动的统一体，创业者也就成为实践者和宣传者的统一体。

（3）大学生创业者既是管理者，又是参与者。创业者通常在企业中居于管理者的位置，从事企业的日常经营与战略决策。同时，创业者又是普通的创业团队成员，具有普通劳动者的需要和特征。例如，希望通过诚实劳动获得收入，提高生活质量，博得相应的社会地位和社会承认与尊重，在劳动过程中实现自我价值等。

（二）大学生创业者的意义

随着高等教育从"精英教育"向"大众教育"迈进。大学毕业生的就业形势日益严峻，大学毕业生数量远远超过空缺岗位的数量。近年来，在"大众创业，万众创新"号召的激励下，大学生的就业观念正在悄然地发生改变，一个鼓励创业、保护创业、崇拜创业的大环境正在逐步形成。越来越多的大学生有创业意愿，越来越多的大学生认同自主创业，投身自主创业，我国的大学生创业进入了一个新的发展时期。

当前形势下，大学生创业具有十分重要的意义。

（1）大学生创业有利于解决大学生就业难的问题。创业能力是一个人在创业实践活动中自我生存、自我发展的能力。一个创业能力很强的大学毕业生不但不会增加社会的就业压力，相反还能通过自主创业活动培养出许许多多的就业增长点，从而为社会增加就业岗位，以缓解社会的就业压力。为此，国家各级党政部门，纷纷将"鼓励和支持高校毕业生自主创业"作为化解当前社会就业难的主要政策之一。

（2）大学生创业有利于大学生自我价值的实现。大学毕业生通过自主创业，可以把自己的兴趣与职业紧密结合，做自己最感兴趣、最愿意做和自己认为最值得做的事情。在五彩缤纷的社会舞台中大显身手，最大限度地发挥自己的才能，并获得合理的报酬。当前社会鼓励大学生创业，虽然是基于化解就业难的角度，但从大学生自身来说，其创业的主要原动力则在于谋求自我价值的实现。而只有提高大学生创业的比例，整个社会才能形成创业的风气，才能建立"价值回报"的社会新秩序。

（3）大学生创业有利于大学生自身素质的提高。我国高校扩招以后，伴随着就业压力，大学生素质与我国高等教育的水平一直为人诟病。在提高大学教育管理水平与大学生素质的各类探索实践中，大学生创业无疑是最经济、最有效的办法之一。通过创业与创业实践，大学生可以充分调动自己的主观能动性，改变自身的就业心态，自主学习，独立思考，并学会自我调节与控制。也只有这样，大学生创业才能成功。对于一个能自我学习，懂得如何管理自己的时间与财务，善于拓展人脉关系，并能够主动调适工作心态，积极适应社会的大学生，其就业将不存在任何问题。

（4）大学生创业有利于培养大学生的创新精神。创新是一个民族的灵魂，是一个国家兴旺发达的不竭动力。青年大学生作为中国最具活力的群体，如果失去了创造的冲动和欲望，那么中华民族最终将失去发展的活水源泉。大学生的创业活动，有利于培养勇于开拓创新的精神，把就业压力转化为创业动力，培养出越来越多的各行各业的创业者。美国作为世界上最发达的国家，其大学生的创业比率一直在20%以上。美国前总统里根曾说："一个国家最珍贵的精神遗产就是创新，这是国家强大与繁荣的根源。"中国的未来在于大学生，中华民族的永恒精神则在于大学生旺盛的创造力与创新追求。

（5）大学生创业有利于培养大学生积极的人生态度，有助于大学生确立正确的人生目标。一方面，大学生创业培养了自身的胆量，所谓"不入虎穴，焉得虎子"，只有敢于去做，敢于面对，才有成功的可能性。创业使大学生接触并进入社会，对社会中层出不穷的现象及问题有了认识甚至面对的机会，进而在长期的适应过程中做到处之泰然、得心应手。另一方面，创业所应有的胆量是以一个人积极、乐观、刚强的人生态度为前提的，作为准成年人的大学生，在面对困难与逆境时，只有以一颗顽强、乐观的心来视之，高墙般的困难才能变成脚下的踏脚石，而大学创业恰为其确立正确的人生态度提供了最有效的锤炼机会。

（6）大学生创业有利于培养大学生艰苦奋斗的作风。大学生自主创业的过程中，困难和挫折，甚至失败都在所难免，这就要求自主创业的大学毕业生具备顽强的意志和良好的品格，勇于承担风险，自立自强，艰苦拼搏。通过创业能有效培养大学生的自立自强意识、风险意识、拼搏精神和艰苦奋斗的作风。

（7）大学生创业有利于促进中小企业的快速发展。从国际经验来看，等量资金投资于小企业，它所创造的就业的机会是大企业的4倍。一个国家有99.5%的企业属于小企业，65%~80%的劳动者在其中就业。美国对中小企业的发展一直比较重视，称其为"美国经济的脊梁"，美国企业创新产品中82%来自中小企业。而我国的小企业则太少，因此，鼓励大学生自主创业有利于中小企业的快速发展。

（8）大学生创业有利于充实大学生的生活。大学生活和高中生活有着明显的不同，这一转变往往使得大部分大学生感到空虚、无聊，尤其是大三年级的学生，在毕业所要求学分将近完成或已完成同时面临着沉重的就业压力时，这种感觉更是明显。鉴于此，若处理不好就会使自身养成很难改变的坏习惯，对将来大学生的人生道路有很深的负面影响。创业能使大学生活变得充实，从而使生活变得丰富多彩。

（三）创业时代及代表

自改革开放以来，我国经历了三个创业时代。每个时代所面临的商业环境是不同的，这就决定了每个时代对创业者的要求也是不同的。

第一个创业时代是20世纪80年代。那是一个暴富的时代，"撑死胆大的，饿死胆小的"俨然成为那个时代的流行语。"下海"成了当时的热点，私营企业、个体经营如雨后春笋般涌现在神州大地上，就连当时在街边摆小摊的个体商贩也成为那个时代的创业英雄。

的确，当时的中国物资极其匮乏，只要敢想敢干，基本上都能赚到钱。但是，有利必然有弊，政策上的不稳定，创业环境的巨大风险，很可能会戴上"投机倒把"的帽子，随时都有进监狱的危险。总的来说，那个时代的创业者基本上是从泥土里爬出来的，文化水平偏低、管理落后，属于一种草莽式的英雄。鲁冠球、李经纬就是那个时代的代表人物。

第二个创业时代是20世纪90年代。邓小平南方谈话再次促进了私营企业的发展，昭示着一个属于商人的时代。当时，机会多，政策相对稳定，各个行业都处在快速成长期。例如，海尔、海信、长虹、TCL、娃哈哈都是在这一时期迅猛崛起的公司。同时，这个时代要求创业者具有较强的资源整合能力，并且不断学习，与时俱进。冯仑、宗庆后、史玉柱就是这个时代的代表。

第三个创业时代是20世纪末至21世纪初。这是一个新经济、高科技"称雄"的时代。政策稳定、环境公平是这个时代的鲜明特点。但随着竞争的愈发激烈，进入市场的门槛日益提高，其对创业者综合素质的要求也越来越高，先进的经营管理知识、与时代接轨的创新意识以及开阔的国际视野是他们创业成功不可或缺的制胜因素。马云、张朝阳、李彦宏、江南春是这个时代的代表。

今天，人们又迎来了一个全新的创业时代。在这个时代，创业不再是海市蜃楼般虚幻的景象，而是每一个有志者都能企及的目标，人人都可以成为创业英雄。

当今的中国，正逐步成为世界上最大的销售市场和经济市场，成为全世界人人都向往的商业沃土和每一个创业者的乐园。在这里，特别多的人渴望创业、渴望财富、渴望拥有自己的事业、渴望一个富足的人生。

于是，人们就看到了一大批人浩浩荡荡地踏上了创业的征途。在创业路上，虽然有很多成功的企业家创造着财富传奇，但更多的却是失败者的迷茫与困惑。这些人之所以失败，多半是因为他们自身缺乏创业能力、创业经验、创业技巧和创业条件，走了很多的弯路和错路。

> ∞思考1∞ 试着从你认识的朋友、亲戚或期刊中，寻找并列举出创业成功或失败的案例，并总结其成功或失败的原因。
>
>

【快乐猪有话说】

创业应做好的基本准备（一）

（1）心理准备。首先，创业是一种新的选择，与以往当雇员存在质的差别，要求人们不但要从头开始，而且涉及企业的事情一切都要想到做到，差一点都会对企业造成很大的影响。其次，创业要有承担各种可能发生风险的心理准备，当然，成功也会享受到别人无法想象的喜悦和成就感。

（2）项目准备。成立公司之前，就应该有项目准备，也就是要准备一个或若干个可行项目。一个好项目应该是市场需求量大、竞争对手少，以及能够充分发挥自己优势的项目。确定好的项目，不仅要经专家论证，还要进行市场调查。

（3）资金准备。成立一个公司必须要准备一笔启动资金。有足够资金是好事，如果没有就必须通过各种途径筹集资金。

（4）知识准备。作为创业人，不仅要有生产产品和提供专项劳动技能的专业知识，还应有筹资和理财等知识。如果没有经商经历，就应该学习商业知识、经商的经验和技巧。

（5）社会关系准备。经商办公司除了要与顾客打交道，还需要同工商、税务、银行、人才市场等各方面人士打交道。如果要迅速打开局面，难免要借助各方面的力量。因此，就要花费时间与各方面朋友沟通。

（6）法律知识准备。需要阅读一些法律方面的书籍，如《中华人民共和国公司法》《中华人民共和国合伙企业法》《中华人民共和国独资企业法》《中华人民共和国商标法》《中华人民共和国消费者权益保护法》《中华人民共和国合同法》《中华人民共和国税法》等。如果阅读有困难，可以报名参加创业培训，或者整理出一些问题进行法律咨询。

二、大学生创业的特点与基本类型

（一）创业的特征

1. 创业是一个创造价值的过程

开创的新事业必须是有价值的，这要求不仅对创业者本身要有价值，而且对社会也要有价值。价值属性是创业的重要社会属性。

2. 创业必须要付出极大的努力

要完成整个创业过程，要创造新的有价值的事物，就需要大量的时间、充沛的精力和足够的体力；而要获得成功，不付出极大的努力是不可能的，而且很多创业活动在初期都处于非常艰苦的环境中，唯有不断努力，才能一步步前进。

3. 创业要承担必然存在的风险

风险是创业过程中必然要面临的问题，创业的风险可能有各种不同的形式，这取决于创业的领域和创业团队的资源。但通常情况下，创业的风险主要有人力资源风险、市场风险、财务风险、技术风险、外部环境风险等几个方面。创业者应具备超人的胆识，甘冒风险，勇于承担多数人望而却步的事业风险。

4. 创业将给创业者带来回报

在通常情况下，风险与回报呈正相关关系。创业带来的回报，既包括物质回报，也包括精神回报，它是创业者进行创业的动机和动力。

（二）大学生创业的特点

1. 优势

（1）年轻有活力，勇于拼搏。大学生往往对未来充满希望，他们有着蓬勃的朝气，具有创业激情和"初生牛犊不怕虎"的勇气。这些正是创业者所需要的素质。"不怕输、不服输"的精神让大学生不断拼搏，力求成功。

（2）专业素质较高。大学生在学校接受了系统的知识教育，"用智力换资本"是大学生创业的特色和必经之路。一些风投家也会因为看中大学生所掌握的先进技术，而愿意对其创业计划进行资助。

（3）学习能力强，有创新精神。大学生处于青春期，头脑灵活、学习能力强，而且具有创新精神，具有对传统观念和传统行业挑战的信心与欲望，而这种创新精神也往往造就了大学生创业的动力源泉，成为创业的精神基础。大学生创业最大的好处在于能提高自己的能力、增长经验，达到学以致用的目的；最大的可取之处是通过成功创业以实现自己的理想抱负，提升自己的人生价值。

（4）捕捉信息能力强。当代大学生对信息资源有一定的认识，以"广、准、新、精、全、快"为自我掌握信息的目标。目前，大多数高校将信息素养教育渗透到相关课程教学中，列入公共选修课，给予充分的学时保证，这就更加提高了大学生对信息的捕捉能力。

2. 劣势

（1）社会经验不足，心态不够好。由于大学生社会经验不足，常常盲目乐观，没有充足的心理准备。对于创业中的挫折和失败，许多大学生创业者感到十分痛苦茫然，还会出现沮丧消沉。在课本上看到的都是创业成功的案例，心态自然呈现理想主义。但是成功的背后，有千千万万的失败，这就需要大学生从失败中汲取相关经验。

（2）管理经验缺乏。大学生对创业的了解很多只停留在一个美妙的想法和概念上。很多大学生参加了相关的创业比赛，但是真正步入实践的少之又少，对一个企业的管理经验相当缺乏。

（3）市场观念较薄弱，缺乏真正有商业前景的创业项目。现在很多创业大学生愿意和投资人谈及自己创业计划的技术领先处，但却未能看到此项技术的市场空间有多大。谈到市场，一般人只会计划花钱投广告，对真正的目标市场和营销组合观念较薄弱，而真正的投资者看中的却是能引起市场反响的科技和创业计划书。

（4）独立人格没有完全形成，缺乏对社会和个人的责任感，喜欢纸上谈兵，创业设想大而不当，对市场预测普遍过于乐观。

> ❧思考 2 ❧　你认为创业要进行哪些知识的学习和准备？
>
>

3. 特点

根据上述对大学生创业优势及劣势的分析可知，客观上讲，大学生创业具有开创性、现实性、多样性、艰巨性和风险性等特点。

（1）开创性 创业属于开创性工作，是人生学问中最无法传授，也根本无须别人指教的一件事。别人的路对个人来说，只能起到借鉴、参考的作用。

（2）现实性 创业者只拥有创业的热情是远远不够的，要想开辟新的天地，必须冷静、理性、客观地分析一切可能的现实因素，脚踏实地、一步一个脚印地去开拓。

（3）多样性 创业道路是属于自己的，最适合自己的创业道路只有一条。只要不拘泥于传统观念、不守旧，而又恪守自己稳定发展的认识系统，并善于根据事物变化的规律采用正确思想、假设、办法和方案，那么我们就会找到一条适合自己的道路。

（4）艰巨性 创业不同于就业，选择了创业，就等于选择了挑战。创业这条道路，绝不是摆在我们面前的一条笔直的、宽阔的、畅通无阻的大道。

（5）风险性创业没有有效的方法可套用。创业道路不可能每次都成功，也不可能每个人都能成功，有时可能会毫无成效，有时还会造成重大损失。

（三）大学生创业者的基本类型

1. 按大学生创业者的人格特质分类

美国心理学家约翰·麦纳（John B. Miner）对100位事业有成的创业者进行了长达7年的跟踪调研，发现这些创业者存在共同的人格特质。约翰·麦纳根据特质的不同，将创业者分为四种类型，即成就上瘾型创业者、推销高手型创业者、超级主管型创业者和创意无限型创业者。

（1）成就上瘾型创业者。这类创业者的人格特质主要表现为：必须拥有成就；渴望回馈；喜欢拟订计划和设计目标；具有强烈的进取心；对组织忠诚；相信以己之力可以改变生活；相信工作上应该由自己制订目标，不能受制于他人；对认定的事业表现出执着而不放弃的决心，坚持到底，不达目的不死心，是目标非常确定的创业者。

（2）推销高手型创业者。这类创业者的人格特质主要表现为：善于观察和体恤他人的感受；喜欢帮助他人；相信社会互动很重要；需要与他人发展良好的关系；有良好的交际能力；有强烈的合作意识，相信销售对执行公司经营战略十分重要。

（3）超级主管型创业者。这类创业者的人格特质主要表现为：讲信用、负责任，他们的能力、力量来自贯彻目标的决心，期望成为企业中的领导人物；具有决断力；对集体持肯定态度；喜欢与他人竞争；期望享有权力；渴望能够出人头地。

（4）创意无限型创业者。这类创业者的人格特质主要表现为热爱创新，富有创意；相信新产品的研发对企业经营战略的执行十分重要；聪明过人，希望避免风险；有创意、有主张，绝对与众不同，鹤立鸡群，有着强烈的冒险性及好奇心。

2. 按大学生创业者的创业内容分类

（1）生产型创业者。生产型创业者是指通过创办企业推出产品的创业者，以生产技术为主体，通常这种产品科技含量较高。

（2）管理型创业者。管理型创业者就是指那些综合能力较强的创业者，他们对专业知识十分精通，而且对企业管理、运作、市场、财务等十分熟悉，能够通过各种有效的企业管理手段带动企业前进。

（3）市场型创业者。市场型创业者的一个重要特点就是注重市场，善于把握市场变化与机会。在中国计划经济向市场经济转轨过程中，涌现出大批的市场型创业者。海尔集团总裁张瑞敏就有一句名言："三只眼睛看世界。"其意思就是计划经济时期企业只要一只眼，即盯住政府就可以了；而市场经济条件下的企业则需要有两只眼，一只盯住市场，另一只盯住员工；而转型期的企业则需要具备第三只眼，也就是说盯住市场和员工之外，还要盯住政府出台的政策。

（4）科技型创业者。科技型创业者多与高校和科研机构相关联，以高科技为依托创办企业。20世纪80年代之后，为了鼓励科技成果转化为生产力，国家推出了一系列鼓励高等院校和科研机构创办企业的措施。如今许多知名科技企业的前身就是原来的"校办企业"和科研机构创办的"所办企业"，如北大方正、清华同方以及联想集团等。

（5）金融型创业者。金融型创业者实际上是一种风险投资家，他们向企业提供的不仅仅是资金，更重要的是专业特长和管理经验。他们不仅参与企业经营方针和规划的制订，还参与企业营销战略的制订、资本运营以及人力资源管理。

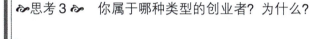 你属于哪种类型的创业者？为什么？

【快乐猪有话说】

创业应做好的基本准备（二）

1. 创业前要慎思

（1）我为什么要创业？是否有足够的决心？是否愿意承担风险？

（2）我是否具备创业者应有的能力与素质？是否能承受挫折？是否具有综合全面的素质？是否具有专项技术特长？

（3）我创业的核心资源优势是什么？足够的资本？行业经验？客户资源？技术创新？商业运作能力？与即将面对的竞争对手相比是否有明显的优势？

（4）我是否有足够的耐心度过创业期的消耗（估计通过多长时间走过创业瓶颈阶段，自己有多长时间的准备）？

（5）创业最大的风险是什么？最坏的结果是什么？我是否能够承受？

2. 创业的资源

（1）业务资源：赚钱的模式是什么；

（2）客户资源：谁来购买？

(3) 技术资源：凭什么赢取客户的信赖？

(4) 财务资源：是否有足够的启动资金？

(5) 行业经验资源：对该行业资讯与常识的积累。

(6) 行业准入条件：某些行业受到一些政策保护与限制，需要进入资格条件。

(7) 人力资源条件：是否有合适的专业人才？

3. 创业的核心能力

(1) 创业前一定要积累一些该行业的经验，收集相关的资讯，如果可能，可以先考虑进入该行业为别人打工，通过打工的经历积累经验与资源。行业知识、客户资源渠道、盈利模式都确定之后，再创业，成功就指日可待。

(2) 只要有非常出色的经营能力，自然会找到投资者，很多投资家天天都在找好项目投资。很多年轻人在创业时，过多强调资金因素影响力，其实不然，创业条件中资金虽然很重要，但不是最重要的，最重要的是创业者个人的经营能力，特别是业务能力。

4. 创业的行业选择

永远选择自己最擅长的行业。创业必须要贡献出时间、付出努力，承担相应的财务的、精神的和社会的风险，并获得金钱的回报、个人的满足和独立自主。对于一个真正的创业者，创业过程不但充满了激情、艰辛、挫折、忧虑、痛苦和徘徊，而且还需要付出坚定、坚持不懈的努力。当然，渐进的成功也将带来无穷的欢乐与分享不尽的幸福。

5. 内部创业更容易

一个创业者比较好的选择就是有计划与策略地进入一家成功的公司，先取得老板的信任，再找准机会，建议领导者从公司发展角度投资新项目，这样创业的机会就此存在，作为项目的提出者，自然会被领导者赋予重任。从企业内部创业，有很多有利条件，如雄厚资本实力的支持、管理的指导、综合资源的共享、业务资源的利用、品牌形象借助等，如果创业公司的业务与母体公司的业务有延续性或关联性，创业就更容易成功。

6. 创业的最佳年龄

创业的最佳年龄一般为25～30岁。这段时期是创新思维最为活跃、精力最充沛、创造欲最旺盛的高峰期。尤其是在网络软件、广告、策划、咨询、证券、投资等知识密集型行业，"经验"已经不重要，重要的是"创新精神"，而人在29岁以前是最有创新精神的。有关专家指出，新经济的本质就是创新，就是促使个人的潜能得到充分利用。鼓励所有人在一切可能的方向上创新。创新与速度是新经济的真正内涵，是市场竞争的不败法则。调查还显示，作为一个创新人才必须具备以下七大特征：具有创新精神；敢于标新立异；热衷所从事的职业；漠视财富的积累；较强的学习能力；乐于面对工作挑战；知识不断更新增值。

第二节　创业实践

一、大学生创业项目选择的原则

（1）要有创新性。创业投资不能盲目地投资，它对项目可行性的要求近乎苛刻。如果一个创业计划立意平平，没有独特和创新之处，那么是不值得投资的。

（2）要有市场前景。创业项目一般而言要有良好的市场前景，现在一般的风险投资基金和"孵化器"所感兴趣的项目主要有网络技术、软件信息、新材料、新能源、机电一体化、节能领域、生物医药及精细化工等，这些项目有技术含量，而且发展前景也较好。

（3）要符合产业政策。我国目前还处在工业化程度逐步加深的阶段，为了不落后于发达国家，国家大力扶持发展高科技产业，给予政策和经济上的帮助。如果一个创业项目符合国家的产业导向，它成功的机会将会大大提高，反之则很容易夭折。

二、大学生创业项目选择的依据

由于大学生创业者群体的特殊性，适合大学生的创业项目应尽量能够发挥大学生的优势，在选择创业项目时，应优先考虑以下六个方面：

（1）优先考虑政策优惠的创业项目。为了鼓励大学生创业，各级政府和行政主管部门都出台了一系列的优惠政策，有些是专门针对具体行业的，如大学生创业办信息业、咨询业、技术服务业的企业，可免征企业所得税两年等。大学生创业者可以根据自身的实际情况，在这些可享受优惠的项目中找到适合自己创业的项目。

（2）优先考虑技术性较低的项目。大学生创业者尽量避免开始创业时就进入高科技行业，高科技行业需要投入大量的研发成本，对于资本金较少的创业者是难以实现的，所以大学生创业者可以选择从技术性较低的行业做起，在积累了一定的资本后再考虑转入高科技行业。

（3）优先考虑处于成长期的项目。大学生创业者，在创业时也往往会选择一些刚开发出的，并且毫无市场基础的项目，这样做会有很大的风险。选择一些处于成长期的项目，不仅能有效降低风险，而且可以获得相对较大的利润空间。

（4）优先考虑有特色的项目。别人没有的，与别人不同的，先于人发现的，比别人强的项目都可以归类为有特色的项目。特色项目除了可以避免陷入与同类型的竞争者同质化的困境，还可以提升产品的辨识度和认知度，拥有更高的定价空间。

（5）优先考虑初始投入资金较少的项目。大多创业的大学生都是利

笔记区

用父母亲友的资助和自己的一些积蓄作为启动资金开始创业的。因此，大学生在刚开始创业时，应尽量选择初期投入少，资金周转快的项目，这样才能有充足的流动资金维持企业的运营。

（6）优先考虑雇用人力较少的项目。大学生创业者普遍缺少实际的管理经验，如果一上手就开始管理很多员工，往往会使企业内部管理混乱。因而没有管理经验的大学生，可以先选择创建几个人的小企业，积累管理经验，随着企业不断壮大，自然有能力管理更多的员工。

三、创业项目选择步骤

1. 市场分析

在某些情况下，创业项目的选择，可以说是从市场分析开始的。因此，准确的市场分析是选好创业项目的前提。可靠的市场容量及其增长速度，可以为创业企业带来商机，相反也可能限制创业企业的灵活性与发展。创业项目的市场分析主要包括三个部分，即行业环境分析、目标市场分析和竞争对手分析。

（1）行业环境分析。行业分析有很多方法，常用的有波特的五力（现有竞争对手、供应商、购买者、替代品、新进入者）分析模型。通过分析能大致了解行业概况并预测行业趋势，可以得知新事业未来在市场中的地位以及可能遭遇的竞争对手反击的程度。

任何创业者在分析自己的产品或服务时，都会先看所在行业的增长状况或预测未来的增长潜力。过去及现在的行业增长状况可以通过查阅相关年鉴或行业协会的调研资料获得信息，计算行业的集中度和年均增长率，从而大致得出该行业市场规模的大小，判断此行业是在高速增长还是已渐衰退，是激烈竞争还是寡头垄断。一般而言，市场规模大者，进入障碍相对较低，市场竞争激烈程度也会相对较弱。例如，进入一项拥有1 000亿元规模的计算机外设产品市场，如果创业者预期只占到5%的市场份额，这对于产业内原有领导厂商的威胁不大，因此，相比较而言，不会遭遇到激烈的反击。如果要进入的是一个十分成熟的市场，那么纵然市场的规模很大，由于其已经不再成长，利润空间必然很小，所以这项新事业就不值得投入。例如，如今的个人计算机市场，就不再是开发新事业适合选择的对象。反之，一个正在成长中的市场，通常也是一个充满商机的市场，只要进入时机正确，必然会有获利的空间。例如，网络游戏软件市场就非常具有成长的潜力。

要进入新项目的市场，还应该确定是否具有进行该项目生产的特定资源，包括进行研究开发生产的技术、管理和技术人才、特定的生产设备和一定的原材料等资源。只有这些都具备，才能进行进一步的分析，一旦这些特定资源不能齐备，这个项目就不能通过。毫无疑问，对新兴产业的行业分析是无法从经验数据入手的，这时就必须借助于对宏观经济环境的预测及专家们的技术发展预测，借助于对政府的行业政策、社会环境及人们生活习惯的变化的调查分析。

行业研究的方法主要有行业专家访谈法和二手资料分析法。专家访谈法的访谈对象包括行业协会、政府主管部门、大学和研究院所的专家，竞争对手的雇员，以及客户所在单位的专家等。二手资料分析法中二手资料的来源包括专业网站、综合经济网站（如国研网、中国经济信息网）、专业报刊、行业协会报告、专利数据库、中央及省级政府部门行业发展计划、专业展览会、专业研讨会、专业咨询顾问机构报告等。

（2）目标市场分析。只有准确找到了产品的目标市场并针对目标市场中特定的目标客户的购买行为制订相应的营销战略，提供有针对性的专门服务，才能有效地开展营销和促销活动。一个好的创业项目，必然具有特定的市场利益，专注于满足顾客需求，同时能为顾客带来增值效果。

目标市场研究，首先必须确定市场细分的标准。如果是个人消费者，则一般的标准有年龄、性别、家庭人数、收入、地理区域等；如果是单位客户，则一般的细分标准有行业、地区、规模、利润、购买目的、产品性能等。

确定细分的目标市场后，就可以制订调查问卷。简单的调查问卷可以包括基本信息部分和深入问卷部分。个人消费者基本信息部分的内容可包括姓名、住址、联系电话（以进一步联系深入访谈）、年龄、性别、婚否、家庭构成、收入和可支配收入、职业、教育程度、宗教信仰、性格特征等。单位客户的基本信息包括行业、地址、销售额、利润、员工数、主要产品/服务、现有供应商、购买决策者、需求数量等。制订调查问卷之前可结合行业研究状况试访几个潜在客户，以便使问卷更具可信度。

（3）竞争对手分析。对竞争对手进行分析，既有助于创业者摸清对手的情况，又能从中学习竞争对手的长处，从而提高创业者新建企业的竞争能力。

竞争对手分析并不是简单地了解现有多少家竞争对手，他们提供什么样的同类产品，销售额是多少，因为仅仅有这些信息是不够的。创业者想击败对手，必须确切地知道竞争对手的产品、研发能力和技术储备、目标市场及其营销策略、目前的盈利状况和潜力、核心竞争能力、技术人员和管理人员、生产设备和生产能力、供货商的情况、成功或失败的根本原因、采取的战略、销售渠道及销售系统、主要客户、主要客户对其产品/服务的评价，以及客户对其的忠诚度等。

有了竞争对手的这些信息，创业者就能有针对性地进行SWOT分析（优势、劣势、机会、威胁），制订专门的对策迎接市场竞争。利用竞争情报可以增加决策的成功率，最大限度地规避风险。竞争对手可以成为

笔记区

创业者最好的老师,为创业者提供经验教训,同时为创业者提供参照的标准,还能帮创业者不断地接触新思想和先进的管理方法,从而不断地提高自己。

竞争对手的信息来源是多方面的,主要包括:报刊和专业杂志;行业协会出版物;产业研究报告;政府管理机构对外公开的档案(如工商企业注册资料、专利登记、上市公司业绩报告、税务部门和法院公告等);互联网及数据库;产品样本;企业宣传手册;企业招聘广告;竞争对手内部员工;展览会;供货商;信用调查报告;专业调查咨询机构;等等。

四、产品与技术评价

创业投资项目的产品(新产品)与技术评价主要包括以下内容。

1. 产品的创新程度及独特性

产品的创新程度评价主要考查新产品相对于原有产品的创新情况,鉴定其功能是否有所增强,性能是否有所改善,是否能更好地满足用户的需求。产品的独特性评价,则主要考察新产品是否具有独一无二的特点,市场上是否存在同类产品,以及是否难以仿制。

2. 技术的先进性

技术的先进性可以用三个方面的指标进行衡量,即技术功能指标、技术性能指标和技术消耗指标。

技术功能指标是否先进直接决定产品的功能水平,因为产品功能是通过技术功能实现的,顾客买的是功能、解决方案,所以一定要保证顾客获得先进的技术功能。以制冷技术为例,绿色制冷技术就是一项具有先进技术功能指标的技术。技术性能指标是否先进主要表现为技术参数的先进与否,是否采用目前最领先的技术。对制冷技术来说,技术性能指标表现为制冷的技术参数是否先进。技术消耗指标是否先进,主要是指实现技术功能、技术性能的各类消耗的水平。技术的实现对消耗的要求可能很高,降低消耗就意味着节约成本。因此,技术消耗指标的先进是技术先进的一个重要表现。对制冷机来说,它的技术消耗指标先进就意味着制冷机的制造费用与使用费用相对较低。

3. 技术的可靠性

技术的可靠性体现在核心技术的成熟性、技术整体的配套性和技术的风险性三个方面。

核心技术的成熟性主要是看技术效果的稳定性和产品的均一性,以及核心技术是否经过工业性试验。技术整体的配套性主要是看一项工业生产中所用的所有技术是否配套,如果所有的技术都很先进,但是在共同使用过程中却不能协调配套,那么这样的技术组合就是失败的。例如,在空调生产过程中,就要看绿色制冷的制冷剂和机电技术是否配套。技术的风险性是指由于新思想与新技术本身的先天不足（技术不成熟、不完善）及可替代的新技术出现的时间等多种因素带来的风险的大小。另外，还包括制造技术和使用技术的不确定性所带来的风险的大小。

4. 特定产品项目的投入要求和生产许可

一般来说，推动任何产品项目，创业者总需要投入一定量的生产资金，需要获得政府有关部门的生产许可。而在企业新创阶段，创业者往往缺乏资金。如果产品样品没有生产出来，则不可能得到政府有关部门的生产许可。

五、财务评价

创业者必须十分关注创业项目可能形成的财务效益。财务评价是对过去财务状况的总结分析和对未来财务状况的预测。对过去财务状况的分析主要是研究企业的财务状况和财务方面的能力，它的重要度相对低一些；而项目未来财务状况预测，主要是通过对项目的未来收益进行预测，检验项目是否能够给投资者带来高额回报，其重点是项目的预期收益。对企业的预期收益评价主要是预测投资的回报率，这也是风险投资家最关心的问题。对未来收益的预期通常需要比较长的时间，鉴于风险投资的投资期限一般为3~7年，因此，对项目未来收益的预测，一般以5年为预测区间进行定量预测。

财务预测主要是预测损益表、预测现金流量表，重点考查投资资本需求、资本支出维持水平、计划资本支出、计划折旧与摊销时间表、资产寿命、融资需求等；预测资产负债表，重点考查各科目的变动情况及其合理性、销售和损益的对照。

投资回报的预测主要是根据创业投资项目的特点，选择和确定能够正确反映项目风险的贴现率，建立合理的现金流量模型，并使用这一贴现率计算项目的投资收益、净现值、投资回收期、投资回报率等。

内部收益率是进行财务评价的一个重要指标，考虑到新事业开发可能面临的各项风险，合理的投资回报率应在25%以上。一般而言，15%以下的投资回报率，将不是一个值得考虑的新事业机会。资金需求量较低的新事业机会，容易受到投资者的欢迎。大量实例显示，资本额过高其实并不利于创业成功，有时还会带来稀释投资回报率的负面效果。通常，越是知识密集的新事业机会，对于资金的需求量越低，投资回报率反而越高。因此，在创业开始时，不要募集太多的资金，最好通过盈余积累的方式创造资金。

毛利率高的新事业机会，相对风险较低，也比较容易实现损益平衡；反之，毛利率低的新事业机会，风险则较高，遇到决策失误或市场产生较大变化时，企业很容易遭受损失。一般而言，理想的毛利率是40%。当毛利率低于20%时，这个新事业机会就不值得考虑。

笔记区

> ✿思考4✿　你是否已经找到创业方向及创业项目？
>
>

六、风险评估及退出方式

1. 风险评估

在对创业投资项目进行风险评估时，需要将定性分析与定量分析结合起来，通过系统而充分的考虑，定性分析出与项目有关的各种不确定因素，确定这些不确定因素的概率分布，并在项目多方案比较和选择的不同条件下，定量分析与项目有关的各种因素在发生变化时对项目投资效果所产生的影响。

在具体进行评价时，需要注意以下几点。

（1）以对技术和产品的评价为基础。重点分析企业核心技术的含金量是多少，是否具有完全的自主知识产权，以及技术和产品的持续发展能力如何。

（2）对团队和管理的评价是评估的关键。在市场环境异常复杂、技术革新层出不穷、机会稍纵即逝的今天，企业是否拥有优秀的企业家，已经成为企业经营成功与否的关键，风险投资家"宁愿投资拥有一流人才、二流产品的企业，也不愿投资拥有二流人才、一流产品的企业"。应重点分析企业家的素质、核心技术人员的稳定性、团队与企业利益的关联度以及管理的开放性等。既注重对现有市场的分析，更强调技术创造市场需求的能力。应重点分析市场进入壁垒、竞争优劣程度、销售增长率、市场占有率及其增减趋势等。

（3）以获取高额回报为目标。应重点分析企业无形资产价值、企业核心资产价值、风险投资退出渠道、资本增长倍数与回报率。

（4）特别注重对政策环境、人文环境等全方位风险因素的分析。

2. 退出方式

创业投资的目的不在于对被投资企业股份的占有和控制，而是在企业做大后将资产变现，获取收益，因此，退出方式是创业投资家在评估项目时考察的一个重要指标。对这一指标考察的重点是评估企业提出的退出依据是否可靠、最可能的退出方式及各种方式的可能性程度、合同条款中有无保护投资权益的财务条款及财产保全措施等。

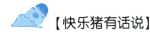【快乐猪有话说】

致命的缺点

致命的缺点一般会因新事业机会的内涵与创业者风险承担能力高低而有所差异。

如果发现以下六点致命瑕疵之一，则创业者与投资者都必须十分谨慎，因为这项新事业未来极有可能面临失败的后果。

（1）创业团队缺乏相关产业经验与企业管理能力，导致风险成本过高。

（2）新事业看不到市场利基，无法显示创造顾客价值的能力，在市场竞争中也不具有明显优势。

（3）新事业的市场机会不明显，市场规模不大或市场实现时间还遥遥无期。

（4）新事业的资源能力有限，无法达到可以形成竞争优势的经济规模。

（5）看不到能够获得显著利润的机会，包括毛利率、投资回报率、损益平衡时间等指标，都无法达到合理的底线目标。

（6）新事业无法具备市场控制能力，关键资源与通路均掌握在他人手中，随时都有陷入经营危机的风险。

【小百科】

怎样独具慧眼发现属于你的"蓝海"？

1. 摆脱传统思维，克服从众心理

很多时候，人们往往听到别人怎么说，就跟着怎么说；别人怎么做，就跟着怎么做；别人往哪里走，就跟着往哪里走；别人认为这是一个机会，就相信这是一个机会；别人说这样做不行，就相信这样做不行，这就是人们的从众心理和盲从心理在作怪，这会局限我们的思维和行动，使人们无法开拓创意的空间，漏失本该属于自己的"蓝海"。

例如，当所有人都在电梯口无聊地等待着电梯时，只有江南春在这无聊的等待中发现了商机和价值。正是这种对细节的洞察，这种怀疑主义的精神和带有颠覆性的思考，才有了今日分众传媒这片惹人眼红的"蓝海"。反之，如果当初江南春也和大多数人一样坚信媒体只能是大众媒体，只能是内容为王而不是渠道为王，今天的分众传媒也许不会存在，即使存在，也不会是江南春的分众传媒。

2. 创意思维，新瓶装旧酒

当你面对一片已经饱和的"红海"一筹莫展，不知如何下手时，为什么不试着转换一下思路，将已经存在的旧的元素重新进行分类、排列、组合呢？由此很可能会产生新的创意，从而开拓出新的市场，这也将是

笔记区

属于你的"蓝海"。

例如,过去的手机只具有普通的通话和短信功能,后来有人把照相机的功能加入进去,于是就有了一部具有拍照功能的照相手机。后来又有人把MP3、MP4的功能整合到手机中,就成了一部具备通话、短信、拍照、MP3、MP4等多种功能的手机。后来又有人把无线上网技术整合到手机中,于是这部手机可以上网、发邮件、看球赛、看电影、订机票、订酒店,除此之外还可以做很多的事情,这就是一种创意思维。创意的结果呢?手机还是手机,只不过变成了一部添加了很多附加功能的多功能手机,是一部让追求时尚的年轻人和商务人士趋之若鹜的手机。

也许你不能成为一位伟大的"发明家",但是你可以成为一个伟大的"改造家",只要改造其中任何一个环节,就会创造出新的可能。当一件传统的事物被添加了新的元素,被赋予了新的功能时,它就会创造出新的机会。人们要做的就是差异化、特色化,这将创造出无限的价值。

3. 逆向思维,另辟蹊径

面对强手如林的"红海",若要杀出一条血路,占据一席之地确实不是一件容易的事情,所以没有必要拿着"鸡蛋"碰别人的"石头",不如转换思路,掉转方向,寻找市场饱和中的空白,大胆地切割出新的领地,开辟一片属于自己的"蓝海"。

别人都没发现这块"蛋糕",被你发现了,即使做得再差,你也是行业第一,也具备别人没有的优势,几乎享有独立自主的定价权,可以自己设定行业标准。这时,你只要搞定客户,利润自然就会滚滚而来。等到别人也发现这块"蛋糕"时,你仍然可以利用技术、价格、口碑及资源等优势独占鳌头。作为创业者,一定要善于发现那些未被消费者满足或者根本就没有得到满足的领域,这些领域所蕴含的是不可思议的惊喜!

当年,五谷道场准备进入方便面市场时,到处都是实力雄厚的竞争对手,康师傅、统一和今麦郎等大品牌早已经营多年,划分好了版图,可谓"各领风骚",呈现鼎足之势。五谷道场作为后进者,要想在市场上分得一杯羹,难度可想而知。

正面交锋不行,那就另辟蹊径,这一点五谷道场做得非常好。它把自己定位为"非油炸、更健康"的方便面,别小看一个"非"字,它让吃了20多年油炸方便面的中国百姓感到耳目一新。谁都想吃健康的方便面,就这样,五谷道场利用"非油炸"这一概念开辟了新的领域,由于没有竞争对手,所以发展速度非常快,当康师傅等老牌方便面企业回过神儿来时,五谷道场已经是异军突起,抢走了一大批消费者。

4. 差异思维,打造独特竞争力

只要有需求,就会有市场!每个创业者都必须明确这样一个概念,任何一个企业都是从没有客户开始起步的,而得到了客户,仅仅是迈出了创业的第一步。在创业的道路中重要的是能否留住客户。俗话说:"只有回头客，没有回头货。"企业留住客户的关键不仅仅是提供的产品和服务，而是提供的产品或者服务能否满足客户的需求，能否让他们满意。

然而，规模再大的企业也不可能向所有人提供所有的产品，何况对于同样的产品，客户的需求也是五花八门，各不相同。再好的企业，再优质的产品，再细致的服务也不可能满足所有客户的需求，必然会有一些客户流失，这是任何企业都无法逃避的现实问题。这时候，你是不是觉得自己没有机会了呢？错，这恰恰就是一个绝好的良机！

如果你能弥补竞争对手的缺陷和不足，提供更优质、更便宜的产品和服务，这就是你的机会；如果你能提供别人无法提供的产品功能和更细致、更贴心、更个性化的服务，这就是你的优势，你的竞争力，你的"蓝海"。相反，如果你无法提供差异化的产品和服务，也没有价格与技术上的绝对优势，你很可能会早早地"淹死"在"红海"中，更不要说开辟出新的"蓝海"。

5. 开拓性思维，创新商业模式

作为创业者，你必须要学会倾听市场，要有敏锐的商业眼光和开阔的商业眼界，如此才会发现有价值的市场信息，发现蕴含巨大商机的"蓝海"。不一定非得把自己限定在某类产品、某个区域内，也不一定非要拘泥于高科技、高盈利的领域。你选择的行业可以"老土"，可以很"传统"，哪怕只是关于老百姓的衣食住行的产业。

如果能在传统的行业中挖掘出新的"蓝海"，就很有可能带动起一次新的产业革命。这绝不是神话，星巴克咖啡公司的 CEO 霍华德·舒尔茨就是这么做的。

在那个咖啡仅仅被人们用来当作最乏味、最普通的佐餐饮料的时代，霍华德将美式咖啡这种古老的消费品精品化，赋予其与众不同的、持久的品牌高附加值，让星巴克的咖啡不单是咖啡，更是一种载体，并通过这种载体，传递出一种独特的格调，形成一种感性文化层次上的消费，让全球各地的星巴克店成为人们除了工作场所和生活居所之外最温馨舒适的"第三生活空间"。将受众群体由普通大众，转向注重享受、休闲，崇尚知识，尊重人本位的富有小资情调的城市白领，创造出了都市男女人手一杯星巴克咖啡的形象，从而形成了一种独特的咖啡文化。而今的星巴克已从当年霍华德接手时的那个小小的咖啡豆配送公司成为遍布世界各地，名列世界500强企业第82位的"咖啡巨头"。

6. 聚焦思维，锁定小范围受众

很多时候，人们在最广大的受众群体中很难找到自己的"蓝海"，那就把焦点聚集到小范围的受众中，别人都在关注"大而全"的东西，你就转而关注"小而精"的，抓住小范围的，甚至是一些有特殊需要的消费群体，以此作为自己的目标和市场区块，提供有针对性的个性化产品和服务，这也是一个不错的选择。

在美国，有一位年轻的母亲，在为自己3岁的双胞胎女儿配眼镜时

笔记区

发现，儿童眼镜仅是把大人的镜架缩小了而已。于是，她就成立了一家眼镜公司，专门生产只供儿童佩戴的镜架，取名为"漂亮斑点"。这种镜架既好看又好玩，深受家长和孩子们的喜欢。后来，她又陆续推出了4~8岁、9~13岁儿童适用的系列产品。而今，她的儿童眼镜专卖店遍布全美的各大城市，每年都为她带来十分可观的收入。

如果想要创业，你一定要为自己植入成功创业者的思维模式，如果你能够让自己的灵感时常发生碰撞，你就会惊喜地发现，属于你的"蓝海"不在别处，就在你的眼睛、你的思想、你的创意中！

思考5　如何理解创业机遇就在身边？

第三节　创办公司的流程

大学生自主创业可采用的市场主体类型主要有个体工商户、个人独资企业、合伙企业和有限责任公司等。创办不同类型的市场主体，需要准备的材料和办理流程如下。

一、个体工商户

1. 需要准备的材料

（1）经营者签署的个体工商户注册登记申请书。

（2）委托代理人办理的，还应当提交经营者签署的《委托代理人证明》及委托代理人身份证明。

（3）经营者身份证明。

（4）经营场所证明。

（5）《个体工商户名称预先核准通知书》（设立申请前已经办理名称预先核准的须提交）。

（6）申请登记的经营范围中有法律、行政法规和国务院决定规定必须在登记前报经批准的项目，应当提交有关许可证书或者批准文件。

（7）申请登记为家庭经营的，以主持经营者作为经营者登记，由全体参加经营家庭成员在《个体工商户开业登记申请书》经营者签名栏中签字予以确认。提交居民户口簿或者结婚证复印件作为家庭成员亲属关系证明，同时提交其他参加经营家庭成员的身份证复印件。

（8）工商行政管理部门规定提交的其他文件。

2. 办理流程

（1）申请。

①申请人或者委托的代理人可以直接到经营场所所在地登记机关登记。

②登记机关委托其下属工商办理个体工商户登记的，到经营场所所在地工商部门登记。

③申请人或者其委托的代理人可以通过邮寄、传真、电子数据交换、电子邮件等方式向经营场所所在地登记机关提交申请。通过传真、电子数据交换、电子邮件等方式提交申请的，应当提供申请人或者其代理人的联络方式及通信地址。对登记机关予以受理的申请，申请人应当自收到受理通知书之日起5日内，提交与传真、电子数据交换、电子邮件内容一致的申请材料原件。

（2）受理。

①对于申请材料齐全、符合法定形式的，登记机关应当受理。申请材料不齐全或者不符合法定形式，登记机关应当当场告知申请人需要补正的全部内容，申请人按照要求提交全部补正申请材料的，登记机关应当受理。申请材料存在可以当场更正的错误的，登记机关应当允许申请人当场更正。

②登记机关受理登记申请，除当场予以登记的之外，应当发给申请人受理通知书。

对于不符合受理条件的登记申请，登记机关不予受理，并发给申请人不予受理通知书。

申请事项依法不属于个体工商户登记范畴的，登记机关应当即时决定不予受理，并向申请人说明理由。

（3）审查和决定。

登记机关对决定予以受理的登记申请，根据下列情况分别做出是否准予登记的决定。

①申请人提交的申请材料齐全、符合法定形式的，登记机关应当当场予以登记，并发给申请人准予登记通知书。

根据法定条件和程序，需要对申请材料的实质性内容进行核实的，登记机关应当指派两名以上工作人员进行核查，并填写申请材料核查情况报告书。登记机关应当自受理登记申请之日起15日内做出是否准予登记的决定。

②对于以邮寄、传真、电子数据交换、电子邮件等方式提出申请并经登记机关受理的，登记机关应当自受理登记申请之日起15日内做出是

笔记区

否准予登记的决定。

③登记机关做出准予登记决定的，应当发给申请人准予个体工商户登记通知书，并在 10 日内发给申请人营业执照。不予登记的，应当发给申请人个体工商户登记驳回通知书。

二、个人独资企业

1. 需要准备的材料

（1）投资人签署的《个人独资企业登记（备案）申请书》。

（2）投资人身份证明。

（3）投资人委托代理人的，应当提交投资人的委托书原件和代理人的身份证明或资格证明复印件（核对原件）。

（4）企业住所证明。

（5）《名称预先核准通知书》（设立申请前已经办理名称预先核准的须提交）。

（6）从事法律、行政法规规定须报经有关部门审批的业务的，应当提交有关部门的批准文件。

（7）工商行政管理部门规定提交的其他文件。

2. 办理流程

（1）申请：由投资人或者其委托的代理人向个人独资企业所在地登记机关申请设立登记。

（2）受理、审查和决定：登记机关应当在收到全部文件之日起 15 日内，做出核准登记或者不予登记的决定。予以核准的发给营业执照；不予核准的，发给企业登记驳回通知书。

三、合伙企业

1. 需要准备的材料

（1）全体合伙人签署的《合伙企业登记（备案）申请书》。

（2）全体合伙人的主体资格证明或者自然人的身份证明。

（3）全体合伙人指定代表或者共同委托代理人的委托书。

（4）全体合伙人签署的合伙协议。

（5）全体合伙人签署的对各合伙人缴付出资的确认书。

（6）主要经营场所证明。

（7）《名称预先核准通知书》（设立申请前已经办理名称预先核准的须提交）。

（8）全体合伙人签署的委托执行事务合伙人的委托书；执行事务合伙人是法人或其他组织的，还应当提交其委派代表的委托书和身份证明复印件（核对原件）。

（9）以非货币形式出资的，提交全体合伙人签署的协商作价确认书或者经全体合伙人委托的法定评估机构出具的评估作价证明。

（10）法律、行政法规或者国务院规定设立合伙企业须经批准的，或者从事法律、行政法规或者国务院决定规定在登记前须经批准的经营项目，须提交有关批准文件。

（11）法律、行政法规规定设立特殊的普通合伙企业需要提交合伙人的职业资格证明的，提交相应证明。

（12）工商行政管理部门规定提交的其他文件。

2. 办理流程

（1）申请：由全体合伙人指定的代表或者共同委托的代理人向企业登记机关申请设立登记。

（2）受理、审查和决定：申请人提交的登记申请材料齐全、符合法定形式，企业登记机关能够当场登记的，应予当场登记，发给合伙企业营业执照。

除前款规定情形外，企业登记机关应当自受理申请之日起20日内，做出是否登记的决定。予以登记的，发给合伙企业营业执照；不予登记的，应当给予书面答复，并说明理由。

四、有限责任公司

1. 需要准备的材料

（1）公司法定代表人签署的设立登记申请书。

（2）全体股东指定代表或者共同委托代理人的证明。

（3）公司章程。

（4）股东的主体资格证明或者自然人身份证明。

（5）载明公司董事、监事、经理的姓名、住所的文件，以及有关委派、选举或者聘用的证明。

（6）公司法定代表人任职文件和身份证明。

（7）企业名称预先核准通知书。

（8）公司住所证明。

（9）工商行政管理部门规定要求提交的其他文件。

法律、行政法规或者国务院决定规定设立有限责任公司必须报经批准的，还应当提交批准文件。

2. 办理流程

（1）申请：由全体股东指定的代表或者共同委托的代理人向公司登记机关申请设立登记。

（2）受理：公司登记机关根据下列情况分别做出是否受理的决定。

①申请文件、材料齐全，符合法定形式的，或者申请人按照公司登记机关的要求提交全部补正申请文件、材料的，决定予以受理。

②申请文件、材料齐全，符合法定形式，但公司登记机关认为申请文件、材料需要核实的，决定予以受理，同时书面告知申请人需要核实的事项、理由及时间。

③申请文件、材料存在可以当场更正的错误的,允许申请人当场予以更正,由申请人在更正处签名或者盖章,注明更正日期;经确认申请文件、材料齐全,符合法定形式的,决定予以受理。

④申请文件、材料不齐全或者不符合法定形式的,当场或者在5日内一次告知申请人需要补正的全部内容;当场告知时,将申请文件、材料退回申请人;属于5日内告知的,收取申请文件、材料并出具收到申请文件、材料的凭据,逾期不告知的,自收到申请文件、材料之日起即为受理。

⑤不属于公司登记范畴或者不属于本机关登记管辖范围的事项,即时决定不予受理,并告知申请人向有关行政机关申请。

公司登记机关对通过信函、电报、电传、传真、电子数据交换和电子邮件等方式提出申请的,自收到申请文件、材料之日起5日内做出是否受理的决定。

(3) 审查和决定:公司登记机关对决定予以受理的登记申请,分情况在规定的期限内做出是否准予登记的决定。

①对申请人到公司登记机关提出的申请予以受理的,当场做出准予登记的决定。

②对申请人通过信函方式提交的申请予以受理的,自受理之日起15日内做出准予登记的决定。

③通过电报、电传、传真、电子数据交换和电子邮件等方式提交申请的,申请人应当自收到《受理通知书》之日起15日内,提交与电报、电传、传真、电子数据交换和电子邮件等内容一致并符合法定形式的申请文件、材料原件;申请人到公司登记机关提交申请文件、材料原件的,当场做出准予登记的决定;申请人通过信函方式提交申请文件、材料原件的,自受理之日起15日内做出准予登记的决定。

④公司登记机关自发出《受理通知书》之日起60日内,未收到申请文件、材料原件,或者申请文件、材料原件与公司登记机关所受理的申请文件、材料不一致的,做出不予登记的决定。

公司登记机关需要对申请文件、材料核实的,自受理之日起15日内做出是否准予登记的决定。

3. 发照

公司登记机关做出准予公司设立登记决定的,出具《准予设立登记通知书》,告知申请人自决定之日起10日内,领取营业执照。

公司登记机关做出不予登记决定的,出具《登记驳回通知书》,说明不予登记的理由,并告知申请人享有依法申请行政复议或者提起行政诉讼的权利。

【快乐猪有话说】

创业应做好的基本准备(三)

(1) 市场调研。开业项目一定有它具体的产品服务内容。市场调研就是为了确定两个问题的答案：一是产品服务是否能被消费市场接受；二是产品服务的顾客群在哪些方面能吸引顾客。

（2）选定地址、筹足资金、雇用员工。选什么地址对自己最合适，选哪种既能满足基本销售而租金也能接受的；创办企业所需要的资金，若筹得的不够，要把企业开支进一步紧缩，以资金为基础决定企业规模；要雇用素质优秀的员工，创办企业的兴衰一半取决于所选用的员工。

（3）制订创业计划，并付诸实践。有了前期运作的准备之后，比照现状以及对市场的认知，然后制订一份创业计划。集中信息、分析数据，对拟议中的企业是否在规定期限之内获得利润做出客观的估算。

第四节　大学生创业的扶持政策

为鼓励和支持青年大学生创业，近年来各级政府先后出台了一系列文件，坚持把促进大学生创业摆在就业创业工作的突出位置，将高校毕业生创业政策逐步拓展到在校大学生，初步形成覆盖校园内外、贯穿创业全过程的政策"组合拳"，如《国务院关于进一步做好新形势下就业创业工作的意见》（2015年4月27日）、《江苏省政府关于进一步做好新形势下就业创业工作的实施意见》（2015年7月31日）、《江苏省2017年大学生创业引领计划》（2017年5月31日）等。近年来，大学生的创业意识和创业能力进一步增强，支持大学生创业的政策制度和服务体系更加完善，大学生创业的规模、比例不断扩大和提高。大学生创业的扶持政策具体概括如下。

1. 税收优惠

按照中华人民共和国人力资源和社会保障部"毕业年度内自主创业税收政策"的有关规定，高校毕业生在毕业年度内（是指毕业所在自然年，即1月1日至12月31日）创办个体工商户、个人独资企业的，3年内按每户每年8 000元为限额依次扣减其当年实际应缴纳的营业税、城市维护建设税、教育费附加和个人所得税。对高校毕业生创办的小型微利企业，按国家规定享受相关税收支持政策。

2. 创业担保贷款和贴息

对符合条件的大学生自主创业的，可在创业地按规定申请创业担保贷款，贷款额度为10万元。鼓励金融机构参照贷款基础利率，结合风险分担情况，合理确定贷款利率水平，对个人发放的创业担保贷款，在贷款基础利率的基础上上浮3个百分点以内的，由财政给予贴息。

3. 免收有关行政事业性收费

毕业2年以内的普通高校学生从事个体经营（除国家限制行业外）的，自其在工商部门首次注册登记之日起3年内，免收管理类、登记类和证照类等有关行政事业性收费。

4. 享受培训补贴

对大学生创办的小微企业新招用毕业年度高校毕业生，签订1年以上劳动合同并缴纳社会保险费的，给予 1 年社会保险补贴。对大学生在毕业学年（即从毕业前一年 7 月 1 日起的 12 个月）内参加创业培训的，根据其获得创业培训合格证书或就业、创业情况，按规定给予培训补贴。

5. 免费创业服务

有创业意愿的大学生，可免费获得公共就业和人才服务机构提供的创业指导服务，包括政策咨询、信息服务、项目开发、风险评估、开业指导、融资服务、跟踪扶持等"一条龙"创业服务。

6. 取消高校毕业生落户限制

高校毕业生可在创业地办理落户手续（直辖市按有关规定执行）。

7. 创新人才培养

创业大学生可享受各地各高校实施的系列"卓越计划"、科教结合协同育人行动计划等，同时享受跨学科专业开设的交叉课程、创新创业教育实验班等，以及探索建立的跨院系、跨学科、跨专业交叉培养创新创业人才的新机制。

8. 开设创新创业教育课程

自主创业大学生可享受各高校挖掘和充实的各类专业课程与创新创业教育资源，以及面向全体学生开发开设的研究方法、学科前沿、创业基础、就业创业指导等方面的必修课和选修课，享受各地区、各高校资源共享的慕课、视频公开课等在线开放课程，以及在线开放课程学习认证和学分认定制度。

9. 强化创新创业实践

自主创业大学生可共享学校面向全体学生开放的大学科技园、创业园、创业孵化基地、教育部工程研究中心、各类实验室、教学仪器设备等科技创新资源和实验教学平台。参加全国大学生创新创业大赛、全国高职院校技能大赛，各类科技创新、创意设计、创业计划等专题竞赛，以及高校学生成立的创新创业协会、创业俱乐部等社团，提升创新创业实践能力。

10. 改革教学制度

自主创业大学生可享受各高校建立的自主创业大学生创新创业学分累计与转换制度，以及学生开展创新实验、发表论文、获得专利和自主创业等情况折算为学分，将学生参与课题研究、项目实验等活动认定为课堂学习的新探索。同时也享受为有意愿有潜质的学生制订的创新创业能力培养计划，创新创业档案和成绩单等系列客观记录并量化评价学生开展创新创业活动情况的教学实践活动，优先支持参与创业的学生转入相关专业学习。

11. 完善学籍管理规定

有自主创业意愿的大学生，可享受高校实施的弹性学制，放宽学生修业年限，允许调整学业进程、保留学籍休学创新创业等管理规定。

12. 大学生创业指导服务

自主创业大学生可享受各地各高校对自主创业学生实行的持续帮扶、

全程指导、一站式服务,以及地方、高校两级信息服务平台为学生实时提供的国家政策、市场动向等信息和创业项目对接、知识产权交易等服务。另外,也可享受各地在充分发挥各类创业孵化基地作用的基础上,因地制宜建设的大学生创业孵化基地,以及相关培训、指导服务等扶持政策。

【小百科】

江苏省高校毕业生自主创业政策

1. 创业前重在"帮"

对具有创业意愿和培训愿望并具备一定创业条件的高校毕业生与毕业前两年的在校大学生,参加经人力资源社会保障、财政部门认定的创业培训并取得合格证书的,按规定给予创业培训补贴,具体补贴对象和标准由市县确定。有创业意愿的高校毕业生,可以到公共就业人才服务机构,免费接受政策咨询、信息服务、项目开发、风险评估、开业指导、融资服务、跟踪扶持等公共创业服务。

2. 创业初重在"扶"

毕业5年内的高校毕业生(含留学回国)或在校生在江苏省行政区域范围内已经实施的创业项目,可以参加省和地方每年举办的大学生优秀创业项目遴选,经自主申报、县区初审、市级复核、省级评审入选为江苏省大学生优秀创业项目的,给予10万元的一次性奖励,有条件的地方配套给予奖励;创业的在校大学生和高校毕业生,可在创业地申请最长3年、最高不低于30万元的创业担保贷款,合伙经营或创办企业还可适当提高贷款额度。其中,高校毕业生(含大学生村官和留学归国学生)由财政据实全额贴息;在校大学生可给予50%贴息。开办"网店"的高校毕业生,可同等享受高校毕业生自主创业担保贷款和贴息政策。

3. 创业中重在"补"

首次成功创业的高校毕业生(含在校生),在工商部门登记注册正常经营6个月以上,带动其他劳动者就业且正常申报纳税的,给予一次性创业补贴。初创企业吸纳劳动者就业并与之签订1年以上期限劳动合同、按规定缴纳社会保险费的,可按实际带动就业人数给予创业带动就业补贴,对吸纳符合条件人员就业的,按规定给予社会保险补贴。利用自有住房创业且生产或服务运营正常的,可给予用水、用电、宽带接入等创业基本运营经费补贴。租用合法经营场地创业的,可享受最长3年的租金补贴。对在工商部门首次注册登记起3年内的创业者,企业注销后登记失业并以个人身份缴纳社会保险费6个月(不含领取失业保险金时间)以上的,可按照纳税总额的50%、最高不超过1万元的标准从就业资金给予一次性补贴,用于个人缴纳的社会保险费。

笔记区

4. 创业后重在"减"

2017年12月31日前,对月销售额3万元以内的增值税小规模纳税人,免收增值税;对年应纳税所得额低于30万元(含30万元)的小型微利企业,其所得减按50%计入应纳税所得额,按20%的税率缴纳企业所得税;对按月纳税的月销售额或营业额不超过3万元(含3万元),以及按季纳税的季度销售额或营业额不超过9万元(含9万元)的缴纳义务人,免征教育费附加、地方教育附加、水利建设基金、文化事业建设费。高校毕业生直接从事种植业、养殖业、林业、牧业、水产业生产的,其销售自产的初级农产品免征增值税;从事农、林、牧、渔业项目的所得税免征或减半征收企业所得税。

参 考 文 献

[1] 徐伟. 职涯导航[M]. 北京：北京理工大学出版社，2016.

[2] 陈子建. 大学生职业发展与就业指导——职业生涯规划（上）[M]. 南京：南京大学出版社，2009.

[3] 杨河清. 职业生涯规划[M]. 北京：中国劳动社会保障出版社，2005.

[4] 孙玫璐. 生涯规划[M]. 上海：华东师范大学出版社，2007.

[5] 刘金伟，张艳华. 大学生就业指导[M]. 北京：北京师范大学出版社，2007.

[6] 黄莉萍. 大学生就业指导——指引人生 导航职场[M]. 上海：同济大学出版社，2009.

[7] 陈建. 职业生涯规划[M]. 北京：北京理工大学出版社，2011.

[8] 王培玲，席波，王湘君. 职业生涯规划[M]. 北京：清华大学出版社，2015.

[9] 周明星，咸桂彩. 现代职业生涯设计[M]. 北京：清华大学出版社，北京交通大学出版社，2007.

[10] 邱仲潘，叶文强，傅剑波. 大学生职业生涯设计[M]. 北京：清华大学出版社，2017.

[11] 林奇清. 大生学职业生涯规划与管理：我的生涯，我做主[M]. 北京：科学出版社，2016.

[12] 张驰，孙文博. 大学生职业生涯规划[M]. 北京：清华大学出版社，2010.

[13] 姚树欣，任晓剑，董振华. 大学生职业生涯规划与就业创业指导[M]. 济南：山东人民出版社，2014.

[14] 寇宝明. 大学生职业生涯规划（就业指导与创新创业教育篇高等职业教育"十二五"规划教材）[M]. 北京：北京理工大学出版社，2016.

[15] 赵慧娟. 大学生职业生涯规划[M]. 北京：北京大学出版社，2014.

[16] 钟谷兰，杨开. 大学生职业生涯发展与规划[M]. 2版. 上海：华东师范大学出版社，2016.

[17] 赵北平，李冬梅. 大学生职业生涯规划教程[M]. 3版. 武汉：武汉理工大学出版社，2011.

[18] 郑晓虹. 大学生职业生涯规划与就业指导[M]. 北京：中国商务出版社，2011.

[19] 周长茂. 大学生职业生涯规划[M]. 北京：中国石化出版社，2011.

[20] 徐伟. 职涯导航[M]. 北京：北京理工大学出版社，2015.

[21] 王本贤，王波. 大学生职业生涯规划论[M]. 南京：河海大学出版社，2013.

[22] 顾雪英. 当代大学生职业生涯规划[M]. 北京：高等教育出版社，2011.

[23] 王丽、武海燕．职业生涯规划训练手册[M]．西安：西安交通大学出版社，2014．

[24] 焦金雷．大学生职业生涯与发展规划[M]．北京：北京理工大学出版社，2015．

[25] 柴宇球．谋略论[M]．北京：军事科学出版社，2003．

[26] 凯文·梅尼．吃掉80%市场的称霸策略[M]．陈松筠等译．台北：商周出版社，2015．

[27] 东尼·博赞，巴利·博赞．思维导图[M]．卡煜婷译．北京：化学工业出版社，2015．

[28] 皮尔斯·达钦．打破思维常规[M]．赞扬译．北京：新华出版社，2004．

[29] 刘扬．广告策划[M]．重庆：重庆大学出版社，2002．

[30] 斯蒂芬·奇．创意就是你的提款机[M]．李怀琛译．北京：北京大学出版社，2012．

[31] 爱德华·德博诺．六顶思考帽，如何简单而高效地思考[M]．马睿译．北京：中信出版社，2015．

[32] 李冠辰．产品创新36计[M]．北京：人民邮电出版社，2017．